FREE INNOVATION

Eric von Hippel

フリー
イノベーション

エリック・フォン・ヒッペル［著］

鷲田祐一［監修・訳］

古江奈々美／北浦さおり／グェン・フォン・バオ・チャウ［訳］

東京　白桃書房　神田

FREE INNOVATION
by
Eric von Hippel

フリーイノベーション
およびユーザーイノベーションの
研究コミュニティに捧ぐ。

目　次

第2章　フリーイノベーションの根拠……25

第3章　フリーイノベーションの生存領域……45

第4章　フリーイノベーターによる開拓……65

謝辞

本書の執筆にあたって、最初に感謝すべき人物は、担当編集者であり最愛の妻であるジェシーである。私が前作に取り組んでいたときは、ジェシーは子育てで手一杯であった。しかし今回、ジェシーは再び編集に全面的に協力してくれた。編集者であるジェシーと働くのは楽しかった。議論の基本的構造に関するアドバイスから、アイデアの理解を深めるための参考文献や引用にわたるまで、彼女は容易にこなしてくれた。彼女の学識と素晴らしい編集スキルのおかげで、本書はとてもよいものになった。

次に、研究へ関心をもち、私の研究プロジェクトに参加し、そしてともに様々な研究論文を執筆してくれた同僚たちに感謝の意を表したい。世界各地で成長しつつあるイノベーション研究コミュニティから得た知識に加え、私の全著作は、身近な同僚たちとの10年以上に及ぶ共同研究プロジェクトの上に成り立っている。本書において、理論化とデータ収集の両方にあたって、最も中核的な研究は、カーリス・ボールドウィン、ハロルド・デモナコ、スティーブン・フラワーズ、ヨハン・フラー、アルフォンソ・ガンバーデラ、ニコラス・フランク、フレッド・ゴールト、クリストフ・ハイネス、ユンルン・P・J・デジョン、ヨンベ・キム、ヤリ・クウシスト、カリム・ラクハニ、小川進、ペドロ・オリヴェイラ、クリスティーナ・ラアスチ、ルース・ストック、アンドリュー・トーランスによって行われた。素晴らしい協力と友情に感謝したい。研究が喜びにあふれた仕事であると私が感じることができたのは、彼らとともに働くことができたからである。次もまた彼らと素晴らしい冒険ができることを楽しみにしている。ただ、次はもう少し多く地元の美味しいベーカリーやコーヒーハウスに行けるといいが…。

フリーイノベーションの研究と理論構築が、なぜ全く新しいイノベーション手法を理解し構築することになりうるのか、といえば、本質的な点は、これがデジタル時代の出来事だ、ということである。この本質的な点をカバーするために、私は今回、現場の最前線で実際にイノベーターとして活動している友人や同僚から学ぶことを最重視した。中心となったのはアメリカ航空宇宙局（NASA）のジェフ・デイビスとジェイソン・クルーザン、グーグルのクリス・ディボナ、グッドイヤーのジム・ユーヒナー、ゼネラル・ミルズのバーナデット・ピアセーク - リャネス、フォード・モーターのヴェンカテッシュ・プラサドである。いつも感謝していると同時に、次の議論とプロジェクトをとても楽しみにしている。

また、本書を編纂する過程で、中核を成すアイデアに対する慎重な批評を求める必要があった。これは専門家である同僚にとっては大変困難なことであったと思う。特に初期段階は、アイデアがめまぐるしく展開し、原稿の状態があまり良くないため、骨の折れる作業であっただろう。同僚である、カーリス・ボールドウィン、ヨハイ・ベンクラー、ディートマー・ハーホフ、ヨアヒム・ヘンケル、アンドリュー・トーランスは、原稿の批評と、改善のための鋭い洞察で、本書に貢献してくれた。本当にありがとう。

次に、本書の出版に関しては、私を長年担当してくれているマサチューセッツ工科大学出版局（MIT Press）のベテラン編集者、ジョン・コヴェルと、同出版局の前取締役、エレン・ファランに感謝の意を表する。私たち3人は協議の末、本書を紙媒体で市場に売り出すのと同時に、無料で閲覧できるデジタル版をウェブ上に公開することに合意した。「無料」というのは、研究書の分野では未だ稀な取り組みである。そのようななか、公共サービスに関する広い見識をもつMIT Pressは、オープンアクセスに対する様々な商業的アプローチの可能性を模索し、試みていくうえでリーダーとなる存在である。私たちが「フリーイノベーション」で採用しているアプローチでは、紙媒体の売り上げが本書を出版するためのコストをカバーしてくれるだろう。無料のデジタル版が同時入手可能であることが書物の売り上げにどう影響するのか――それは全くわからない。私たちに言えることは、読者が必要とする書物や研究資料の、少なくともその一部を無料で入手できるようにすることは非常に重要だということだ。将来、研究書への自由なアクセスがより一般的になる方法が見つかることを切に願う。

美しい装幀をデザインしてくれた、MIT Pressのデザインマネージャーである井口安代に感謝する。私の父、アーサー・フォン・ヒッペルが作った火花の研究写真を、彼女は美しく取り入れてくれた。

最後に、2人の素敵な子どもたち、クリスチャーナ・フォン・ヒッペルとエリック・ジェームズ・フォン・ヒッペルに感謝したい。家族としての交流ということだけではなく、私たちは本当にお互いの思考に影響を与え合っている。本書の執筆に必死で取り組んでいる時、素晴らしいアイデアと応援を与えてくれた彼らに感謝している。

エリック・フォン・ヒッペル

第1章 フリーイノベーションとは

本書において、私は、新たな理論と、新たな発見を「フリーイノベーション体系（パラダイム）」というフレームワークで統合する。フリーイノベーションは消費者によって開発される「無料の製品」であり、結果として社会便益を改善することができる。フリーイノベーションというものは、本来的にシンプルで、取引の必要がなく、しかも何百万人、何千万人の人たちによって生み出されるイノベーションプロセスである。これからみていくように、フリーイノベーションは非常に重要な経済的インパクトをもつ現象であるが、いっぽう参加者の視点に立つと、金銭とは一切関係のない現象でもある。

私はフリーイノベーションを、(1)消費者が自費で、無給の自由時間に生産し（つまり、報酬を得ていないということ）、(2)開発者の保護を受けないため、潜在的には誰もが支払いをすることなく無料で手に入れることができる、機能的に斬新な製品やサービス、あるいはプロセスであると定義する。フリーイノベーションの開発や普及の過程では補償された取引は起こりえない。

以下の例を考えてみてほしい。

「ジェイソン・アダムズは、分子生物学の教育を受け、普段は事業開発の重役として働いている。彼は、8歳の自分の娘の血糖値を遠方から監視する未認可の方法を発見するまで、自身がハッカーになるとは思いもしなかった。

彼の娘、エラは1型糖尿病を患っており、デックスコム社が開発した血糖モニターを身に着けている。このモニターは彼女の血糖値を5分ごとに計測し、近くのポケベル程の大きさのレシーバーに表示する。これによって血糖値の急上昇や、致命的な降下に気付くことができる。しかしこの機器はデータをネット上に送信することができない。そのためアダムズはエラが友人の家に泊まりに行くのを許可することができなかった。夜中に昏睡状態に陥る危険性があったからだ。

そしてアダムズは、ついに「NightScout」というシステムを見つけた。NightScoutは、ソフトウェアエンジニアたちが集まって開発したシステムである。彼らの多くは糖尿病の子どもをもち、現状の技術の限界にフラストレーションを抱えていた。オープンソースシステムとして開発されたNightScoutは、デックスコムの機器に不正侵入し、そのデータをネット上にアップロードする。アダムズはスマートウォッチ「Pebble」でエラがどこにいても血糖値を確認できるようになった。

NightScoutは、ニューヨークのリボニアにあるウェグマンズスーパーマーケットチェーンのソフトウェアエンジニア、ジョン・コスティックの自宅で始まった。2012年、彼の息子のエヴァンは4歳のとき、1型糖尿病と診断された。そこでエラとエヴァン、2人の父親はデックスコムの持続型血糖値モニターシステムを購入した。これは皮下に内蔵される髪の毛の細さ程のセンサーで、血糖値を測ることができる。しかし、コスティックは仕事中にエヴァンの血糖値の推移を確認できないことをもどかしく思い、自身でその解決策を模索し始めた。

2015年の5月14日、彼は自身が編み出した解決策――デックスコムのレシーバーのデータを、ソフトウェアを使ってネット上にアップする方法――をツイートした。必要なのは4ドルのケーブルとアンドロイドのスマートフォンだけだ。」

このツイートは国内の多くのエンジニアの目に留まることとなった。その1人がレーン・デスボローだ。彼は、石油精製装置と化学プラントの制御システムを担当する経歴をもつエンジニアで、彼の15歳の息子は糖尿病を患っている。デスボローは血糖モニターのデータのホームディスプレイシステムを設計し、NightScoutと名付けた。しかし当初彼が作ったシステムはネット接続ができなかったため、コスティックのソフトウェアと組み合わせ、今現在のシステムとなった。

システムの利用者や開発者は、アダムズが立ち上げたフェイスブックのグループを通じて連絡を取り合っている。メンバー数は今や6800人を超える。開発者たちはバグの修正をしたり、テキストメッセージによる警報やアクセスコントロールの機能をアップデートで追加したりしている。」(Linebaugh 2014)

フリーイノベーションは、GDP計算の上では「家計部門」で行われている活動である。企業部門や政府部門とは異なり、家計部門は経済の消費人口であり、つまり私たち全員、全ての消費者、そして「すべての居住家計であり、家計のそれぞれは個人や個人の集まりからなっている」(OECD Guidelines 2013, 44)。そして、家計における生産とは「家計の構成員が、自身の消費のために、所有する資本を使って無償労働で生産する製品やサービス」(Ironmonger 2000, 3)を意味する。すなわちフリーイノベーションは家計生産の一種といえる。

誰も労働対価を支払ってくれず、しかもイノベーションのデザインが無償で一般公開されてしまうのに、なぜ消費者はフリーイノベーションの開発に投資するのだろうか? 後述するが、その答えは家計部門のフリーイノベーターは「自己報酬型」であるというところにある。彼らが自身のイノベーションを個人的に使用するとき、その使用で得られる便益は自己への報酬となる(von Hippel 1988, 2005)。また、イノベーション開発の楽しさやそこから得られる学び、利他主義精神の心地よさなども、自分自身に報酬を与えることに繋がる(Raasch and von Hippel 2013)(第11章では、フリーイノベーション、ユーザーイノベーション、コモンズベースのピアプロダクション、オープンイノベーションの概念を比較する。これらはそれぞれ家計部門のイノベーションに関わる様々な側面をより詳しく知るための手がかりとなるだろう）。

前述したNightScoutのプロジェクトは複数の自己報酬のタイプを含んでいる。経緯の説明を読むだけでも、参加者の多くは自らが開発を援助したイノベーションを個人や家族で利用することによって、直接的な自己報酬を得ていることがわかる。そして、おそらく彼らの多くは、開発する喜びや学び、そして自分たちのプロジェクトを自由に公開することによって糖尿病を患う多くの子どもたちを助けられるという大きな利他主義的満足感などの強い動機付けをともなう自己報酬を、様々な形で得ている。

フリーイノベーションは、その自己報酬型の性質から、イノベーション開発のために費やされた時間とお金に対して、その開発者に報酬を与えるための補償取引を必要としない（補償取引とは、明確に補償された資産の交換を意味する。すなわち、特定のものと引き換えに相手に特定のものを与えることである。詳しくはTadelis and Williamson 2013; Baldwin 2008を参照のこと）。したがって、フリーイノベーションは、補償取引をその核とする供給側イノベーションとは根本的に異なっているのである。供給者という存在は、競合相手から自らのイノベーションを保護し、補償取引によって利潤を上乗せしてその再生産物を販売することができない限り、イノベーション開発への個人投資から利益を得ることはできないのである（Schumpeter 1934; Machlup and Penrose 1950; Teece 1986; Gallini and Scotchmer 2002）。

個人が効果的なデザインとコミュニケーションツールへアクセスできるようになったことで、フリーイノベーションは着実に、供給側イノベーションの強力なライバルかつ補完的な存在になりつつある（Baldwin and von Hippel 2011）。今日ですら、その規模と範囲は非常に大きい。現在までに行われた6カ国の調査だけでも、家計部門に属する何千万もの人々が、個人利用のために合計して年間数百億ドルに当たる時間とものを費やしていることがわかっている（von Hippel, de Jong, and Flowers 2012; von Hippel, Ogawa, and de Jong 2011; de Jong, von Hippel, Gault, Kuusisto, and Raasch 2015; de Jong 2013; Kim 2015）。これらの人々の90％以上が、フリーイノベーションを定義する以下の基準を満たしていた。

(1) 自由に使える時間に、無給でイノベーション開発をしていた。
(2) 自分が開発したデザインを他者が無料で使うのを容認していた。

残りの10％以下の人々のみが、家計部門に属する熱心な起業家で、最終的には自身のイノベーションを売ることを、最低でも動機付けの一部としていた。

フリーイノベーションは、前述した自己報酬という独特の形、そしてイノベーション活動への参加によって得られる「人生の充実」という形で、家計部門のイノベーターに大きな価値を見出す（Fisher 2010; Samuelson 2015）。また、これからみていくように、供給側イノベーションだけの世界に比べて、社会福祉と供給側の利益の両方を拡大させることができる（Gambardella, Raasch, and von Hippel 2016）。このような理由ゆえに、フリーイノベーションについて理解を深めることは、非常に意義がある。

フリーイノベーション体系と供給側イノベーション体系

フリーイノベーションと供給側イノベーションは根本的に異なるため、これらを1つの体系に集約することはできない。そのため、私は本節において、まず新しいフリーイノベーション体系を提案・説明し、その上でシュ

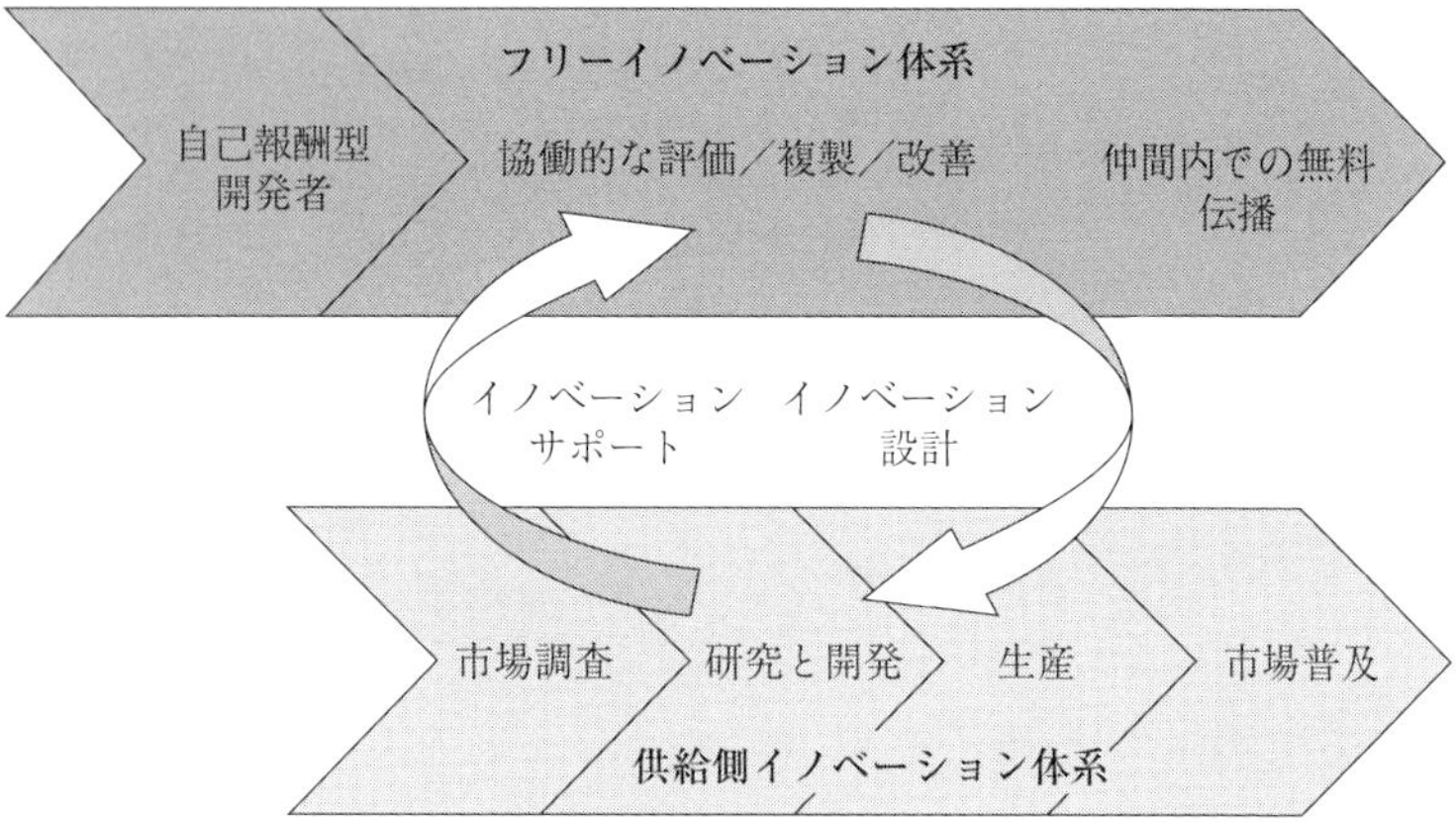

図 1-1　フリーイノベーション体系と供給側イノベーション体系

ンペーターの伝統的な供給側イノベーション体系との比較をすることにした。図1-1は2つのパラダイムと相互関係を図式で表したものである。それぞれが国民経済におけるイノベーション活動の一部を描写している。

一般的に、フリーイノベーション体系での開発活動は、企業ではなく家計部門によって消費されるタイプの製品やサービスに限られている。これらは国内総生産（GDP）の大部分を占めている――米国、その他の経済協力開発機構（OECD）の国々において、GDPの60―70%が最終的に家計部門で消費されることを目的とした製品やサービスである（BEA 2016; OECD 2015）。それに対して供給側イノベーション体系での開発活動は消費者と産業向けの両方の製品やサービスに充てられている。

このあとみていくが、2つの体系の生産物は、あるときは互いに補完的であり、またあるときは互いに競争的でもある（Baldwin, Hienerth, and von Hippel 2006; Baldwin and von Hippel 2011; Gambardella et al. 2016）。

フリーイノベーション体系

フリーイノベーションの体系は、図1-1の上半分の幅広の矢印で表されている。矢印の左側は、自由に使える時間を無償労働として新しい製品やサービスの開発に費やす家計部門の消費者である。自由な時間は「義務や必要性から解放された時間」(OECD 2009, 20)と考えることができ、「やりたくなければやる必要のない」(Burda, Hamermesh, and Weil 2007, 1)活動に充てられた時間である。これまでも多くの研究者が、消費者の自由な時間の割合が増大し、その分の時間をなんらかの生産的な利用に充てる場合の、供給側や社会が得られる潜在的な価値について研究してきた(von Ahn and Dabbish 2008; Shirky 2010)。後に詳述するが、イノベーションというものは、明らかにそのような生産的な利用の一種といえる。

図1-1で示されるフリーイノベーションの矢印は、供給側の矢印よりもさらに左の位置から開始されている。これは、新しい機能を有するイノベーションを個人的に利用するイノベーターまたはその集団は、一般的に供給側よりも早く開発作業に着手するということを暗に示している。彼らは開拓者なのだ。これは斬新な製品やサービスに対して、どれ程の一般需要があるのかということが、初期の時点では不確かだからである。個人のフリーイノベーターにとっては、一般需要は無関係であり、自分たちにとっての必要性と、その他のわかりやすい私的な自己報酬が最優先となる。それに対して供給側の一番の関心事は、潜在的な市場の大きさと性質である。供給側の矢印がやや右寄りにあるように、市場の情報が明らかになるまで開発に着手しないのが通常である(Baldwin et al. 2006)。

フリーイノベーション体系の矢印の中央に示されているように、初期の開発者以外にイノベーションに興味をもつ者がいた場合、一部または大勢の個人が初期のデザインの改良に貢献することがある。このパターンは先に挙げたNightScoutの例にもみることができ、オープンソースのソフトウェア開発プロジェクトでも頻繁に見受けられる（Raymond 1999）。したがってNightScoutのケースでは、1型糖尿病患者の子どもを助けたいという共通の関心をもった多くの個人が、プロジェクトの始動者の活動に加わろうと集結したといえる（NightScout project 2016）。

最後に、フリーイノベーション体系の矢印の右端に示されているように、保護されていないデザイン情報が、直接的な仲間同士の交流（peer to peer：P2P）を通じてフリーライダーに無料で渡っていく（フリーライダーは、イノベーションの便益は受けるが、それ自体の開発には貢献しない。その意味で彼らはフリーライド［訳注：タダ乗り］をしているのだ）。繰り返しになるが、NightScoutのプロジェクトではフリーライダーへの普及のパターンも明らかに確認できる。

特筆すべきは、一般的にフリーイノベーションにおいて自由に公開されているものはデザイン情報であり、物質的な製品の複製ではないということである。ソフトウェアのように、製品やサービス自体の構成要素が情報である場合、イノベーションのデザインは使用される製品そのものと同一のものになりうる。レンチや車といった物質的な製品の場合、公開されるものはデザインの「レシピ」となり、使用するには物質的な形に変換されなければならない。仲間同士での無料の普及の場合、この変換は一般的に個々の利用者によってなされる。つまり、フリーデザインを利用するためには、利用者のそれぞれが自費で物質への変換を行わなければならない。しかしながら、これは絶対的なルールではない。しばしばフリーイノベーターは、利他主義的精神や他の自己報酬といった動機付けから、フリーデザインの物質的な複製品をフリーライダーのために製作することがある。その例として、世界的なネットワークであるe-Nableを考えてみてほしい。このネットワークの創立者は、手を失った子どもや大人たちのために、安価で制作できる3Dプリントの義手のオープンソースデザインを開発した。3Dプリンターを所有するネットワークのメンバーは、自由公開されている義手デザインを個々のニーズにカスタマイズし、実際の製品を無料で製作できるように自身の3Dプリンターの使用までも開放している（Owen 2015）。

供給側イノベーション体系

長らく営まれてきた供給側イノベーションの体系は、供給側によって実行される開発と普及活動が中心に置かれている。この体系での基本的な活動の流れは図1-1の下半分の矢印に示されている。矢印の左から右にかけて、最初に利益追求をする企業が満たされていないニーズに関する情報を得ることで、利益になりうる潜在的な市場の機会を見つけることから始まる。次に、その市場の機会に対応する新しい製品やサービスのデザインの研究と開発に投資をする。そしてイノベーションを生み出し、市場にて売り出すのである。家計部門のイノベーターとは大きく異なり、供給側のイノベーション活動は自己報酬型ではない。つまり、供給側は相手との補償取引を通じて得られる利益が報酬となるのである（もちろん、企業で働く労働者は仕事から満足感を得ているかもしれない。これは時には賃金に反映される。労働経済学の領域では、労働者が仕事から賃金以外の満足感を得ているのであれば、より低い賃金を支払っても良いと長い間議論されてきた。Smith 1776, 111; Stern 2004を参照のこと）。

供給側イノベーション体系は、ヨーゼフ・シュンペーターまで遡ることができる。彼は1912年から1945年にかけて、利益追求をする事業者や企業が中心となるイノベーション理論を発表した。彼は、「原則として、経済の変化を始動するのは供給側であり、必要であれば、消費者は供給側から学ぶ」（Schumpeter 1934,

65）と論じている。この主張の背景にある経済論理は、消費者それぞれがイノベーションの複製品を1つまたはそれ以上購入することにより、供給側はイノベーション開発にかかるコストを大勢の消費者に分散できることを期待する、という解釈である。それに対して、個人あるいは協働するフリーイノベーターたちは、イノベーションの個人利用やその他の自己報酬のみにより、イノベーション開発への投資を正当化している。それゆえ、一見多くの消費者を相手にする供給側は単独のフリーイノベーターよりもイノベーション開発に多くの投資ができ、より良い仕事ができるようにみえる。この論理では、家計部門の個人は、供給側が生み出すイノベーションのなかから商品やサービスを選定・購入する、単なる「消費者」にならざるを得ない。結局、供給側が担うことができるイノベーションに消費者自らが取り組む必要はないからである。

シュンペーターの解釈と供給側イノベーション体系は、経済学者、事業者、政策立案者などに広く受け入れられ、今日でも状況は変わっていない。60年後、ティース（Teece 1996, 193）はシュンペーターの主張を繰り返している。つまり「市場経済では、企業は明らかに新しい製品やプロセスの開発と商品化における先駆者である」と。同様にローマー（Romer 1990, S74）も、供給側イノベーションを自身の内生的成長論の規範とみなしている。いわく「大多数のデザインは、利益の最大化を目的とする民間企業の研究および開発活動によって生み出される」と。また、ボーモル（Baumol 2002, 35）は供給側イノベーションを自身の寡占競争理論の中心に据えている。いわく「米国産業の主要部門において、イノベーションは競合企業との戦いのための手段として相対的に重要度を増している」と。

供給側の体系の細かい部分は時を経て変化してきている。かつては、供給側のイノベーションは基礎研究の発展がその顕著な始まりと考えられていた（Bush 1945; Godin 2006）が、後になって、過去のイノベーション事例を再検証した結果、重要なイノベーションを起こす明らかな境界線となるような研究が常に存在していたわけではないということがわかってきた。しかしながら、「技術主導」のイノベーションは存在し、重要であり続けた（Sherwin and Isenson 1967）。そしてその後も、「チェーン・リンクド・モデル」と呼ばれるイノベーションモデルのなかで、研究成果はすべての段階のイノベーションに繋がったと論じられている（Kline and Rosenberg 1986）。今日では多くの研究者が、研究によるインプットは確かに重要であるが、供給側イノベーションのプロジェクトは未充足なニーズの発見によって始動することが多いと論じられている。したがって、「ニーズを見つけてそれを満たすこと」がマーケティングにおける金言なのである。この解釈に従えば、供給側イノベーションのマネジメントは一般的に、図1-1で示されている供給側の体系のように、市場需要主導のものになる（Urban and Hauser 1993; Ulrich and Eppinger 2016）。

最後に、2つの体系を比較することで、フリーイノベーションの定義は、普及の仕方に関して、「公式の」供給側イノベーションの定義とは異なるということがわかるであろう。フリーイノベーションは、本章の最初で述べた通り、無料で普及することができる。それに対して、OECDによれば、政府統計に計上されるイノベーションの定義は、市場に導入されることを必要とする。つまり「イノベーションの一般的特徴としては、それが実装されていなければならないということがある。新しい製品や改良品は、市場に導入された時点で実装されたとみなされる」（*Oslo Manual* 2005, paragraph 150）ということである（ただし、フリーイノベーションと供給側イノベーションの、普及に関する定義の共通な焦点は、「ユーザー利用可能な状態になること」であることに留意されたい。つまり、誰かが実際に市場の外のどこかでフリーイノベーションの産物を採用するとしても、あるいは市場に導入された供給側イノベーションの産物を購入するとしても、どちらも普及と定義される）。

インターネットの時代において、イノベーションは「市場に導入されなければならない」というＯＥＣＤの供給中心の定義的な制約（つまり売るために作られるということ）は時代遅れであると私は考えている。今日では、市場から独立した幅広い普及を目的として、多くの場合、インターネットを介してフリーイノベーションを生み出すことが可能であるからだ。例えば、NightScoutのイノベーションは、インターネットによって無料で市場の外に広く普及している。一般的にオープンソースのソフトウェアやハードウェアは同様の方法で普及している。現在の市場中心の定義により、政府統計からフリーイノベーションを除外することは、私たちのイノベーションに対する解釈をねじ曲げてしまう。ＯＥＣＤの定義を更新することが重要であり、それを望む声も事実、存在している（Gault 2012）。

2つの体系の相互作用

フリーイノベーション体系と供給側イノベーション体系の間には、4つの重要な相互作用がある（Gambardella et al. 2016）。

まず1つ目の相互作用として、同一の、あるいはそれに近い代わりとなるようなイノベーションデザインは同時に双方の体系で潜在的な利用者に入手可能となる、という点が挙げられる。例えば、アパッチ（Apache）〔訳注：世界最大シェアをもつウェブサーバーのソフトウェア〕の開発コミュニティでは、アパッチオープンソースウェブサーバーソフトウェアがＰ2Ｐで無料提供されている。しかし同時に、それに近い代替品がマイクロソフトからも商業用として売り出されている。このようなケースでは、フリーイノベーション体系におけるＰ2Ｐ普及は、供給側が市場で売り出している製品やサービスの対抗勢力となる場合がある。この競争の程度はかなり熾列である。このケースに限れば、2015年の時点でインターネットウェブサイトの38%はアパッチフリーウェブサーバーソフトウェアを使用している。マイクロソフトは二番手で、商業用のサーバーソフトウェアは全体の28%を占めている（Netcraft. com 2015）。P2P で無料普及した代替品は、供給側に価格の下方修正を迫ることによって社会的な便益を向上させる可能性がある。また、品質の改善やイノベーション開発への投資の増加などを通じて、社会的価値のある対抗可能な対策を供給側に促すことがある。

次に2つ目として、フリーイノベーション体系によって得られる無料のイノベーションは供給側イノベーション体系で普及したイノベーションを補完することができるという点が挙げられる。無料の補完は、消費者と供給側の双方にとって大きな価値がある。これによって、供給側は商業的に販売可能な製品を売ることに集中することができ、フリーイノベーターは供給側の代わりに価値のある、場合によっては不可欠な補完をデザインできる。例えば、特殊なマウンテンバイクは、マウンテンバイクの専門的な技術を学んでいないユーザーにとってはあまり価値のないものである。供給側が、そのマウンテンバイクは売れると判断して商業的な製品として売り出したとしても、誰もそれを乗りこなせなければイノベーションは起こらない。しかし、フリーイノベーション体系の枠組みのなかで専門的な知識をもつユーザーが無料の補完としてそれを乗りこなす技術を作り出してくれれば、普及が進むだろう。つまり、ユーザー（マウンテンバイクの購入者）は一般的に、新しいマウンテンバイクを乗りこなす技術を、自主練習と、より習熟したユーザーが無料で提供する非公式の指導の組み合わせによって学ぶことができるのである。

3つ目は、図1-1で垂直右方向に書かれている下向きの矢印が示すように、フリーイノベーターが作成したデザインは供給側に流出し、価値のある商業製品の基礎になるという現象が挙げられる。例えば、マウンテンバイクという商品自体のそもそものデザインやその後の更なる改善は、もともとイノベーター的なユーザーによってなされたものである。これらのデザインはフリーイノベーターの開発者によって保護されてはおらず、またバイク製造会社によって無償で採用された（Penning 1998; Buenstorf 2003）。後述するように、フリーイノベーターのデザインは供給側の組織内の開発コストを低減することができる（Baldwin et al. 2006; Franke and Shah 2003; Jeppesen and Frederiksen 2006; Lettl, Herstatt, and Gemuenden 2006）。

最後に4つ目としては、図1-1で垂直左方向に書かれている上向きの矢印が示すように、供給側もまた価値のある情報を提供し、フリーイノベーターをサポートすることができるという点が挙げられる。例えば、テレビゲーム開発会社であるヴァルヴ社（Valve社）は、ゲーマーによるイノベーションを支援するために、会社がスポンサーとなってSteam Workshopというウェブサイトを運営している（Steam Workshop 2016）。このサイトは、個々のゲーマーがゲームに修正や改良を加えるプロセスを簡易化し、それを他のプレイヤーと共有しやすくするツールを提供している。ヴァルヴ社のSteam Workshopへの投資などの、フリーデザインを支援するための投資は、フリーイノベーターが創り出す商業的に価値のあるデザインの供給を増大させるため、供給側の利益となりうる（Gambardella et al. 2016; Jeppesen and Frederiksen 2006; von Hippel and Finkelstein 1979）。

フリーイノベーション体系の必要性

トーマス・クーンは科学体系について「世界的に認知された科学の成果物であり、研究者コミュニティに当面のモデルとなる問題や解決策を提示する」（Kuhn 1962, viii）ということを指摘した。体系自体が幅広く許容される位置にあるということは、供給側イノベーション体系のケースのように、科学的な進歩にとって非常に有益である。クーンが記すように、一度その体系が適切な位置に定まると、研究者は非常に生産的な「一般的な科学」のやり方、つまり広い範囲で正式だとされている体系を検証し、それを補完していくという作業に取り組むことができる。しかしながら、同時にクーンが明らかにしているように、体系はその領域の「すべて」を十分に明らかにすることは決してない。実際、一般的な科学で行う検証プロセスにおいて既存の体系に合致しない観測が得られることはよくあるわけだが、体系の生産的進歩の追求のために、それらは無視されることが多いものだ。

イノベーション研究の場合、家計部門のフリーイノベーションに関する経験的証拠は近年増加している。しかし、補償取引なしに開発・普及されたイノベーションは、シュンペーターが主張する供給側イノベーション体系から完全に外れており、しかも取引がベースとなる一般的な経済の枠組みからも外れている。研究者たちはフリーイノベーションの証拠を無視することによって、シュンペーターの体系のなかで生産的な研究に従事しつづけることができたわけだが、その結果、フリーイノベーションをイノベーションプロセスの体系的理解に含むことを置き去りにしてきてしまったといえる。

最終的にクーンは、既存の体系が推測するものと現実世界の間に無視できないほど大きな乖離が生じるとき、新しい体系が既存の体系に変革を迫るかもしれない、と記している（Kuhn 1962）。私は、家計部門においてフリーイノベーターが取引のないイノベーションプロセスを開発し、利用したことから、そのような状況は生まれたと主張したい。したがって、フリーイノベーション体系を、シュンペーターのイノベーション体系への挑戦、そして有用な補完要素の双方であると定義する。双方の体系は共に重要なイノベーションプロセスを示しているが、フリーイノベーション体系は供給側イノベーションの体系に欠けている家計部門での重要な現象について、補完をしているのである。

私が言うこのような同時並行的に機能している補完的イノベーション体系について、クーン自身も、体系に関するコンセプトを拡張している事実を見逃してはならない。彼はそれによって、自然科学において発生する解釈の革命のプロセスを説明しようとした。彼の主張によれば、「科学の革命」とは、新しい体系が既存の体系に取って代わるプロセスのことであるという。しかし今日、体系という概念は、自然科学の研究の域を超え、社会科学の研究の域にまで到達している。社会科学においては、新しい体系が初期のものに取って代わるというクーンの考察は必ずしも常に正しいわけではない。複数の体系が補完的、あるいは競争的に共存できるというのが社会科学である（Guba and Lincoln 1994等を参照のこと）。このような解釈に従って、私はフリーイノベーション体系を供給側イノベーション体系の代替ではなく、補完として提案したい。つまり、両方がそれぞれイノベーション活動のある部分をうまくとらえていると提案しているのだ。

ここで注意してほしいのは、フリーイノベーション体系に関する本書の主張や説明をもって、そのサポートに必要な検証が完了したと言いたいわけではないということである。私の意図することはむしろ真逆である。新たに観察された現象を理解することが必要になったとき、そして、それら現象の背景にありそうな統合的構造のアイデアが必要になったときにこそ、新しい研究領域への導きとして、新体系というものが最も有用になるものである（Kuhn 1962）。これこそが、本書で記したフリーイノベーション体系の役割として、私が考えるものである。これが上手くいけば、重要な研究課題と研究成果を、既存の供給側主導のシュンペーター的体系に包含されない形で効果的に形成することができ、サポートすることができる。そしてさらに、イノベーション研究、政策立案、そして実務におけるさらなる発展に寄与するような、より良いプラットフォームを提供することができるようになる。

本章の残りの頁では、続く章のそれぞれの概要を簡単に説明する。第2章から第7章では、フリーイノベーション体系理論の中核的論理とそれに関連した経験的証拠を提示し、議論する。第8章から第10章では、フリーイノベーションに関する幅広い視点、イノベーションに成功したフリーイノベーターの特徴、そしてフリーイノベーターが有する法的権利などを含む、いくつかの重要な事項について探究する。最後の第11章では、フリーイノベーションパラダイムに関する理論構築、政策決定、実務の次の段階についての提案と議論をしていく。

フリーイノベーションの根拠（第2章）

フリーイノベーションが重要かどうかは、その規模と範囲が大きいかどうかにかかっている。第2章では、フリーイノベーションがこれら双方の側面において重要であるということを、国ごとの調査を通して検証していく。現在までに行われたほんの6カ国の調査ですら、数千万もの人々が個人使用を目的として、合計数百億ドルをも幅広い製品の購入に費やしていることがわかっている。クラスター分析では、家計部門のイノベーターの90%がフリーイノベーションの定義における2つの特定の基準を満たしていることが判明した。家計部門のイノベーターのわずか10%未満が事業者になることや自身のイノベーションを供給側に販売することに関心をもっていた。

フリーイノベーション体系の主要な特徴は、補償取引を必要としないということである。初めに補償取引を定義したのち、フリーイノベーターがイノベーションを実行し、補償取引に頼ることなく自由に自身のイノベーションを公開するプロセスについて説明する。

フリーイノベーションの生存領域（第3章）

フリーイノベーターや供給側にとってイノベーションの機会が存在するのは、イノベーションから得られる便益がイノベーションにかかるコストと等価になるときか、コストを上回るときに限られる。第3章では、Baldwin and von Hippel（2011）で議論されているモデルを用いて、イノベーションの存在の必要条件を3種類のイノベーションの枠組み——経済の家計部門に属する個人が取り組むフリーイノベーション、家計部門の複数の参加者が協働で行うフリーイノベーション、供給側によるイノベーション——で説明する。

ボールドウィンと私は、効果的で使い勝手の良いデザインやコミュニケーション技術が次第に安価になるにつれて、個人または協働によるフリーイノベーションにとってイノベーション機会が急速に増加していることを議論している。多くの領域でみられるデザインコストの急激な低下は、個人使用に適したコンピュータ上のデザインツールが進展したことによるものである。同様に、個人的なコミュニケーションコストの低下は、インターネットの技術的能力の向上に後押しされている。それ以外でも、いくつかの特定の領域におけるツールが同じ傾向をたどっている。例えば、ゲノム変異のための安価で使い勝手の良いツールによって、家計部門のフリーイノベーターにも実現可能な生物学のイノベーション機会が劇的に増加している。

フリーイノベーターによる開拓（第4章）

既に議論したように、フリーイノベーション体系のなかでイノベーションに取り組むイノベーターの動機と行動は、供給側イノベーション体系のなかのイノベーターとは根本的に異なっている。結果として、イノベーションから得られる結果も、2つの体系では異なって然るべきである。実際に、そのような違いを特定し、明らかにすることは、フリーイノベーション体系が提供する主要な価値の1つである。第4章ではこの重要な点を説明するために、開発されるイノベーションのタイプや、開発時期には2つの体系の間で基本的な違いが存在するということを示す。フリーイノベーターは自己報酬型であり、自身の興味関心を追い求めることができる。供給側とは異なり、フリーイノベーターは市場から報酬が期待できるプロジェクトのみに取り組む必要はない。したがってフリーイノベーターは一般的に、供給側が市場の機会を把握するよりも先に、新しいものや市場を機能的に開拓することができる。供給側イノベーターが市場に参入するのは、一般的に、市場の性質や商業的可能性が明らかになった後である（Riggs and von Hippel 1994; Baldwin et al. 2006）。

普及不足なフリーイノベーション（第5章）

この章では、イノベーションの普及に関する、フリーイノベーション体系と供給側イノベーション体系との重要な違いを示し、議論する。両者の違いは、フリーイノベーターは自身のイノベーションが無許可で使用されるのを拒むことはなく、販売することもないという事実から生じている。結果として、フリーライダーが得る便益はフリーイノベーターと構造的に共有されるわけではない、すなわち2者の間に市場を通じた繋がりはない。この理由から、フリーイノベーターが社会便益の観点から、フリーイノベーションの普及に積極的に投資する動機はとても少ない。それに対して、供給側は当然、消費者との市場を介した直接的な繋がりがあるため、供給側イノベーション体系ではフリーイノベーションのように普及に対する動機が不足する状態は起こらないはずである。

フリーイノベーターによる普及の動機と普及への投資不足の証拠となる初期の実証研究を再検討する（de Jong et al. 2015）。そして、市場への導入に頼ることなくフリーイノベーションを普及させる方略を提案する。

フリーイノベーターと企業の分業（第6章）

ここまで、フリーイノベーションと供給側イノベーションの体系は、イノベーターの動機、活動、成果という3点において構造的に異なるということをみてきた。2つの体系同士には相互作用があるということも思い出してほしい。第6章では、主要な相互作用とそれらがもつ効果を詳細に述べる。ガンバーデラ、ラアスチ、フォン・ヒッペル（Gambardella et al. 2016）によるモデルを参考に、社会便益と供給側の利益を同時に向上させる、フリーイノベーターと供給側イノベーター間のイノベーション分業の機会があることについて説明する。供給側はフリーイノベーターが開発するイノベーションの代替となる研究と開発への投資をしないことによって利益を得ることができる、と私たちは主張する。その代わりに、常にというわけではないが、供給側はフリーイノベーターのデザイン活動への支援に投資することで便益を得るようになる。したがって、供給側は商品化のための改良といった、フリーイノベーターが取り組んでいない開発活動に資産を集中させるべきである。社会に利益をもたらすのは、組織内開発からフリーイノベーターとのイノベーション分業への移行を供給側に促す公共政策である。

企業とフリーイノベーターを繋ぐループ（第7章）

家計部門のフリーデザインの価値が明らかになるにつれて、フリープロジェクトのスポンサーと供給側は、フリーイノベーターとの「結びつきを強める」ための取り組みを増やし、より多くの利益が得られるように努力している。フリーイノベーターと供給側双方による、家計部門のイノベーションプロジェクトへの支援を呼びかけるクラウドソーシングの要請は増加傾向にある。供給側もまたフリーイノベーターを支援する傾向にあり、自らの事業を利益に繋げるために奔走している。

供給側による家計部門イノベーション資源の「発掘」の増大は、社会便益にとって正と負の両方の効果がある。正の側面としては、供給側がスポンサーとなっているプロジェクトが商業的な価値をもち、完成次第、商業的に普及されうるということである。負の側面としては、非常に魅力的な「ゲーム化された」イノベーションプロジェクトを供給側が創作し、クラウドソーシングすることにより、先駆的なイノベーションのような社会的価値の高いイノベーションの機会から、フリーイノベーターを遠ざけてしまうかもしれないということである。

より広い視点でみる（第8章）

第8章では、フリーイノベーションは、現在までのほぼすべての家計部門のイノベーション研究が焦点を当てている製品イノベーションをはるかに凌ぐということを述べる。この証明のために私は、相当程度のフリーイノベーションがサービス、プロセス、マーケティングメソッド、そして新しい組織のメソッドに存在するということを発見した、たくさんの同僚たちによる特定の分野の経験的研究の検証を行う。

広範囲に及ぶイノベーション開発は驚くべきことではない。結局、イノベーションの機会がフリーイノベーターにとって実現可能かどうかは、それらの機会の具体的本質とはまったく関係ないのである。機会実現のために必要なのは、フリーイノベーターの期待する利益がコストを上回ることだけなのである。

成功するフリーイノベーターの性格特性（第9章）

国ごとの調査から、6カ国の家計部門に属する人々の1・5%から6・1%が製品のイノベーションに取り組んでいるということが明らかになった。これは数千万人に及ぶ数である。これは同時に、家計部門の94%の人々は製品のイノベーションに取り組んでいないということでもある。家計部門のイノベーションは社会便益を向上させ、また一般的に供給側の利益を増加させるものであるから、家計部門でイノベーションに成功した人物とそうでない人物について研究することは有益である。最後に、Stock, von Hippel, and Gillert（2016）は、家計部門のイノベーションの成功例に明確に関連付けられる個人的特徴を、3つの主要なイノベーションプロセスの段階（新しい製品や製品の改良のためのアイデア、アイデアを実行するためのプロトタイプの開発、イノベーションの他者への普及）において探究した。私たちは、異なる要因がそれぞれのイノベーションプロセスの段階における成功に大きく影響しているということを述べる。この知識を踏まえ、家計部門でのイノベーションの成功率を上げるための方法について提案する。

フリーイノベーターの法的権利をどう守るか（第10章）

本章では、イノベーションやその普及に取り組むための、家計部門のイノベーターの法的権利について検討する。Torrance and von Hippel（2015）の報告によると、少なくとも米国では、フリーイノベーターはイノベーション開発と普及の双方に関して非常に強力な法的権利を有しているといえる。個人は一般的に、物質的に他人に危害を加えることがない限り、どんな行動をとっても良いのである（Jefferson 1819; Chafee 1919）。個人はまた基本的に言論の自由の権利を有しており、これによって協働でイノベーションに取り組み、成果を普及させるための情報交換が可能になる。さらに、フリーイノベーターは供給側に比べて、重要な実践的、法的、規制上の事柄に関して有利な立場にある。

このような概して好ましい状況にあるにもかかわらず、フリーイノベーターの活動の自由はたびたび縮小される。また、フリーイノベーションのコストは、他の目的のために、多くの場合フリーイノベーションの存在を知らずに公布された規制や法律によって引き上げられてしまう。トーランスと私は、これらの状態を改善するための具体的な案を出し、フリーイノベーションとその社会便益についての認識を広めることが価値のある活動であると議論する。

フリーイノベーションの研究と実践は次の段階へ（第11章）

第11章では、私が重要だと考えるフリーイノベーション研究、政策決定、実務における次の段階について提案する。まず、これらの新しい取り組みでフリーイノベーション体系が効果的に担うであろう役割に関して、私が期待することを述べていく。次に、フリーイノベーション、ユーザーイノベーション、ピアプロダクション、そしてオープンイノベーションが提示する研究のレンズの比較、差異化を経て、私が有用であると考えるそれぞれのレンズの疑問の種類をまとめる。そして、フリーイノベーション体系に関する研究課題をさらに進展させるために非常に重要となる、フリーイノベーションの測定方法を改善するステップについて述べる。続いて、フリーイノベーションをイノベーション理論や政策決定に取り入れるのに有効な研究ステップを提案する。最後に、ファンによる二次創作物からウィキペディアへの寄稿に及ぶ「UGC（ユーザー・ジェネレイテッド・コンテンツ）」のような、イノベーションを超える家計部門の創造的活動の経済面を理解するために、フリーイノベーション体系がどのような形で役立つのか、ということについて述べる。

本書の締めくくりとして、補償取引や知的財産権の必要のないフリーイノベーションは、供給側主導のイノベーションを記したシュンペーター的モデルとは根本的に異なる、活発で「大衆的な」イノベーションモデルを表しているということを再び述べる。本書で記述され、議論されるフリーイノベーション体系は、フリーイノベーションをより明確に理解し、効果的に応用することを可能にすることで、社会便益の向上と人生の充実に繋がるということを、私は主張する。

第2章 フリーイノベーションの根拠

本章では、家計部門で消費される製品の開発面から、フリーイノベーションが非常に重要な現象であるということの根拠を提示する。まず、これからみていくように、現在、数千万人の消費者が、それぞれのニーズに合った製品の創作や改良のために、毎年数千億ドルを費やしている事実を述べる。実際、家計部門の製品開発にかかる費用の合計は、供給側が「消費者のため」に製品開発に取り組む事業部門の費用に匹敵する。次に、家計部門の製品イノベーションの開発者のうち90％以上が、第1章で挙げたフリーイノベーションの基準、

(1) 自由に使える時間に、無給でイノベーション開発をしている。

(2) 自分が開発したデザインを他者が無料で使うのを容認している。

の2つを満たしていたことを説明する。残りのわずか10％未満の人は熱心な起業家であった。最後に、フリーイノベーションの実現の中核的要素である、取引を伴わない自己報酬という概念の本質について探究し、フリーイノベーターが無料で公開するイノベーションがなぜ経済的に有意義なのか、その理由について議論していく。

6カ国での研究

本書の執筆中、6カ国で家計部門のユーザーによる製品イノベーションの規模と範囲に関する調査が行われた。まず、これらの調査に採用された方法を簡単に説明しよう。なお、調査の詳細についてはすでに公表されている以下のような各論文等を参照してほしい。英国調査はvon Hippel, de Jong, and Flowers（2012）、米国と日本の調査はOgawa and Pongtanalert（von Hippel, Ogawa, and de Jong 2011）、フィンランド調査はde Jong, von Hippel, Gault, Kuusisto, and Raasch（2015）、カナダ調査はde Jong（2013）、韓国調査はKim（2015）が実施した。6カ国すべての調査対象は、家計部門において個人または家庭での使用目的で行われた新製品の開発や製品改良行為に限定した。より研究範囲を明確化するために、市場で入手可能な製品に効果的な機能上の改良を加えたものであること、そしてデータの収集の3年前までの間に開発されたものであることという要件を課し、美術的な改良は除外した。個人または家庭で使用するためではなく仕事のために自宅にて開発したイノベーションも、調査対象からは除外した。

6カ国でのすべての調査はいわゆる全国標本調査を採用した。この種の標本は国内の人口統計を反映するようになっている。例えば、ある人口に一定の割合で技術的な教育を受けた個人が存在する場合、標本は同等の割合で、その特徴を備えた回答者を人口の「代表」として含むというものである。この手法によって、全国標本調査から得られた結果を基に、その国の人口全体の状態を推計することができる。実査手法は、英国、フィンランド、カナダでは電話調査、米国、日本、韓国ではインターネット調査を用いた。6カ国のうち4カ国（英国、米国、日本、韓国）で使用された質問は同一のものである。フィンランドおよびカナダの調査では、いくつかの追

表 2-1　6 カ国において個人の使用目的で製品開発している割合

	英国（n=1,173）	米国（n=1,992）	日本（n=2,000）	フィンランド（n=993）	カナダ（n=2,021）	韓国（n=10,821）
18 歳以上の人口における消費者イノベーターの割合 [a]	6.1%	5.2%	3.7%	5.4% [b]	5.6%	1.5%
18 歳以上の人口における消費者イノベーターの人数 [a]	290 万人	1600 万人	470 万人	17 万人 [b]	160 万人	54 万人

a. 6 カ国すべてにおいて、18 歳未満の個人は若者のプライバシーを考慮して調査対象外とした。
b. フィンランドでは、年齢層は 18-65 歳であった。

加質問項目が加えられた。最新の研究（フィンランドおよびカナダ）で使用されたアンケート票の全容は、巻末付録 1 と de Jong（2016）で公表されている。

家計部門での製品イノベーションの規模

供給側イノベーション体系では、消費者がイノベーションに取り組むのではなく、消費することのみを期待されている、ということを思い出してほしい。しかしながら、この慣例的な想定とは極めて対照的に、私たちが収集したデータでは、現在までに調査を行った6カ国だけでも、約2500万もの人々が個人の使用目的で製品の開発や改良に取り組んでいたのである（表2-1）。この非常に大きな数値は、家計部門でのイノベーションの開発活動を見積もる上では極めて控えめであるともいえる。前述したようにこの6カ国の調査では、個人または家庭での使用目的で行った製品（モノ）の開発や改良に限定していたからである。家計部門におけるサービスおよびプロセスの開発は含まれていないため、これらを対象に含んだ場合には、規模は相当なものになるだろう。

表 2-2　様々なカテゴリーにおける、家計部門のユーザーによる製品開発の範囲

	英国[a]	日本[b]	米国[b]	フィンランド[c]	カナダ[d]	韓国[e]
手芸用品	23.0%	8.4%	12.3%	20%	22%	16.4%
スポーツ・趣味	20.0%	7.2%	14.9%	17%	18%	17.9%
住宅関連	16.0%	45.8%	25.4%	20%	19%	17.9%
ガーデニング関連	11.0%	6.0%	4.4%	na	na	na
子ども関連	10.0%	6.0%	6.1%	4%	10%	10.9%
乗り物関連	8.0%	9.6%	7.0%	11%	10%	6.5%
ペット関連	3.0%	2.4%	7.0%	na	na	na
医療	2.0%	2.4%	7.9%	7%	8%	5.5%
コンピュータ関連	na	na	na	6%	11%	na
食べ物・服	na	na	na	12%	na	na
その他	7.0%	12.0%	14.9%	3%	3%	23.9%

a. 出典：von Hippel, de Jong, and Flowers 2012
b. 出典：von Hippel, Ogawa, and de Jong 2011
c. 出典：de Jong, von Hippel, Gault, Kuusisto, and Raasch 2015
d. 出典：de Jong 2013
e. 出典：Kim 2015

消費者による製品イノベーションの範囲

消費者によって開発された製品は、家計部門の幅広い活動におよんでいた（表2-2）。イノベーションが多く行われている活動範囲は、消費者が無給の自由時間を過ごす主要な活動範囲でもあった。例えば英国では、スポーツ、ガーデニング、家事、子育て、パソコンの使用が主要な活動であった（Lader, Short, and Gershuny 2006）。

表2-2に記されている各カテゴリーにおけるイノベーションの簡単な説明から、消費者による製品開発の性質と範囲を読み取ることができる（表2-3）。

イノベーションプロジェクトにかける費用――

一般的にいって、家計部門における個人のプロジェクトは相対的に控えめな「個人規模の」費用で行われている。表2-4にみられるように、6カ国で個人のイノベーターが最近取り組んだプロジェクトにかかった費用は、時間と材料を合計すると平均して数百ドルから1000ドルを少

表 2-3　様々なカテゴリーにおける家計部門の製品イノベーションの例

手芸用品	私は矢を作るために冶具を製作しました。私が作った冶具は矢を適切な位置に保ちながら回転するため、自分で付けた印に沿って描くことができます。市場で手に入る冶具は回転しません。
スポーツ・趣味	私は暗闇でも碁を楽しめるように、光る碁石を開発しました。石の表面の圧縮した光沢のある素材は通常のものと外見は同じで、触感もまた似ています。
住宅関連	気候の関係上、私は脱水乾燥だけをする洗濯機を求めていました。私はタイマーを工夫し、脱水乾燥だけをするように洗濯機を改良しました。回路の 1 つをブリッジして、スイッチを挿入しました。 私はコンピュータで操作できる GPS システムと小さなタグを使って家のなかでの無くし物を即座に見つけるメカニズムを作りました。 私は赤外線のオーブンを使って半圧力鍋型の炊飯器を作りました。プラスチックの容器に穴を開け、大きな輪ゴムと小さな板を使い、容器のなかの圧力を調整することで、炊き上がった米が他の熱源で作る時と同等に美味しくなるようにしました。
ガーデニング関連	私は木の先端の手入れをするための道具を作りました。釣り竿の端に大きな金属のフックを付けたもので、これを使うと木の先端に届くことができ、それを曲げ、切ることができます。
子ども関連	私は時計の文字盤に半分ずつ異なる色を付け、時計のどちら側が正時前で、どちらが正時後かわかりやすいようにしました。私はこの時計を子どもに時間の読み方を教えるために使いました。 私は、赤ちゃんの抱っこ紐を着けている時も、冬用のコートを閉められるよう、衣類に取り付けられる布を作りました。これのお陰で私も赤ちゃんも暖かくいられます。私がもっている服の全てのファスナーにつけることができます。
乗り物関連	車の鍵のリモコンにディスプレイを取り付け、駐車した場所がわかるようにしました。大きな駐車場で自分がどこに駐車したかわからなくなったときや、複数階ある駐車場では、自分の車を探す手間が省けます。
ペット関連	私の犬は食事の際の問題を抱えていました。私は薄い木の板を使い、トレーのようにふちをつけて彼女の食事中にキッチンでボウルが動き回らないようにしました。あのイノベーションはうまくいきました。
医療	私の母は脳卒中にかかり、手足が不自由になってしまいました。そのため私は母が車いすに乗っているときに着脱のしやすいコートを作りました。袖の下の部分は特別なテープで開閉がしやすいように切り開かれています。
コンピュータ関連	私は色覚異常です。私は景色のなかの物の色を特定してわかりやすくコード化する iPhone カメラのアプリを開発しました。

表 2-4　最近のユーザーイノベーションプロジェクトにかかった個人費用

	英国	米国	日本	フィンランド	カナダ	韓国
最近取り組んだプロジェクトにかけた時間（1人・日）	4.8	14.7	7.3	2.6	6.7	5.9
最近取り組んだプロジェクトにかけた平均材料費	101 ポンド	1,065 ドル	397 ドル	207 ユーロ	58 カナダドル	368 ドル

出典：von Hippel, Ogawa, and de Jong 2011、表 1。総支出は特定のプロジェクトに費やした自腹の額と各国の賃金平均から算出した時間投資を含む。

し上回る程であった（これらの計算では、時間は調査を行った各国の1時間当たりの平均賃金から金額を算出した）。プロジェクトにかける費用は回答者のなかでも幅があり、手近なものだけを使って素早く遂行した0ドルのものから、平均よりはるかに高いものまで、様々であった。今回とは別の研究において、別のイノベーション事例では、平均をはるかに上回る金額を費やす個人が存在することがみられたが、彼らはいわゆるリードユーザー（重要な市場の動向の最先端にいて、創作活動に対する強い動機をもつ人物）であるといえよう。リードユーザーは平均的なユーザーよりも潜在的な商業的価値をもつ製品を開発することが多い（von Hippel 1986; Urban and von Hippel 1988; Franke, von Hippel, and Schreier 2006; Hienerth, von Hippel, and Jensen 2014, table 3）。

非常に多くの家庭でのイノベーターが存在するため、個人のプロジェクトにかかる少額の経費は、合計すると全体では大きな金額になる。英国、米国、日本での調査をもとに、私たちは家計部門の製品開発にかかる年額を見積もってみた。これら3カ国では全国調査において、回答者に年間どれくらいのプロジェクトを実行しているかという質問をした。この情報に、最近のプロジェクトにかかった費用と、各国のイノベーターの合計人数を合わせて数値を算出した。

表 2-5　個人使用目的のための製品開発に費やされる個人のイノベーション費用の年間総額

	英国	米国	日本
1 年当たりのプロジェクト数の平均	2.7	1.9	2.6
消費者イノベーターが消費者向け製品の開発にかける年間総額 a の推定	52 億ドル	202 億ドル	58 億ドル
供給側が消費者向け製品の研究・開発に投資する年間総額 b	36 億ドル	620 億ドル	434 億ドル

a. 総支出は特定のプロジェクトに費やした自腹の額と各国の賃金平均から算出した時間投資を含む。
b. 各国の産業連関表から算出。
出典：von Hippel, Ogawa, and de Jong 2011、表 1。

表2-5のように、英国、米国、日本を総計すると年間数百億ドルが家計部門のイノベーターによって費やされていることがわかる。興味深いことに、この出費額は、それぞれの国で消費者向けに製品を開発している企業が年間に支出する額とあまり大差がないということだ（von Hippel et al. 2011）。繰り返しになるが、これは家計部門の製品開発が相当規模のものであるという事実を示している。

個人 vs. 協働イノベーション

第1章にて、イノベーターはイノベーションを個人または他者と協働で開発することがあると述べたことを思い出してほしい。6カ国の調査では、1人でイノベーション開発に取り組んだと答えた人が最も多いが、いっぽうで10～28％の人々が協働でイノベーションに取り組んだと回答している（表2-6）。第3章で議論するように、このパターンは経済的にも道理にかなうものである。大規模なプロジェクトにおいて協働で開発に取り組むことは、かなりのコストをシェアできるため大きなコスト削減にも繋がる。しかし、本書に記されている典型的な家計部門のプロジェクトのような、比較的小規模なプロジェクトにおいては、1人でイノベーションに取り組む方が協働で他

表 2-6　イノベーションの形態

	英国	米国	日本	フィンランド	カナダ	韓国
個人のイノベーション	90%	89%	92%	72%	83%	72%
協働のイノベーション	10%	11%	8%	28%	17%	28%

者と開発に取り組むことで生ずるコストを避けることができるため、効果的なこともある。

これはフリーイノベーションなのか？

第1章で、フリーイノベーションは2つの特徴をもち合わせていると述べたことを思い出してほしい。まず1番目は、フリーイノベーターの開発への取り組みに対して誰もその対価を支払うことはなく、彼らは無給の自由時間に開発を行っているということである。2番目は、フリーイノベーションによるデザインは開発者によって積極的に保護されることがない（つまり、それらのデザインは潜在的には誰でも無料で入手が可能である）ということである。6カ国の調査から、私たちは調査に回答したイノベーターの90%を超える人々がこれら2つの基準を満たしていると直接結論づけることができた。1番目に関しては、6カ国すべての回答者に対して、無給の自由時間に開発を行っているかどうかを問い、これに該当する解答者のデータのみを研究に取り入れた。2番目の基準に関しては、6カ国すべての調査において、イノベーションを無料利用から保護する方法として考えられる、単なる「秘密」から「特許取得」におよぶ様々な保護手段のリストを提示して、イノベーションに取り組む回答者にイノベーションを保護するためのいずれかの方法を利用しているかどうかを問うた。表2-7がその結果であるが、各種の知的財産権などの方法によってイノベーションを保護しようとすることは稀であった。

このようにイノベーション保護への投資が一般的にみられないのは、保護のためにかかる費用

表 2-7　知的財産権等によって保護されている家計部門のイノベーションの割合

英国	米国	日本	フィンランド	カナダ	韓国
1.9%	8.8%	0.0%	4.7%	2.8%	7.0%

が家計部門のイノベーターにとっては高く、非現実的であるということを意味している可能性も当然ある（Baldwin 2008; Blaxill and Eckardt 2009; von Hippel 2005; Strandburg 2008）。その場合、イノベーターたちはコストがかからない方法（例えば非常に安価な特許取得の方法など）が利用可能で、自分のイノベーションを保護できるのなら保護したいと思っている可能性がある。もしこれが事実であれば、フリーイノベーションは脆弱なものであり、イノベーションを保護するためのより安価な方法が見つかり次第、フリーイノベーションは消滅してしまうリスクがあるということだ。

そこで、この可能性を検証するため、私たちはフィンランドとカナダの全国調査の参加者に、自分のイノベーションを無料で公開しようとする「意思」について質問した。フィンランドでは、84%の人々がイノベーションを少なくとも一定の他者に無料公開する意思があると答えた。このうち、44%がイノベーションを誰にでも公開する意思があると答え、40%の人々は友人や個人的な人脈のある人々に限って公開したいと回答した（de Jong et al. 2015）。カナダにおける調査では、デジョン（de Jong 2013）は、無料公開の意思は全体で88%であり、うち66%の回答者は誰にでも公開する意思があり、22%は個人的な人脈のある人々に限って公開する意思があることを明らかにした。つまり、フィンランドとカナダの双方では、無料公開は単に保護にかかるコストの高さによるものではない（家計部門のイノベーターの大部分が一定の人々またはすべての人にイノベーションを公開する意思をもっていた）ということがわかる。

家計部門のイノベーターの動機の本質

先に、イノベーションプロジェクトの機会が存在するのは、フリーイノベーターにとって便益がコストを上回るような自己報酬がある時のみと述べた。つまるところ、私の定義では、フリーイノベーターは無給であり、デザインの利用者も一切の支払いをしないのである。この点を見極めるため、フィンランドの調査では、イノベーションに取り組む動機の種類と動機の「比重」について回答者に質問をした。具体的には、回答者に対して100％の動機を5つの特定の報酬の基準に割り当てるように質問した。加えて、それぞれの回答者にとって重要な、報酬の追加的な基準を示すことができるように、「その他」の選択肢を設けた。

質問した5つの報酬の基準のうちの4つはオープンソースプロジェクトの参与者にとって重要な動機付け要因とされている選択肢を用いた（Hertel, Niedner, and Herrmann 2003; Lakhani and Wolf 2005）。つまり「イノベーションの個人的利用」（von Hippel 2015; Stock, Oliveira, and von Hippel 2015）、「イノベーション開発の個人的な楽しみ」（Hienerth 2006; Ogawa and Pongtanalert 2011; von Hippel et al. 2012）、「個人的な学びと技術の向上」（Bin 2013; Hienerth 2006; Lakhani and Wolf 2005）、「他者の援助」（Kogut and Metiu 2001; Lakhani and von Hippel 2003; Ozinga 1999）である。5番目の動機の基準は「売るため／お金を稼ぐため」である。この動機はフリーイノベーション体系の枠組みからは外れたものである。これは供給側イノベーション体系に属するイノベーターの主要な動機であるが、イノベーターを区別するために設けた。

フィンランドでの調査では、私たちは、主に個人使用を目的としてイノベーション開発に取り組んだと答えた人（前出のフィンランド調査での回答者176人）と、上記のような主張はしていないものの、アンケートにす

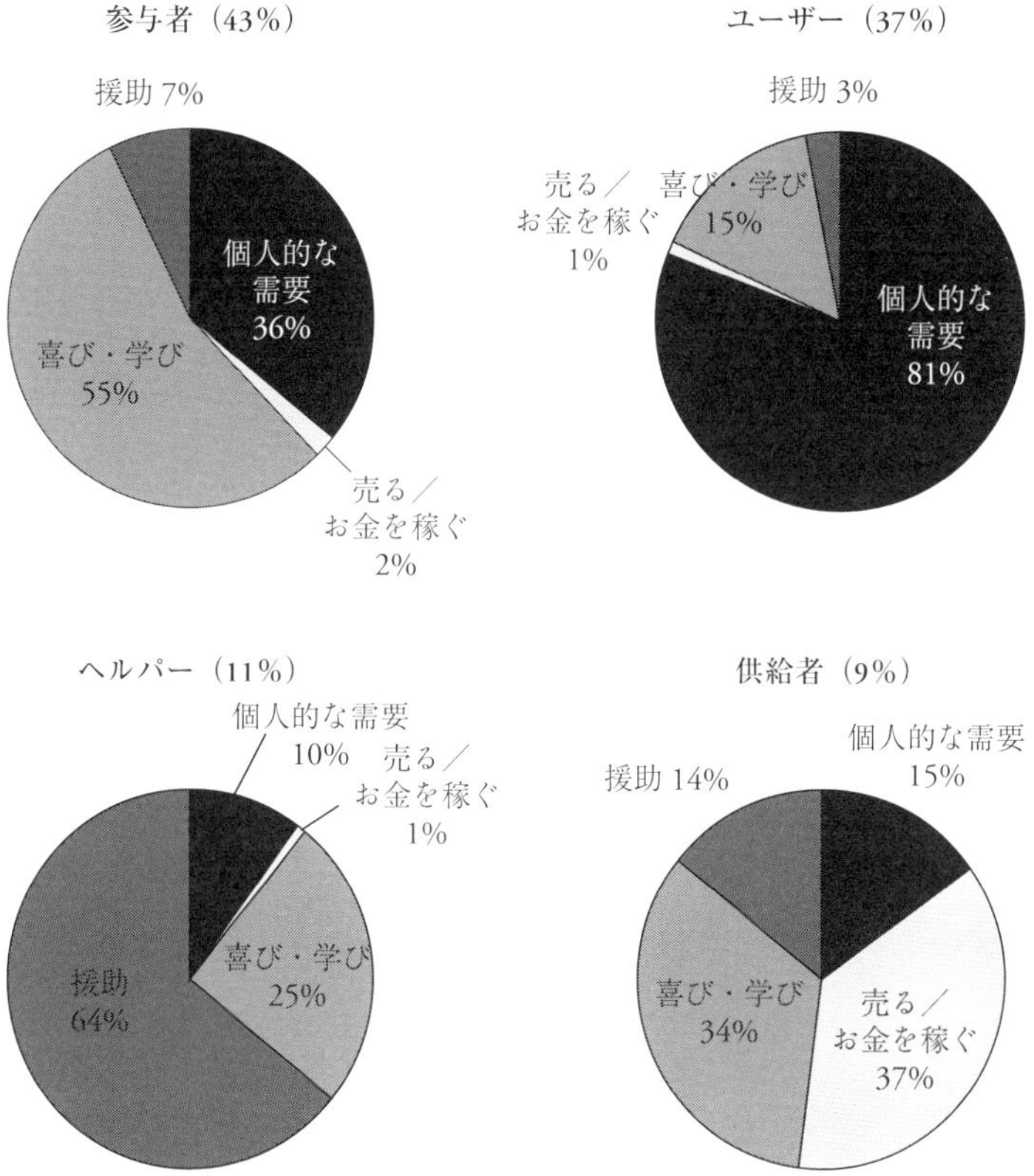

図 2-1 フィンランドにおける家計部門イノベーターのクラスター分析と個人的報酬の内訳(n=408)

べて回答した人の双方を合わせた合計408人の家計部門のイノベーターのサンプルからデータを収集した。私の同僚であるユンルン・デジョンと共にこの大人数のサンプルを、似かよった動機をもったイノベーターごとにグループにまとめるために、クラスター分析にかけた(Green 1977; Schaffer and Green 1998)。理論的な考察に沿い、安定性も良好な4つのクラスター解析が得られた(コーエンのカッパ係数=0・80)(de Jong 2015)。

図2-1では、サンプル全体が4つのクラスターにどの割合で分類されているか、そしてそ

れぞれのクラスター内でさらに動機のタイプを分けた。一目でわかるように、家計部門のイノベーターは一般的に、1種類の純粋な動機というよりは、複数の動機が要因となっている。実際、1つの動機をもってイノベーションに取り組んでいる回答者は稀であった。

図2-1におけるそれぞれのクラスターには、それぞれにとって最も重要な動機の名前をつけた。最初のクラスターである「参与者」（サンプルの家計部門のイノベーター全体の43％）は、イノベーション関連の動機の大部分を、楽しさやイノベーションプロセスそのものに参加することによる学びから得たい、と回答した。次の「ユーザー」（同37％）は、開発したイノベーションを個人的に利用することをその大部分の動機としていた。次の「ヘルパー」（同11％）は、5つのリストのなかで最も大きな動機として挙げたのが「他者を助けること（利他主義の精神）」であった。最後の「供給者」（同9％）は売上の見込みが大きな動機となっていた。

次に、5つの動機のうちの4つは「自己報酬」であり、補償取引が不要であるということに注目してほしい。開発したイノベーションを利用するとき、個人は自己報酬を得て、他のだれも彼らに報酬を与える必要はないということだ。同様に、フリーイノベーターがイノベーションを開発するプロセスでの喜びや学びも「自己報酬」であり、これらも他者との取引に依存していない（Stock, von Hippel, and Gillert 2016; Stock, Oliveira et al. 2015; Raasch and von Hippel 2013; Franke and Schreier 2010; Hars and Ou 2002; Füller 2010）。また、後に議論するように、利他主義も一種の「自己報酬」であり、補償取引に依存していない。最後に挙げられている、「売る／お金を稼ぐ」という動機のみが、他者との補償取引を必要とする。

図2-1から得られた事実から、4つのうち3つのクラスターはフリーイノベーターであると結論づけられる。ほとんどの場合、「自己報酬」が動機となっているため、たとえ誰もそのコピーを手に入れるのに支払いを

しなかったとしても、イノベーションへの投資をするわけである。それらとは極めて対照的に、「供給者」のクラスターは、自身の創作物を売るという期待に大きく動機づけられていた。「売る／お金を稼ぐ」という動機は全体の動機の37％を占めている。もちろん、家計部門の調査において、売るためにイノベーション開発をしている個人が確認されるのはありうることだ。グローバル・アントレプレナーシップ・モニター（GEM）調査においても、同様の割合で起業家活動の早期段階にある個人が家計部門にいることが述べられている（先進的な「イノベーション主導」の経済において8・54％）。そして、その約半数が市場に新しいものをもたらそうとしているという（Singer, Amorós, and Moska 2015, table A.3, figure 2.14）。

「供給者」クラスターは、その他3つのクラスターとは行動と動機という点で異なっている。売ることを目的とするならば、デザインの開発は大きな価値のあることであり、より良いデザインの制作に投資し、それらを無料で利用しようとする人から保護することはすべて合理的な行動である。これらの予想に沿って、デジョン（私的なコメント, 2015）は、「供給者」クラスターが開発したイノベーションは、他の3つのクラスターが開発したイノベーションよりも非常に高い「一般的価値」をもっているということを発見した。加えて、「供給者」クラスターはイノベーション開発により多くの金額を費やしていた（1228ユーロ、他の3つのクラスターの平均は100から300ユーロ）。彼らはまた、知的財産権によって自身のイノベーションを保護する傾向がはるかに強かった（供給者クラスターに属するイノベーターは36％、他のクラスターは3％以下）。

自己報酬と、取引を必要としない活動

私がフリーイノベーション体系の機能を説明する際に述べたように、自己報酬と取引を必要としない活動の概念は関連している。自己報酬は、補償取引なしに手に入る私的な便益である。補償取引では、特定の相手に「これ」（製品、サービス、金融商品など）を、「あれ」と引き換えに提供するために、明示的または暗黙の取り決めを行う。したがって、フリーイノベーション体系における活動が補償取引を必要としないというのは、この性質の取引が生じないということを意味している。

開発したイノベーションから個人利用の価値が生じるとき、あるいは開発のプロセスを通して喜びや学びが得られるとき、そこに補償取引は伴われない。この種の報酬を手に入れるのに、他者による関連活動や他者への影響は必要とされない。これらは自己報酬なのだ。しかし、フィンランドの調査で焦点となった利他主義に関する報酬はどうだろうか。やはり、自身が利他的なことを成し遂げたということを明確に感じるためには、他者が自分のイノベーションを利用するか、イノベーションから恩恵を得なければならない。同様に、イノベーションを無料で展示または提供する（フリーイノベーターの定義が要求するように、保護することなく公開する）ときには、他者からみた自分の評価の向上という形での報酬を期待していると考えられる（Lerner and Tirole 2002）。いずれの場合も、自分が報酬を得るためには他者の行動や経験が必要となる。なぜこれは補償取引と異なると言えるのだろうか。その理由は、利他主義が期待している反応は、特定の取引相手と特定の「これ」と「あれ」を交換するのとは異なるからである。むしろ、無料公開のイノベーションは、いつか訪れる報い、あるいは「一般化された互酬性」訳注(1)の形をした贈り物に期待や希望を抱いているのだ。

ここで、本題からは逸れるが、贈り物の本質について簡潔に触れておく。初めに、「特定の『これ』に対する特定の『あれ』」という基準を満たす補償取引は、金銭や精密な会計が関与しなくても、「社会生活でのやり取り」として存在することに注目してほしい（Benkler 2006）。ベンクラーは、「社会生活でのやり取り」は、交換の義務がないという点においてではなく、交換の精密性という点で、経済の取引とは異なると述べている。市場取引は「交換手段である貨幣の正確性と正式性に由来する」高い正確性をもつ（Benkler 2006, 109）。対して「社会生活でのやり取り」は、厳密に計算されることがあまりない。ベンクラー（Benkler 2006）はゴドリエの著書『贈与の謎』の一部を引用し以下のように説明している。「親しい友人や親戚との贈り物の交換にみられる特徴は（略）義務がないことではなく、『計算』が発生しないということである」。しかしながら、モース（Mauss 1966, xiv）は自身の著書『贈与論』で「ハヴァマール」［訳注：『古エッダ』に収録された歌謡集］から引用し、「贈り物には常に返礼への期待が付随する」と述べている。モースは贈り物の要素を考察し、それが内包する3つの義務、つまり「与えること」、「もらうこと」、そして「報いること」について議論しており、これらのなかで「等価の見返りを与える義務は必須である」と述べている（Mauss 1966, 41）。ベンクラー、ゴドリエ、モースの主張からわかるように、互いを知っている特定の寄贈者と受取人の間での贈り物は、資産価値が補償された交換であり、そのような贈り物は「取引を必要としない」ものには当てはまらない。

2つ目に、利他主義に動機付けられたフリーイノベーションのような贈り物は、寄贈者が、特定の他者からの補償ではなく、一般化された互酬性を期待する場合、取引を必要としないことに注目してほしい。一般化された互酬性という言葉を最初に定義したサーリンズによると、これは「利他的」かつ「純粋な贈り物」であると一般的に認められている取引によって特徴づけられており、返礼や直接的な見返りへの期待が「不適切」であるもの、あるいは、もしあるとしても「暗黙的」なものに留まる（Sahlins 1972, 193–194）。それは「返礼は不明確であり、返礼の時間および量は最初の寄贈者の将来のニーズと、受取人の状況次第である。したがって、物の流れは長期間にわたって不均衡になるかもしれないし、あるいは一方通行になるかもしれない」ということを意味している（Sahlins 1972, 279–280）。一般化された互酬性を、「助けられた人からの返礼の機会がないため『人を逆方向に助けること』」（Ladd 1957, 291）であるとした者もいるし、「『私があなたを助け、あなたは他の誰かを助ける』」の原則として説明される「恩送り」だとした者もいた（Baker and Bulkley 2014, 1493）。しかしサーリンズは「返礼をしないことで寄贈者が与えるのをやめることはない」（Sahlins 1972, 194）と主張し、その本質を表現した。

ベンジャミン・フランクリン（Franklin 1793, 178–179）は自身の重大な発明を、特許権で保護することなくすべての人々に公開した。彼は、「私たちは他者の発明から大きな恩恵を得ているのだから、私たちのあらゆる発明が他者に役立つ機会を喜ぶべきである。そしてそれは無料でかつ寛大に行われるべきである」という一般化された互酬性の観点から自身の動機を説明した。一般化された互酬性の、より些細でありふれた例は、道で見知らぬ人に呼び止められ、時間を聞かれたときに答えることである。その人を二度と見かけることはないだろうし、そもそもその人からお返しを受け取りたいとも私たちは思わない。しかしながら、一般化された互酬性に則することで、いつか自分が見知らぬ人に時間を聞いたときは、進んで答えてくれるだろうと信じることができるのである。極めて重要なことは、贈り物をする際の一般化された互酬性の期待は、取引を必要としないということなのだ。なぜなら、上述されているように、「返礼をしないことで寄贈者が与えるのをやめることはない」からである（Sahlins 1972, 194）。

フリーイノベーションの文脈内では、他者の心のなかで起こる感謝の気持ちや評価向上のような、一般化された互酬性の形をした報酬はフリーイノベーターを動機付けるにもかかわらず、特定の他者との補償取引にはならない。しかしながら、取引を必要としない行動と取引に基づいた行動の間には、明らかにグレーゾーンが存在する。例えば、オープンソースソフトウェアの開発プロジェクトにおける活動的な開発者の数には大勢から2、3人と幅がある。開発者が大勢いる場合、貢献者が直面する状況は確かに一般化された互酬性の1つであると言えるだろう。しかしながら、その数が減っていくと、特定の人がXという便利なイノベーションを大衆に向けて開発する動機は、他の特定のメンバーがYというイノベーションを開発し、貢献するからである、という認識が起こりかねない。この場合は補償取引を含むものとなる。

結論として、取引を必要としない行動という考え方は一見突飛なものに思えるが、実は日常生活にありふれたものであるということを強調したい。そしてそれは、コストと補償取引を取り決め、実行することに関わる複雑さを考えれば当然のことである（Tadelis and Williamson 2013）。ボールドウィン（Baldwin 2008）は、オープンソースソフトウェアの開発プロジェクトのような協働のイノベーションプロジェクトが取引を必要としないのは意図的なものであると指摘している。彼女はまた、家族やコミュニティが日常生活の活動に関わるときも、しばしば一般化された互酬性の枠組みのなかで取引を必要としない相互作用に従事していると主張している。例えば、幼い子どもが危険に晒されたとき、大人であればきっと誰もが一目散に助けに行くだろう。ラッド（Ladd 1957, 254）によると、そのような助けは「考えることも見返りに期待することもなく与えうるものであり、実際に見返りを受けたときは、見返りとしてではなく新たな善意の行動として捉えられる」のである。

ディスカッション

本章で記された調査結果は、家計部門のイノベーションが規模と範囲において非常に大きいものであるということを明確に示している。また、家計部門のイノベーターの約90%が、私が提示したフリーイノベーションの2つの基準を満たしているということも証明している。つまり、イノベーターはイノベーション関連の投資に対する補償を自己報酬という形で受け取ることに動機づけられ、フリーライダーからイノベーションを保護することもしていない。

この章では、フリーイノベーターがなぜ、イノベーションを進んで無料公開するのかについてより詳しく説明した。しかしながらありがたいことに、この問題は過去の研究でも詳細に探究されている（Allen 1983; Harhoff 1996; Lerner and Tirole 2002; Harhoff, Henkel, and von Hippel 2003; von Hippel 2005, 第6章など）。そのため、中心となる議論を手短にまとめる。

まず初めに特筆すべき基本的な点は、競争をしない、または自身のイノベーションを独占しようとしない家計部門のイノベーターは、一般的にデザインを無料公開することで何かを失うことはないということである。例えば、私が糖尿病を患う自分の子どもを助けるためにイノベーションを開発し、それを売る意思がない場合、あなたがお金を支払うことなく私のデザインを利用して子どもを助けたとしても私は損をしない。これはたとえあなたが開発活動に貢献していなかった（つまり、フリーライダーであった）としても同様に言えることである。また、あなたが供給者で、私のフリーイノベーションを商品化して大金を稼ぎ、利益を私と一切共有しなかったとしても同様のことが言える。結局、私の自己報酬は自分の子どもを助けることであり、この自己報酬はイノベーション開発の動機として十分である（もちろん、競争がない場合であっても無料公開を規制する特別な理由は発生しうる。例えば、利用が複雑で危険を伴う医療機器を作っているフリーイノベーターは、技能が未熟な利用者が使うことによって起きる健康上のリスクを避けるために、極めて限定的にデザインを無料公開する可能性がある。Lewis and Liebrand 2014を参照されたい）。

次に、無料公開によって失うものが何もないということを前提とするならば、イノベーション関連の情報を保護しないことが、イノベーターにとって最も低コストである。なぜなら、積極的に制限をかけることは、何もしなければ自然と外に漏れ出てしまうデザイン関連情報の公開を防ぐための投資を必要とするからである（Benkler 2004; von Hippel 2005）。例えば、発明を公共の場で使用すれば（例えば、公共の場で革新的な自転車に乗っているとしよう）、そのデザインはある程度「自ずとそれ自体を公開している」ことになる。つまり、自転車の動く部分を覆い隠すための投資をしない限り、観察者はあなたが通り過ぎる際、一目みるだけである程度その機能を理解することができてしまう（Strandburg 2008）。このように、保護の投資はこの例のような機密を保つための手段、あるいは契約や知的財産権によって公開情報の利用を防ぐための投資という形をとる可能性がある。

3つ目に、イノベーションを包み隠すよりも無料公開した方が、先の図2-1で記載されていた4つのタイプの自己報酬よりもはるかに価値のある、取引を必要としない報酬を、フリーイノベーターは享受することができる。例えば、新しいデザインを無料公開するイノベーターは、他者が自分のイノベーションの改良に取り組み、相互に恩恵を受けられるということを発見するかもしれない（Allen 1983; Raymond 1999）。供給側による商品化もまた、イノベーターが自分で生産を行うよりも安価な供給源をもたらすことができる。例えば、もし供給側が私の開発した革新的な医療機器を採用してくれたら、私は喜ぶだろう。開発が商品化されれば、将来コピーが必要になったときに自分で制作するよりも、購入した方が便利だからだ（Allen 1983）。そしてもちろん、無料でイノベーションを公開することはイノベーターの評価を高めるし、仕事依頼のような個人にとって価値のある成果に時々は繋がることがあるかもしれない（Lerner and Tirole 2002）。

このように、無料公開には便益があるが、イノベーションを保護するという選択肢はすべての人に開かれている。実際、図2-1で「供給者」クラスターに属する家計部門のイノベーターの多くはまさに、利益を求めてイノベーションを保護している。保護する選択が全ての人に開かれているのなら、なぜより大勢のイノベーターが保護や商品化を選ばず、無料公開をするのだろうか。私が推測するに、その主な理由は、たとえ商品化に向けた努力が最終的に多少の利益を生み出すとしても、その利益を達成するための時間と金銭の投資には機会費用がかかるからである（機会費用とは、ある選択肢を選んだときに選ばなかった選択肢から得られる潜在的な便益の損失分のこと）。すべての家計部門のイノベーター――そして私たち全員――には、時間と手間が必要なことが他にもたくさんある。「供給者」クラスターに属する家計部門のイノベーターは、自身の状況に鑑み、商品化に取り組む価値があると判断していたようだ（Shah and Tripsas 2007; Halbinger 2016）。それに対して、フリーイノベーションの道を選んだ家計部門のイノベーターは、単に自身の時間と金銭を他の機会に充てたいと考えたに過ぎない、ということだ。

訳注

(1) 原文 generalized reciprocity は Marshall Sahlins の *Stone Age Economics*（1972）に互酬性の一種として挙げられている。日本語では、三隅一人「一般化された互酬性と連帯：関係基盤論の枠組みから」『比較社会文化』第20号（2014）77〜86頁、という論文がある。

第3章 フリーイノベーションの生存領域

本章では、フリーイノベーターと供給側の両方がイノベーションによって利益を得られるような条件について論じる。カーリス・ボールドウィンとの共同研究の内容（Baldwin and von Hippel 2011）を活用して、まずは本章で扱う3種類の基本的なイノベーション様式について、その定義と説明をする。個人によって行われるフリーイノベーション、複数の個人が協力して行う協働フリーイノベーション、そして供給側イノベーションの3つである。そして、それぞれのイノベーションが「活きる」条件、つまり参加するイノベーターに便益がもたらされるのはどんな条件下かについて考察していく。

本章で明らかになる各イノベーションモデルの条件の計測をもとにすれば、フリーイノベーターのデザインツールやコミュニケーション能力を継続的に改良していくことによって、フリーイノベーションはより多くのイノベーション機会を発生させることができるようになる。結果的に、フリーイノベーションの重要性は供給側イノベーションと比肩しうる水準にまで確実に増していくだろう。

3種類のイノベーション

本章で取り扱う概念と分析は、消費者と供給者のイノベーションの存在についての論文（Baldwin and von Hippel 2011）で最初に取り上げられたものである。定義に少々変更を加えた上で、その研究内容を以下のフリーイノベーションと供給側イノベーションの存在の分析に利用した。

第1章と第2章で述べたように、フリーイノベーションは、個人が無給の自由時間に私費で開発したもので、そのイノベーションデザインは開発者によって保護されず、基本的には「無料で」誰でも利用できるようになっている。また、第1章では、フリーイノベーションの体系のなかにある2種類のイノベーション（個人によって行われるフリーイノベーションと、複数の個人が協力して行う協働フリーイノベーション）についても論じた。これらを供給側イノベーションと合わせて考えると、基本的に3種類のイノベーションの「様式が」存在すると考えられる。

- ・個人フリーイノベーター：家計部門のなかで無給の自由時間にイノベーションを考案し、フリーライダーからイノベーションデザインを保護しない。
- ・協働フリーイノベーションプロジェクト：家計部門のなかで無給の自由時間にイノベーションの考案を共に行い、フリーライダーからイノベーションデザインを保護しない。
- ・供給側イノベーター：他の企業との協働ではなく、単独でイノベーションを考案する。供給者はデザインを販売することにより利益を上げることを期待している。秘密厳守と知的財産権のおかげで、供給側イノベーターはイノベーションを特権的に支配し、そのデザインを独占していると考えられる。

イノベーション機会の生存領域

イノベーター、あるいは協働イノベーションの参加者それぞれが、期待されるイノベーションの価値が必要なコストを上回ると感じるとき、そのイノベーション様式が特定のイノベーション機会において「活きる」とみなされる（Arrow 1962; Simon 1981; Langlois 1986; Jensen and Meckling 1994; Scott 2001）。この「活きる」場所（生存領域）の定義は、経済組織の縮小（Alchian and Demsetz 1972; Demsetz 1988; Hart 1995）、経済における支払い能力の概念、制度におけるゲーム理論の均衡（Aoki 2001; Greif 2006）と関連している。

便益に関しては、ここでは「イノベーションの価値（以下、vとする）」の定義を、イノベーション機会をイノベーションデザイン（前章で「レシピ」と呼ばれたもの）に変え、そのデザインを有益な製品・プロセス・サービスなどにすることから期待できる便益とする。第1章と第2章でも触れたが、フリーイノベーターと供給側は異なる方法で自身のイノベーションから便益を得る。フリーイノベーターは自己報酬という形で獲得し、イノベーションを他人の利用から保護することはない。自己報酬は、イノベーションの使用から得られる便益の他、開発過程から得られる喜びや学び、または他人を助けることで生まれる「ほんわかとした感情」などもある（Raasch and von Hippel 2013; Stock, Oliveira, and von Hippel 2015; Franke and Schreier 2010; Hars and Ou 2002）。それとはうって変わって、供給側の便益は、知的財産権の販売（特許、免許など）、または考案したデザインに基づいた製品やサービスの販売による利益である。最終的に、供給側の得る便益は、イノベーティブデザインに対する顧客の支払意欲（willingness to pay）から生じる。

イノベーション関連のコストに関しては、ボールドウィンと私（Baldwin and von Hippel 2011）のモデルには基本的な4種類に分類する：

・デザインコスト(d)：イノベーションのためにデザインを創出するのにかかるコストのことで、イノベーションの機能を説明するコストも含む。この説明はイノベーションの「レシピ」として考えられ、説明どおりに実行するとイノベーションは実現する（Baldwin and Clark 2000, 2006a; Suh 1990; Winter 2010; Dosi and Nelson 2010）。

・コミュニケーションコスト(c)：デザイン過程においてプロジェクト参加者の間でデザインに関する情報を伝播するコスト、および普及のためにデザイン情報を他者に伝播するコストを指す。

・生産コスト(u)：特定の製品やサービスの生産に必要なデザインの説明にかかるコストのこと。生産のインプットは、説明（レシピ）、材料、エネルギー、そして説明を実行する人間の労力を含む。アウトプットは斬新な製品やサービス、つまり利用可能な形になったデザインである。

・取引コスト(t)：所有権を取得し、所有物の補償取引にかかるコストのこと。

イノベーションプロセスの参加者にとってイノベーション機会の存在は明白である――個人、あるいは企業iにとってのイノベーションの価値(v_i)は、デザイン、他者とのコミュニケーション、生産、取引におけるコストの合計を上回らなければならない。つまり、

$$v_i > d_i + c_i + u_i + t_i \qquad (1)$$

3種類のイノベーション様式についての議論をより簡略化するため、ボールドウィンと私はまず、デザインコストとコミュニケーションコストにだけ着目することにした。これによって、それぞれのイノベーションの生存

領域を二軸グラフで表現することが可能となる。以下では、まず3種類のイノベーション様式すべてにおいて、デザインコストとコミュニケーションコストに着目してその生存領域を定め、その上で、残り2つのコストが結果にどのような影響を及ぼすのか考察していく。そのためまず、あるイノベーション機会において、それぞれのイノベーション様式の参加者にとって、期待できる「イノベーションの価値」がデザインコストとコミュニケーションコストの合計を上回る生存領域を考える。つまり、式で書けば以下のとおりである。

$$v_i > d_i + c_i \qquad (2)$$

個人フリーイノベーターにとってイノベーション機会の生存領域とは？

図3-1は、個人フリーイノベーターのイノベーション機会の生存領域を示している。横軸はプロジェクトのデザインコスト(d)を、縦軸はコミュニケーションコスト(c)を示している。

この図に示されている分布は単純だが興味深い。先ほど説明したように、ある個人のフリーイノベーターがイノベーションにやりがいがあると感じるのは、v_iがデザインとコミュニケーションのコストを上回るとき、つまり$v_i > d_i + c_i$である。また、ここでもう1つ忘れないでほしいのは、ボールドウィンと私がコミュニケーションコストを、「デザインプロジェクト参加者の間でデザインに関する情報を伝播するためのコスト、および普及のためにデザイン情報を他者に伝播するコスト」と定義したことである。

この定義によれば、個人のフリーイノベーターの場合、開発及び使用過程において誰とも話す必要がないため、デザインの開発におけるコミュニケーションコストはゼロである。例えば、私が自分のニーズを満たすよう

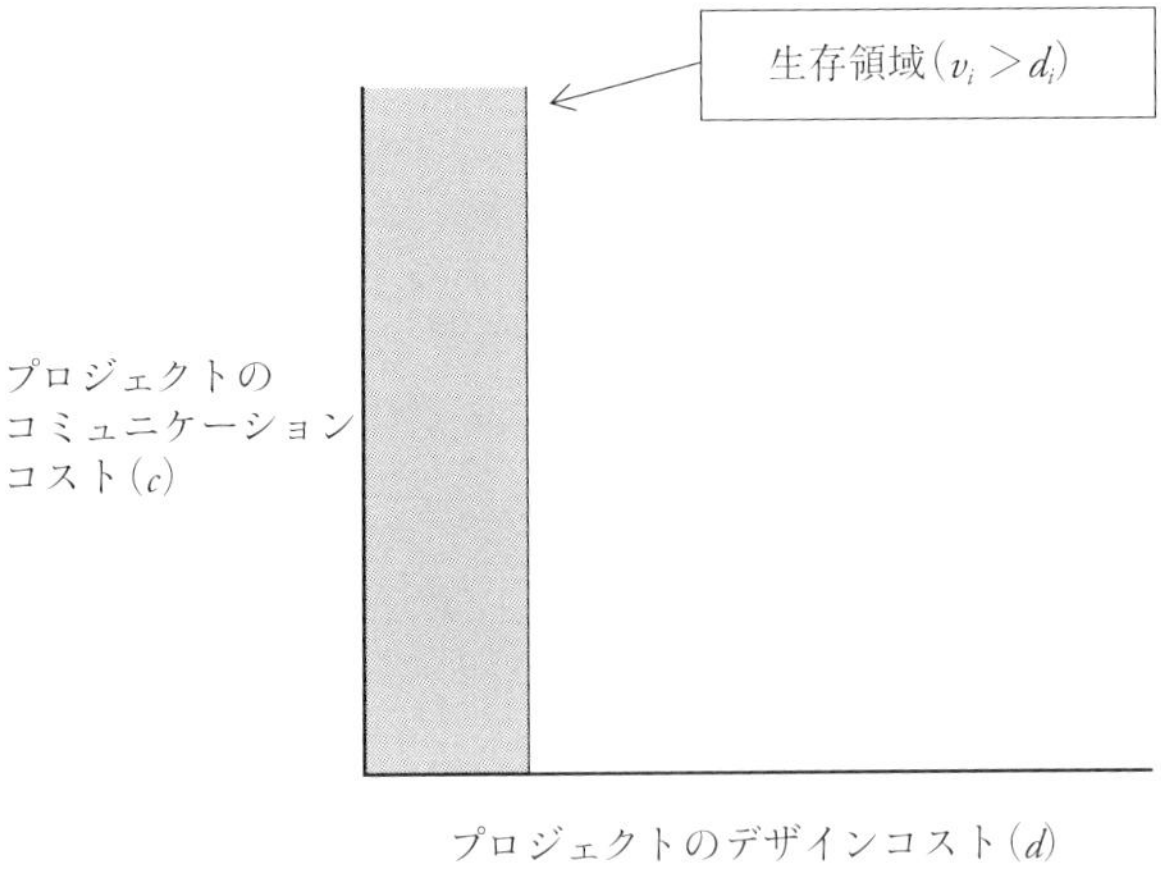

図 3-1　個人フリーイノベーターの場合のイノベーションの生存領域

な医療機器または運動器具を開発できる能力があった場合、プロジェクトに関わるにあたって誰ともコミュニケーションをとる必要はなく、「ただやるだけ」で良いのである。さらに、その改良された機器を使用することについてもコミュニケーションコストをかける必要はない。つまり、個人のフリーイノベーターによって開発され、使用されるイノベーションの存在を表す計算式は $v_i > d_i$ と単純化できるのがわかるだろう。コミュニケーションコストがかからないため、これらの個人はコミュニケーション手段が未発達、あるいはコミュニケーションコストが何らかの理由で高い状況であっても、イノベーション開発が生存できる領域は存在するということだ。そのため、個人フリーイノベーターにとってのイノベーション存在領域を表す図3-1の網掛部分は高いコミュニケーションコストの領域まで広がっている。

個人フリーイノベーターが積極的に自身のイノベーション情報の拡散に投資し、結果としてコミュニケーションコストが発生する場合もある。しかし、これは必須なものではない。私たちのフリーイノベーションの定義に該当するのは、フリーイノベーターが自身のデザイン関連情報を保護しないことであり、保護活動にコミュニケーションへの投資は必要不可欠ではない。

個人のフリーイノベーターがコミュニケーションコストを支払う必要はないが、デザインにはお金と時間を費やさなければならない。そのため、個人のフリーイノベーターにとって、イノベーションプロジェクトは、図3-1の縦線で区切られた網掛の領域の中（$v_i > d_i$）に存在し、その領域外では存在しない。つまり、上記の例でいえば、d_iまでは医療機器を改良するイノベーションの機会に労力を割き、v_iの便益を期待する。もちろん、これらの価値には個人によって差が出る可能性がある。仮にあなたが、私よりもその医療機器を必要としていれば、あなたのv_i、そしてd_iは、私のそれよりも高くなるはずである。

協働イノベーターにとってイノベーション機会の生存領域とは？

今度は、協働イノベーションプロジェクトが複数の個人によって実行されることを思い出してほしい。第1章で取り上げたNightscoutのようなオープンソースハードウェアデザインプロジェクトや、オープンソースソフトウェアプロジェクトは、協働イノベーションの例である。これらのプロジェクトでは、斬新なデザインを作っている参加者同士はライバルではない（もしライバルだったら、そもそも一緒に仕事なんてしない）。

個人のフリーイノベーターと同様、協働イノベーションに参加するフリーイノベーターは、潜在的な利用者とのコミュニケーションにコストを支払う必要はない。しかし、同じプロジェクトに関わっているメンバーとのコミュニケーションには投資する必要がある。進捗状況を互いに報告しあったり、上手く統合された完成品を作ったりするために連携する必要がある。そのため、協働フリーイノベーションでは、コミュニケーションコストはゼロではなく、イノベーションの生存の計算式は$v_i > d_i + c_i$に戻る。

協働イノベーションプロジェクトは、個人のフリーイノベーターのイノベーションプロジェクトを2つの点で大きく上回っている。参加者の視点からみた1つ目の重要な利点は、アウトプットの価値の大きさに関連している。つまり、参加者それぞれが自分に割り当てられた部分のデザインコストを支払うが、いざそれを使うとなると、他のメンバーによる追加や改善を含む全体像の価値を獲得する（von Hippel and von Krogh 2003; Baldwin and Clark 2006b）ということだ。例えば、あなたと私が糖尿病患者のための医療機器のデザインを改良するという共通のゴールを掲げているとしよう。あなたは電子機器のデザインを、私はハードウェアのデザインの改良をすると決める。最終的に、私たちがそれぞれの改良を公開すると、私たち両方が、1人分のデザインコストで2人分の改良を手にすることになる。

デザインは非競合財である（あなたも私も同時に同じデザインを使用することができ、デザインの使用を巡ってあなたと奪い合うことはない）。そのため、協働イノベーションプロジェクトが存在し、かつ協働プロジェクトにかかる追加のコミュニケーションコストがデザインコストの分散で節約できる分を超えなければ、イノベーション開発を考えていて競争をしない個人は、1人で働くより、協働イノベーションへの参加を好むだろう。

2つ目の主要な利点としては、個人イノベーターのプロジェクトに比べ、協働イノベーションのプロジェクトはフリーイノベーターにとって存在するイノベーションの幅を大きく広げることができる。これは、プロジェクト全体にかかる費用が、個人のイノベーションで存在するデザインコストの域に囚われないからだ。

図3-2は、これら2つの利点の影響を示している。図の下部の網掛になっている長方形の横幅は、協働プロジェクトの参加者それぞれに存在するデザインコスト（d_i）を表している（図3-2を例にとると、1つの長方形は電子機器部分の改良をした参加者のコスト、もう1つはハードウェアを改良した参加者のコストを表す。こ

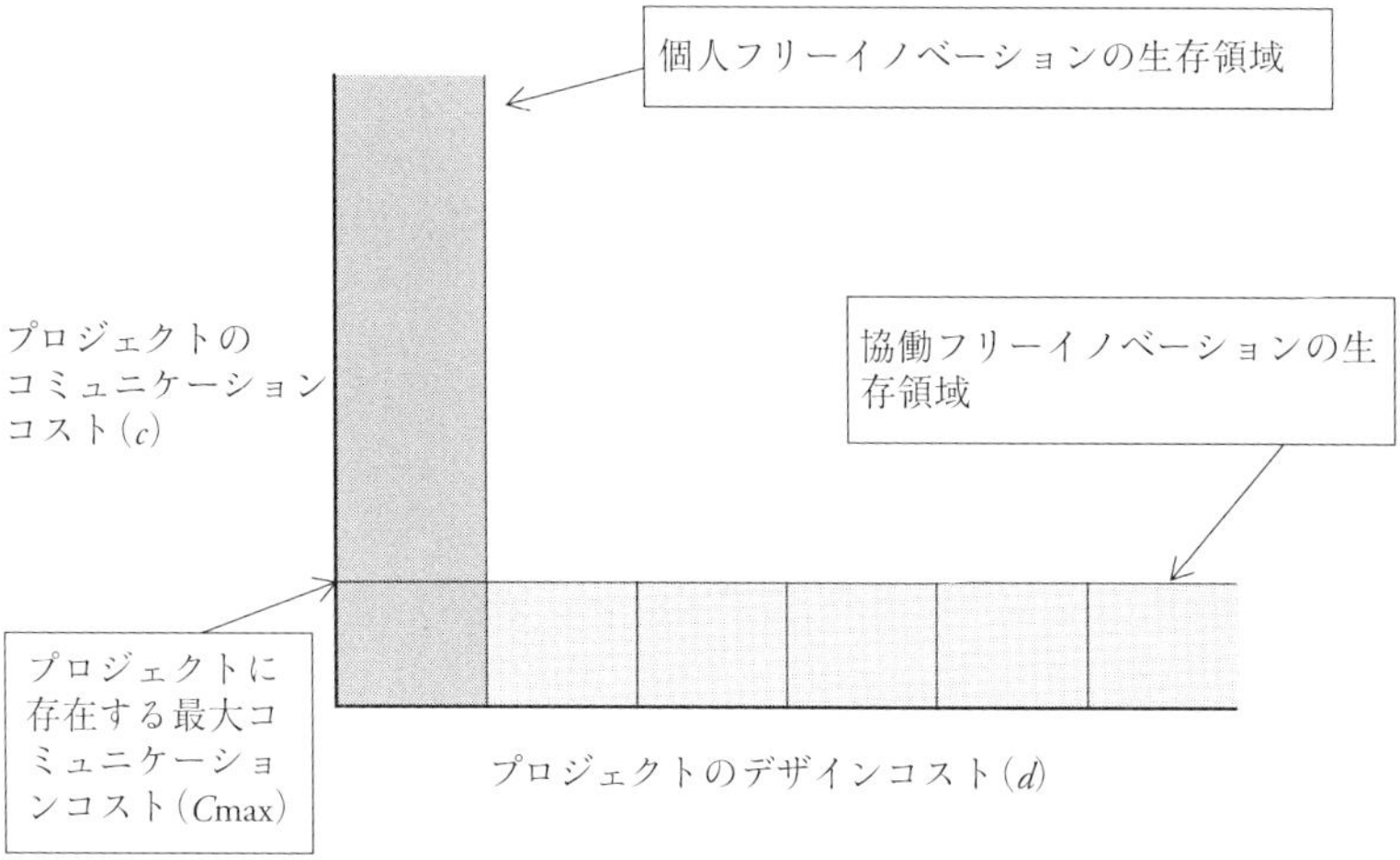

図3-2　協働フリーイノベーションプロジェクトの生存領域を追加したもの

れらの長方形は各参加者の状況を表し、幅が同じである必要はない)。図の下部の網掛されている部分全体の幅は、協働フリーイノベーションプロジェクトのデザイン規模を示す。図からわかるように、その規模はかなり大きくなる可能性もある。プロジェクトにかかるコストの総計は、デザインコストの一部を支払っても、デザインに貢献したい複数人の意欲の合計である。例えばN人がある協働プロジェクトに貢献しているのであれば、そのプロジェクトに投資されるデザインコストは参加者それぞれのデザインコストの合計である。

図3-2の横線と横軸の距離、つまり高さは、プロジェクトに存在する最大コミュニケーションコストを示している。この数値はプロジェクト参加者それぞれが、協働作業から得られる便益を考慮した上で、払ってもいいと考えているコミュニケーションコストの最大値の合計である。概念的には、ある参加者のコミュニケーションコストが低ければ、その人が考える他のメンバーの貢献するべき努力は低い。これは、今日インターネットの普及によるコミュニケーションコストの低下が、協働フリーイノベーション機会の存在領域に不可欠なものとなったことを示している。

コミュニケーションコストの低下は、不等式 $v_i > d_i + c_i$ に2つの面で影響する。第1に、プロジェクトに貢献する直接的なコストを減らし、結果として個人は協働プロジェクトに参加・貢献することに、より価値を見出す。第2に、他者がプロジェクトに貢献する可能性を増やす。コストが図3-2中の Cmax を超えれば、協働プロジェクトは実行できない。しかし、プロジェクト参加者全員にとってコミュニケーションコストが低い場合、メンバーそれぞれがデザインのアイデアを出し、他のメンバーが無料でデザインを提供したり、自分のデザインを改善したりしてくれることを期待するだろう。何度も繰り返すが、これは斬新なデザインは非競合財であるということが前提である。協働プロジェクトの参加者それぞれは、デザイン全体の価値を得られるが、一部のデザインコストしか支払っていない（Baldwin and Clark 2006b）。

　経済的な面から考えれば不思議でない話だが、協働フリーイノベーションプロジェクトは、ほとんどの場合「オープン」、つまりイノベーションデザインの情報が無料公開されている。なぜなら、審査やフリーライダーを排除するその他の保護措置はコストを上げてしまうし、フリーライダーはフリーイノベーターに悪影響を与えるわけではない（フリーライダーとは、イノベーションの便益は受けるが、開発には貢献せず、支払いもしない、「ただ乗り」をする利用者だということを思い出してほしい）。保護措置はプロジェクトの潜在的な貢献者を減らしてしまうことになり、ひいてはプロジェクト全体の規模まで小さくなってしまう。協働イノベーションモデルのネットワーク外部性効果（貢献者が増えれば増えるほど、皆にとっての価値が増加する現象）は、貢献者数の減少が、貢献者とフリーライダーの双方にとっての価値の減少に繋がることを意味する（Raymond 1999; Baldwin and Clark 2006b; Baldwin 2008）。

　もちろん、どんな潜在的な貢献者でも、他人が代わりにやってくれるだろうと当てにして、存在するアイデアについて貢献しないと決める可能性もある。これはフリーライダーになる動機としてよく知られている。しかし、緊急性や自己報酬のほうがフリーライダーになる選択肢を上回るような貢献者が十分いる場合であれば、プロジェクトは可能になる。

供給側にとって、イノベーション機会が実現可能なのはどのようなときか?

次に、供給側にとってのイノベーション機会の生存領域について考えていきたい。繰り返すが、供給側イノベーターは、他の企業と共同ではなく単独で、売ることを目的にイノベーションを考案する。多くの場合、供給側は、購買者が複数となりデザインコストを分散できるため、個人フリーイノベーターより大規模なプロジェクトを実行できる。

単独の組織であるとはいえ、供給者は個人イノベーターとは異なり、コミュニケーションコストの影響を受ける。組織外の開発者に外注する場合、外注先とうまく連携するためにコミュニケーションをする必要がある。また、イノベーションへの投資を正当化するには、イノベーションを販売しなければならない。このような理由で、供給側は、マーケティングコミュニケーションを駆使し、潜在的な購入者たちに自分たちの売りたいものを知らせなければならない。多くの供給者のマーケティング予算からわかるように、このような投資は大抵の場合多額である。

では仮に、供給側がイノベーションを創出する、そして潜在的な利用者にイノベーションの情報を広めるのにかかるデザインコスト（d_p）とコミュニケーションコスト（c_p）が判明しているとしよう。そしてさらに、供給側は、それぞれの潜在的利用者が考えるイノベーションの価値（v_i）と、より安く自分で代替できるため潜在的

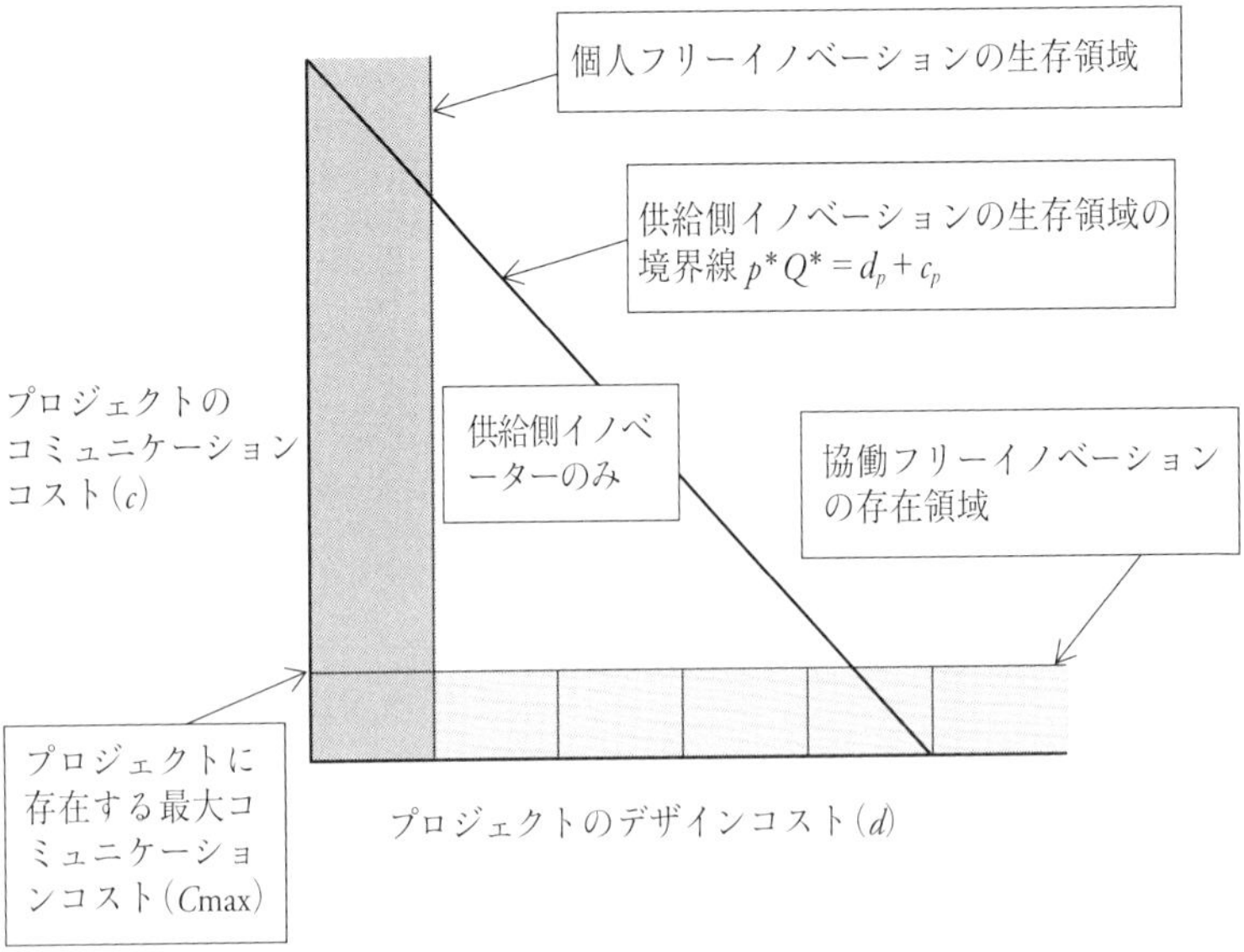

図 3-3　供給側イノベーションの生存領域を追加したもの

利用者ではなくなる人数（言い換えれば、イノベーションに対するそれぞれの顧客の支払意欲）も判明していると仮定しよう。ミクロ経済学の標準的論法によると、供給側イノベーターは、顧客に関する知識を需要関数 $Q(P)$ に変換することができる。需要関数は、設定価格とその価格で販売できる製品・サービスの数を結びつける。この需要関数から供給側イノベーターは、期待収益（生産コストと取引コストを除いた純収益）を最大化する価格（p^*）と数量（Q^*）を割り出すことができる。次に、デザインコスト（d_p）とコミュニケーションコスト（c_p）をこの純収益から差し引くと、最大の期待利益（P^*）を算出することができる。

$$P^*=p^*Q^*-d_p-c_p \qquad (3)$$

供給側があるイノベーション機会から正の利益を見込んでいる場合、市場にイノベーションをもちこむのが合理的だろう。つまり、この場合のイノベーション機会において供給側イノベーターモデルは存在する。反対に、利益が負だと予想する場合、供給側は市場に参入せず、供給側イノベーションは存在しないことになる。図3-3にあるように、ゼロの利益を表す線は、デザインコストとコミュニケーションコストの空間の右下がり45°の直線となる（$p^*Q^*=d_p+c_p$）。この直線によって作られた三角形内のイノベーション機会の場合、供給者は利益を期待できる、言い換えればこの領域内のイノベーション機会は供給者にとって存在している。三角形の外側では、イノベーション機会は存在しない（Baldwin and von Hippel 2011）。

生産コストと取引コスト

本章の冒頭では、3種類のイノベーションに対するデザインコストとコミュニケーションコストの対照的な影響に注目するために、全種類において生産コストと取引コストが同じ、つまりどのイノベーションの存在にも影響を及ぼさないという簡略化した仮定を設けた。さて、今度はこの2つのコストも考慮に入れ、イノベーションの種類によって生産コストと取引コストに体系的な違いが生まれるかどうか検証する。ここからは、イノベーション機会の存在を測る過程で、実質4つのコスト変数を取り扱う。つまり、デザインコストd_i、コミュニケーションコストc_i、生産コストu_i、取引コストt_i、である。

$$v_i>d_i+c_i+u_i+t_i$$

この議論では、生産コストはフリーイノベーターよりも供給側に好都合なケースの方が今日多いかもしれないが、時間と共に中立的になりつつあることを証明する。これとは対照的に、取引コストは供給側よりもフリーイノベーターに好都合に働く。

生産コスト

デザインは、新製品や新サービスを作るうえで必要とされる情報のことで、いわゆる「レシピ」のようなものだということを思い出してほしい。ソフトウェアのように、それ自体が情報で構成されている製品の場合、生産コストは、単純にその製品のコピーを作るコストだけであり、本質的にはゼロである。ところが物理的な製品となると、使用される前に、デザインのレシピは物理的なものに変換される必要がある。このような場合、インプットはデザインの説明（レシピ）、材料、エネルギー、そして説明を実行する人間の労力が必要となる。そしてこのアウトプットは製品、つまり使用可能な形に変換されたデザインである。

歴史的にみると、個人フリーイノベーターとオープン型協働イノベーションプロジェクトと比べて、供給側は大量生産技術による規模の経済という点で大いに有利である。20世紀初頭に広まった大量生産は、非常に安い単価で大量の物理的製品を生産できる一連の技術である（Chandler 1977; Hounshell 1984）。大量生産における規模の経済は、一般的に1つのデザイン（または数少ないデザイン）を繰り返し使用することによるものだ。典型的な大量生産において、デザインの変更は製品の流れを妨げ、立ち上げコストやスイッチングコストなどを発生させ、結果として生産プロセス全体の効率性が下がってしまう。

個人のフリーイノベーターやオープン型協働イノベーションプロジェクトは、自分のデザインを供給側の大量生産された製品と経済的に競争できるようなものに変えることはできるのだろうか。この疑問への答えは、次第に「イエス」に近づいている。今日、大量生産者はデザインと独立した生産技術の設計ができるようになった。

このようなプロセスは「マスカスタマイゼーション能力」と呼ばれる。コンピューターでコントロールされた生産機械は、独特なデザインの一品を、大量生産と同じコストで、1つの機械で生産できるようになった（Pine 1993; Tseng and Piller 2003）。マスカスタマイゼーションが可能な場合、原則として供給側は低価格で高いスループットの工場を、個人フリーイノベーターや協働フリーイノベーターによるデザインの有形化にあてることが可能だ。また、個人が私用にデザインされた生産機器を購入し、商業生産者の工場とは完全に独立で、低コストの生産をすることもできるようになってきた。3Dプリンターなどはその良い例である。

もちろん、これからも長い間、大量生産における規模の経済が、製品に対応した生産システムの入念な設計に依存するケースが存在し続けるだろう。そのようなケースでは、供給側イノベーターは消費市場に向けた製品・サービスのデザインと生産において優位に立ち続ける。

取引コスト

供給側イノベーターが（すべてではないが、いくつかの）生産技術によって生産コスト面で優位だとしても、個人や協働フリーイノベーターは補償取引コストにおいて有利である。実質、彼らの取引コストはゼロだといえる。

通常考えられるイノベーションの取引コストは、秘密厳守や特許の取得など、イノベーションデザインに対する権利を取得するコストである。また、アクセスの制限や競業避止契約の強要など、デザインの盗難を阻止するのにかかるコスト（Teece 2000; Marx, Strumsky, and Fleming 2009）もこれに含まれている。最後に、製品を売り、支払いを受けるのにかかるコストと、日和見主義から売り手と買い手の両方を保護するためにかかるコストもこのうちに含まれ、これが相当なコストになる場合もある。例えば、値下げ交渉や契約を書き上げるのにかかるコスト（Hart 1995）や、振替や賠償の会計処理、そして契約の施行と維持にかかるコスト（Williamson 1985）などがある。

供給側イノベーターは、これらの取引コストを必ず支払う義務がある。なぜなら、彼らは顧客、労働者、供給者、投資家との補償取引から収益や資源を手に入れている。経済、経営、戦略などの分野で、組織の境界線を引き直したり、製品やプロセスの構造を変更したりすることによって取引コストの最小化を目指す方法の分析が多く行われている（Williamson 2000; Lafontaine and Slade 2007を参照）。供給側イノベーターがビジネスをする際には、取引コストの支払いを避けることはできない。

個人のフリーイノベーターに関しては、取引コストを支払う必要がない。彼らは自分のイノベーションデザインを保護しないからだ。同じく、協働フリーイノベーターも、製品を売ったり、貢献したメンバーに報酬を支払ったりしない。もちろん、これらの個人あるいは協働プロジェクトが知的財産権を完全に放棄しない場合、取引コストは発生する。例えば、オープンソースソフトウェア開発プロジェクトは一般的に、プロジェクトによって作成されたソフトウェアコードの著作権を取得することで、アクセスを制限するのではなく、オープンアクセスが可能な環境を維持している。一般公衆利用許諾書（GPL）は、著作権法に基づき、その許諾書を保持するオープンソフトウェアコードを閲覧、変更、分配する権利を守るために作られた（Stallman 2002; O'Mahony 2003）。GLPは知的財産権を主張し、保護するため、そのコストは典型的な取引コストと同じようなものだ。しかし、この稀な例を除けば、イノベーションを無料公開する個人やオープン協働フリーイノベーターは供給者イノベーターより取引コストにおいて有利なことは明らかである。

イノベーションのハイブリッドモデル

ボールドウィンと私が説明した、以上のイノベーションの三分化モデルもそうだが、理論の展開には、単純さが非常に重要だ。これとは対照的に、しばしば世の中には複数の物事が入り混じったハイブリッドが存在する。ハイブリッドイノベーションモデルは、本章で先に取り扱った3種類のイノベーションモデルの要素を掛け合わせたものである。現実世界では、これらのイノベーションモデルのハイブリッドが盛んである。ある特定機能をもつようにデザインされた製品アーキテクチャは、発展に合わせてこの章で説明した3種類のイノベーションを組み合わせた形を取る場合があるのだ。例えば、供給者またはフリーイノベーターがある製品アーキテクチャを、供給者にしか生産できない大型部品と個人や協働フリーイノベーターが開発できる小型部品の組み合わせとしてモジュール化する場合がある（Baldwin and Clark 2000）。実際、インテルが高価格で複雑なパソコンの中央処理装置（CPU）用チップを生産しているが、このような機会は現在供給側にしか存在しない。一方、補完のソフトウェアやハードウェアをデザインする機会は、利益の追求をする供給者と（個人または協働）フリーイノベーター双方に存在している。

以前図3-3の「供給側イノベーターのみ」の領域に留まっていた、大きくて分業化できないデザインプロジェクトは、本来供給側主導であるデザインアプローチの再構成、そして多くの場合モジュール化により、ハイブリッドになる可能性がある。例えば、一般的に新薬の臨床試験にかかるコストは高すぎるため、このイノベーション機会は知的財産権によって徹底的に保護された新薬をもつ供給者だけに存在すると議論されていた。しかし、個人と協力することにより、本来供給者にとって大きな負担だった臨床実験を、無給のボランティアにも負担できるように分割する方法が徐々に見つかっている。この可能性を実証する良い例として、近年PatientsLikeMeという企業が運営するウェブサイトの支援を受け、筋萎縮性側索硬化症（ALS）に対するリチウムの影響を研究する臨床実験が、ALS患者自身によって実行されている（Wicks, Vaughan, Massagli, and Heywood 2011）。

ディスカッション

根本的に、自由経済で生き残る組織形態は、コストを上回る利益を生むことができる組織だ（Fama and Jensen 1983a,b）。そして、コストは技術や経年的な変化によって決まる。チャンドラー（Chandler 1977）によると、近代企業が組織形態として存在している（そしていくつかの部門では主要な組織形態である）理由は、技術発展と輸送やエネルギーコストの削減による大量生産コストの減少だと議論した。チャンドラーの論理を適用すると、ある組織形態を他の形態と比較するとき、技術依存のコストがより低ければ繁栄し、コストが同じぐらい減少していれば同様のレベルで成長することが想定できるであろう。

外因的な技術発展のおかげで個人のデザインとコミュニケーションコストが減少する傾向は、個人と協働フリーイノベーターにとってのイノベーションの生存領域が時間と共に広がっている理由として十分である。この傾向は今後も続くだろう。

非常に一般的な言い方をすると、多くの分野におけるデザインコストの削減は、急激な生産コストの減少と、個人が利用できるパソコン上のデザインツールの増加によって引き起こされている。デジタル面でのデザインを実装しない分野の場合は、その分野特有のツールの開発における急激な進歩が同じような影響を引き起こす。例えば、ドゥ・イット・ユアセルフ型の生物学の例では、簡単かつパワフルなゲノム操作技術のおかげで、この分野の教養があまりない個人でも遺伝子操作とイノベーションが実現できるようになってきている（Delfanti 2012）。

フリーイノベーションプロジェクトにおけるコミュニケーションコストの削減は、インターネットによるところが大きい。デザインツールの例にもあるように、「バーチャルリアリティツール」や、その他開発途中のコミュニケーション関連の新しいツールは、フリーイノベーションとその普及の規模と範囲を広げるであろう。主要な技術の傾向はいつも、本質的な理解を求める傾向にあるようにみえる。そしてそれは、すぐに、または最終的に、家計部門のイノベーターの重要な能力の向上に繋がる。

無料のデザインに基づいた物理的製品の生産に関しては、技術発展は家計部門の個人にとって、デザインを利用可能な物理的製品に変え、開発プロセスを完了させる力になる。先述した通り、私用または商用の生産機器で、独特なデザインの一品を、大量生産と同じコストで、1つの機械で生産できるようになった（Pine 1993; Tseng and Piller 2003）。

このような外因的な技術発展の結果として、供給側イノベーター、そしてイノベーション研究者と政策立案者たちは、斬新な製品、プロセス、サービスの開発者として、個人のフリーイノベーターや協働フリーイノベーションのプロジェクトを理解しながらも、彼らと競争する必要がある（Benkler 2006, Baldwin and von Hippel 2011）。これを視覚的にイメージするために、図3-3がそれぞれイノベーション機会を表す無数の点の集合でできていると想像してみてほしい。デザインコストとコミュニケーションコストが下がると、いくつかのイノベーション機会は、供給側のみの領域から、個人と協働フリーイノベーターの領域に移動するということだ。

全てのデザインが同じように影響されるわけではないとはいえ、ボールドウィンと私は、経済において算出コスト、コミュニケーションコスト、そして単位当たりの生産コストの減少が本章で取り扱った3種類のイノベーションの相対的な重要性を変えるのに十分な影響力をもつと考えている。

第4章 フリーイノベーターによる開拓

第1章では、フリーイノベーションの体系におけるイノベーターの動機と行動は、供給側イノベーションの体系におけるものとは本質的に異なると論じた。従って、これらの2つの体系のイノベーションの成果物も、構造的に異なるはずである。このような違いを特定し、明確化してこそ、フリーイノベーションの体系が研究者や政策立案者、実務家にとって価値のあるものとなる。本章では、イノベーションの開発という観点でこれらの違いについて解説していく。続く第5章では、イノベーションの普及という観点から論じる。

本章では、2つの体系のなかでも、新しい利用方法や市場で、一般的にフリーイノベーターが担う先駆者としての役割に注目し、その後、供給側イノベーターの役割についても論じていく（Baldwin, Hienerth, and von Hippel 2006）。まず、このパターンを立証し、そして、フリーイノベーターと供給側イノベーターの割合が、新しいフィールドや利用方法が成熟するにつれて変化していくことを説明する。

なぜフリーイノベーターは先駆者なのか

フリーイノベーターの先駆者としての役割を理解するために、第1章で述べた通り、供給側は、デザインコストを複数の顧客に分散させることを期待するという内容を今一度思い出してほしい。しかし、この期待を正当化するためには、供給側たちが、開発予定の製品に多くの顧客が興味を示すと確信する必要があり、また、利益の得られる値段で商品を提供するために必要となる専売権を何らかの形で確立することができるという自信が求められる。対照的に、個人のフリーイノベーターにとって、これらのことは無関係だ。個人のフリーイノベーターの頭の中にあるのは、自分自身のニーズと自己報酬だけなのである。

一般的に、需要がどの程度あるかについての信頼できる情報は、ユーザーが新しいことを始めようとする新しい利用方法や市場には存在しない。世界初のスケートボードや心肺蘇生装置で実験をするようなものだ。この段階では、市場は小さく、消費者のニーズは明確でない。その結果、個人的な動機で判断するフリーイノベーターと比べて、供給側がイノベーションの機会が有益かどうか判断するのに必要な情報を得るまでには、ずっと長い時間を要する。この違いが、まさにフリーイノベーターが、供給側よりも早く新しい利用方法や市場でイノベーションを始められる理由なのである（Baldwin et al. 2006）。

歴史的な研究においても、フリーイノベーターが先駆者となるパターンがみられる。世界初の飛行機開発（Meyer 2012）から、世界初のパーソナルコンピューター開発（Levy 2010）、さらには世界初のパーソナル３Dプリンター開発（de Bruijn 2010）に至るまで、趣味に熱中したフリーイノベーターの多くが供給側よりも先に新しい利用方法や市場に進出していることが数多くの研究で取り上げられている。メイヤーによると、飛行機開発の先駆者は、初期の供給側ではなく、自らの発見を自由に共有し、自己報酬を得た人々（フリーイノベーター）であった。「初期の航空学の実験者たちは並大抵の困難さではないその飛行プロジェクトに強い関心をもち、自分は貢献できるはずだという信念をもって、自らプロジェクトへの参加を志願したのである。彼らの興味関心は飛行という最終目標に限られていた。だからこそ、彼らが発見やイノベーションをクラブや専門雑誌、人々の間で共有できたのである」（Meyer 2012, 7）。

新しいフィールドで、イノベーションがどこから生まれるのか経年的に調査した2つの量的調査からも、フリーイノベーターが開拓者となることは明らかである。以下、手短に紹介する。

ホワイトウォーターカヤックにみるフリーイノベーターによる開拓

1つ目は、ホワイトウォーターカヤックというスポーツで使用する道具についての調査である。この競技は、白く泡立つような急流でカヤックを巧みに操縦し、アクロバティックな「動き」や、スピンやフリップなどの「技」を披露することに特化したカヤックを使用して行う。1955年頃、一部の冒険心のあるカヤック選手が、遊びの一環として、急流に横向きや後ろ向きで入っていく技を編み出したことで始まった。ほどなく、これらの「大胆なカヤック選手」たちが集まって小さなコミュニティを形成し、このスポーツを共に楽しみながら確立していった。このような、ほんの小さな始まりから、ホワイトウォーターカヤックは徐々に1つのスポーツへと成長していった。1970年代中頃の米国にいたホワイトウォーターカヤック「熱狂者」（常連参加者）は、わずか5000人ほどであったが（Taft 2001）、2008年になるとこのカヤックは世界中に広まり、カヌースポーツ競技人口のおよそ15%を占める120万人もの人が楽しむようになった（Outdoor Foundation 2009, 44）。

2009年の時点では、競技参加者が、道具や交通費、その他のサービスにかける費用は、年間数億ドルにものぼった（Outdoor Industry Foundation 2006; Outdoor Foundation 2009）。

ハイネス（Hienerth 2006）および、ハイネス、フォン・ヒッペル、イェンセン（Hienerth, von Hippel, and Jensen 2014）は、1955年から2010年におけるホワイトウォーターカヤックのイノベーションの歴史を調査し、プロのカヤック選手と現地調査員の両方が「最も重要」だと考えるイノベーションの本質と原因について入念に記録した。この調査から、私たちは、この競技におけるイノベーションの歴史の4つの異なるフェーズで、108個の重要なイノベーションの例を得ることができた。

フェーズ1（1955–1973）では、先に述べたように、ホワイトウォーターカヤックが冒険心のあるカヤック選手によって始められ、この競技の基礎的な大枠はカヤック選手自身によって決められた。また、このフェーズでは、カヤック選手たちだけが重要な道具の開発者であり、合わせて50のイノベーションが考案されている。フェーズ1の中盤に差し掛かったころ、小規模の供給側たちが、カヤック選手たちのイノベーションを商品化し、新興市場に参入し始めた。このフェーズでは、供給側たちは特段重要なイノベーションは生み出していない。

フェーズ2（1974–2000）では、ホワイトウォーターカヤックの技術や道具は急速な発展を続ける。フェーズ2では、カヤック選手たちは30の重要なイノベーションを考案し、供給側は10のイノベーションを考案した。供給側の考案したイノベーションのなかでも特に顕著なのは、初のプラスティック製回転成型カヤックの船体の開発である。プラスティック製のカヤックは、従来カヤック選手たちや供給側が製造していたファイバーグラス製のものよりもかなり頑丈だった。このカヤックの存在があってこそ、カヤック選手たちは徐々に急流の中でカヤックを操り、楽しむことができるようになった。

フェーズ3（1980–1990）は、フェーズ2の中盤に重なる。この時期に、はじめは数人の、そして最終的には1000人ほどの非常に優秀なカヤック選手たちが、ホワイトウォーターカヤックの主流の楽しみ方から離れ、「スクウォート」と呼ばれる新しい形のスポーツを生み出した。スクウォートは、新しいデザインのボートによって、水面だけでなく水中でも操作を行うことができる（「3Dムーブ」と呼ばれる）。スクウォートボートは、非常に浮力が小さいため、プロのパドラーでないと安全に操縦することができなかった。このフェーズでのイノベーターはカヤック選手たちだけであり、10の重要なイノベーションを開発した。

フェーズ4（2000–2010）では、カヤック選手たちによってデザイン開発された「ロデオカヤック」の船体が採用された結果、スクウォートはホワイトウォーターカヤックのメインストリームに吸収されていった。というのも、ロデオカヤックの船体はボートの中心部は浮きやすく、端は浮きにくいデザインであったため、プロでなくても船首や船尾を水中に入れ、船体を180°回転させるなどの3Dムーブを繰り出すことができるようになったのである。フェーズ4では、カヤック選手たちは装置に関する重要なイノベーションを考案しなかったが、供給側は4つの重要なイノベーションを考案した。

ここまで説明してきたホワイトウォーターカヤックにおけるイノベーションの重要なパターンや原因をグラフ化してまとめてみよう（図4-1）。図をみてもわかるように、カヤック選手たちは供給側たちより20年以上も前からイノベーションを考案してきた、新しいスポーツのイノベーションの先駆者であるといえるだろう。さらに、カヤック選手たちは、このスポーツにおける重要なイノベーションの主要な考案者であることは明らかである。108の重要なイノベーションのうち、およそ87％がカヤック選手によるイノベーションであり、供給側によるイノベーションは全体でわずか13％に留まっている（Hienerth et al. 2014）。また、カヤック選手、供給側のどち

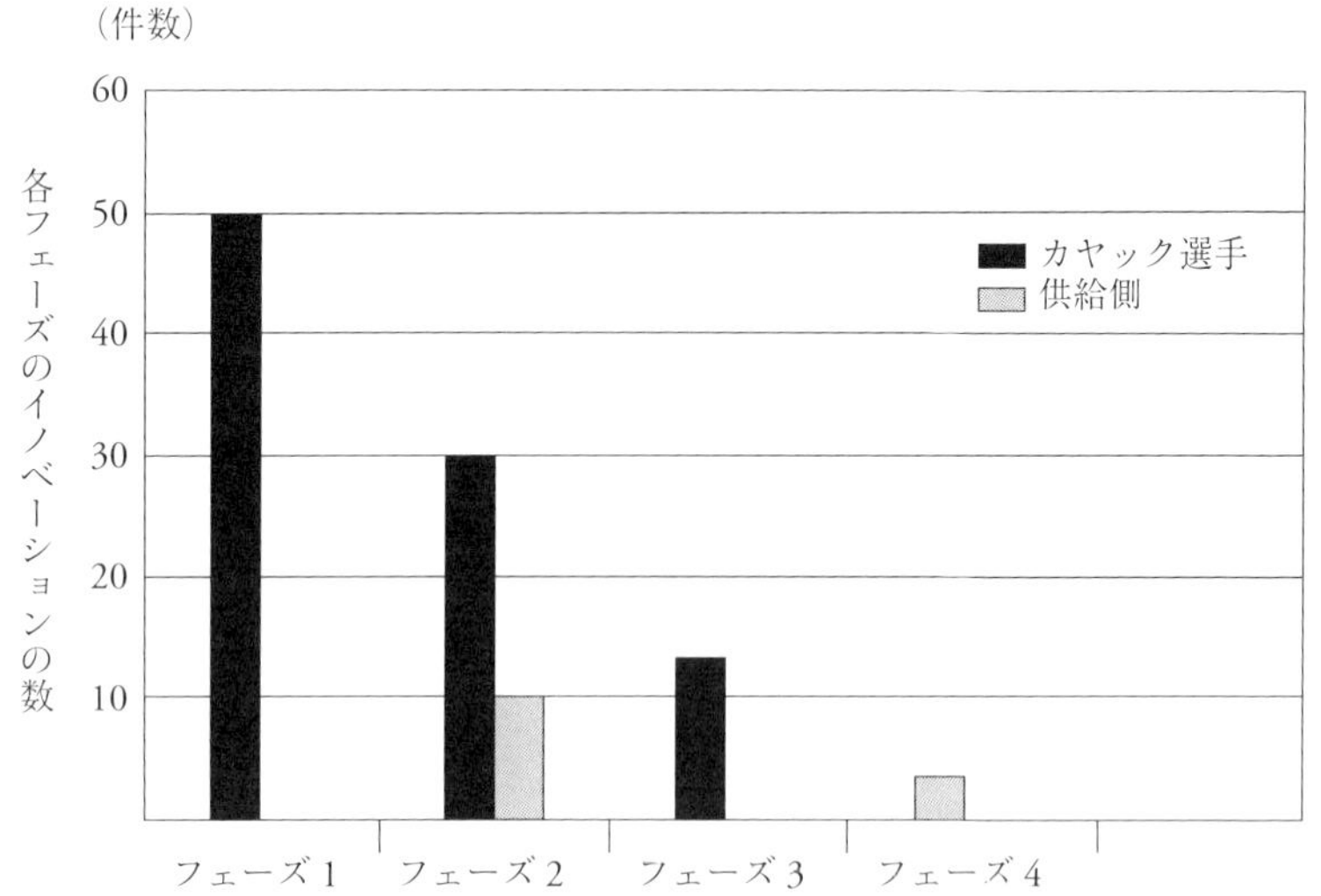

図4-1　ホワイトウォーターカヤックにおける重要なイノベーションの推移
出典：Hienerth, von Hippel, and Jensen 2014、表2。

らのイノベーションも、時とともに減少傾向にあることが図からわかる（これについては後ほど説明する）。

このように、ホワイトウォーターカヤックにみるイノベーションのパターンは、この章の初めで述べた主張と明らかに一致する。そして、ホワイトウォーターカヤックのイノベーションは、新しいスポーツを始めたところから、ほぼ完全に自己報酬によって十分に動機付けられていたという点も私たちの主張の前提条件と一致している。表4-1によると、カヤック選手たちは、イノベーションを自分が使用するという形で自己報酬を得ていたことがわかる。また、彼らは自分たちのデザインを仲間や供給側に共有していたのである（Baldwin et al. 2006; Hienerth et al. 2014）。

一方で、供給側は売上と利益によって動機付けられていた。新しいスポーツの初期段階で潜在的な市場のサイズが小さかった1970年代半ばまでの市場（この競技が始まって20年経過した頃、自分たちに合わせたボートのデザイン・製造をしていたわずか5000人の常連の

表 4-1　家計部門におけるホワイトウォーターカヤックの道具のイノベーターの動機

自分で使用するため	61%
イノベーションを考えること自体が楽しいから	17%
他人を助けるため（利他主義）	10%
イノベーションの開発から学ぶことがあるから	8%
その他の動機	2%
イノベーションを売ることに潜在利益を見出したから	1%

出典：Hienerth, von Hippel, and Jensen 2014、表 6。サンプル数：201。

プレイヤーたち）は、2010年の100万人以上が関わる巨大な市場と比べたら、供給側たちにとって魅力的でなかったのはもっともなことである。それゆえ、ホワイトウォーターカヤックにおいて、カヤック選手たちが先駆者（フリーユーザーのイノベーター）であったことは明解であり、経済的な面からも理屈にあっているといえる。

科学実験器具にみる科学者による開拓

2つ目の調査からも、ユーザーが新しい市場や利用方法で、先駆者としての役割を果たした非常に明解なパターンを示すことができる。今回比較対象となるのは、家計部門のフリーイノベーターと供給側ではなく、大学や組織に雇われた科学者と科学実験器具の供給側の対比をする。とはいえ、動機の違いに関してはこれまで通りである。科学者が自分の研究のために新しい器具の開発、改良を行う一方で、供給側は多くの利用者に売るために新しい器具の開発を行うという違いである。

私たちは、2つのタイプの電子分光法に使用される装置の重要なイノベーションに関わる要素とそのタイミングについて調査を行った（Riggs and von Hippel 1994）。ESCA（化学物質分析のための電子分光法）と、AES（オージェ電子分光法）は、固体面を構成する化学物質の分析に使用される（Riggs and Parker 1975; Joshi, Davis, and Palmberg 1975）。1994年に行った調査で、リグスと私は、ユーザーと、

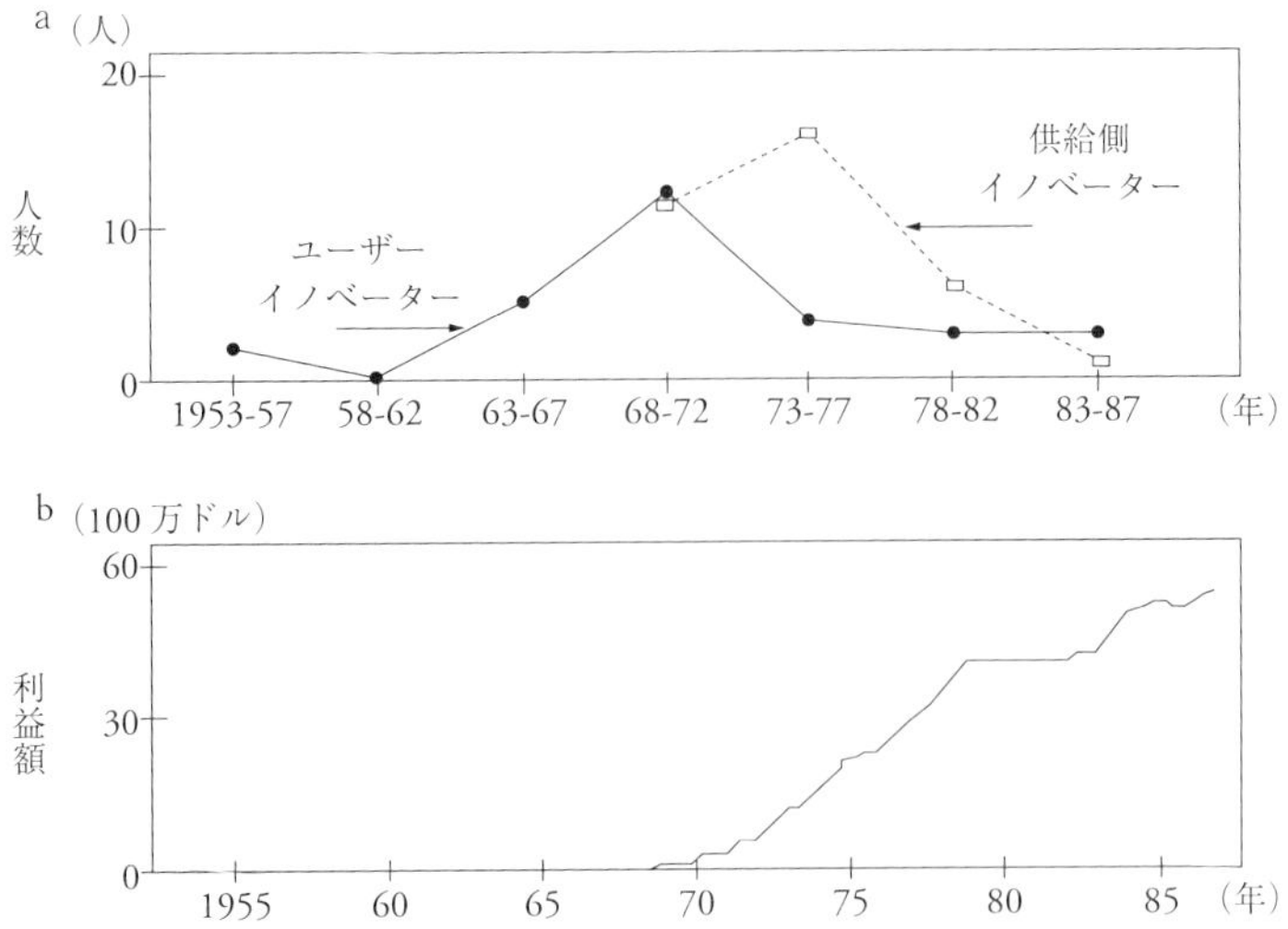

図 4-2　2 つの器具の重要なイノベーションの推移

グラフ a はイノベーションの頻度を示している。最初のユーザーイノベーションは 1953 年頃に現れ，最初の供給側イノベーションは 1969 年頃に現れた。グラフ b の縦軸は 1982 − 84 年時点での 100 万ドル単位を基準とした利益額の推移を表している。
出典：Riggs and von Hippel 1994、図 2。

これらのタイプの器具に詳しい供給側の両方によって重要だと判断された64のイノベーションを特定した。初期の開発が始まった1953年から調査を開始し、1983年まで続けた。

図4-2からもわかるように、ESCAとAESにおける重要なイノベーションのパターンは、ホワイトウォーターカヤックのケースと非常に似通っている。どちらのタイプの器具も、科学者たちが初期の開発者であり、初期の重要な改良も行っている。一方で供給側は数年経過するまでイノベーションを始めず、初めての重要なイノベーションは1969年になってから商品化されたものなのである。ESCAやAES器具の総売り上げ数が増加傾向にあっても、科学者や供給側の生み出す重要なイノベーションは減少する現象も、ホワイトウォーターカヤックのケースと共通している（図4-2b）。

科学者と供給側の間のイノベーションを生み出す動機の違いの特徴は、イノベーションのタイプの違

表 4-2　改良から生まれた実験器具のイノベーション

イノベーションがもたらした恩恵	ユーザー	供給側	合計
新しい機能性の向上	82%	18%	17
感度，解像度，正確性の向上	48%	52%	23
利便性と信用性の向上	13%	87%	24

出典：Riggs and von Hippel 1994、表 3。サンプル数：64。

いから明らかである。表4-2に示されているように、科学者たちは、質的な方法で新しい実験を行うことができるような器具のイノベーションを開発する傾向にある。このような機能から、恩恵を得ていたのは、イノベーター自身、またはごく一部の市場だけであっただろう。対照的に、供給側たちは、器具をより便利で、より一般的に信用されるようなものにすることを目指す傾向にあった。つまり、すべての潜在的顧客が何かしらの恩恵を得られるようなイノベーションを志したのである。例えば、科学者は磁区を超顕微鏡的レベルで描き、分析できるような器具の改良を初めて行ったが、このイノベーションから恩恵を得たのは一部のユーザーだけであった。一方で、供給側が、操作の簡易性の向上を図り、器具の調整を機械化したことは、すべてのユーザーにとって恩恵のあることであった。表のデータにも示されているように、感度、解像度、正確性は、ユーザーと供給側で大体50%ずつくらいである。このようなタイプの改良は、自身の改良した器具で、特定の新しいことに取り組みたいと考えている科学者と、自らの技術の専門知識を利用して、正確性といった、多くの人にメリットと認知される点の改良を目指す供給側の双方から生み出されるといえる（von Hippel 2005）。

科学者のイノベーターと、供給側イノベーターの焦点の違いは、イノベーションの科学的な側面を重視するか、それとも商業的な側面を重視するかという違いにも表れている。私たちは、科学者の生み出したイノベーションは、科学的な側面での重要性が圧倒的に高いが（$p < .001$）、供給側の生み出したイノベーションは、商業面での重要性が非常に高い（$p <$

.01）ということを発見した。

私たちはこのような傾向をどう理解することができるだろう？　この論理は、先に論じたホワイトウォーターカヤックにおけるイノベーションの論理に似通っているように思える。価値のある研究をすること、そして科学的に意味のある開発をすることで自己報酬を得る科学者たちが、最初にイノベーションを生み出す。彼らはイノベーションの潜在的な市場の大きさのことにはまったく関心がない。対照的に、供給側たちによるイノベーションの開発への投資は、市場の本質や大きさ、潜在的な利益性がわかってからである。そして投資する際には、市場の一部のみが恩恵を得るようなイノベーションの開発よりも、利便性や信用性の向上といった市場全体の利益に結び付くイノベーションの開発に注力する傾向があるのである。

なぜイノベーションは減少するのか

フリーイノベーターがなぜ、家計部門における新しい市場や利用方法の開拓において先駆者としての役割を担うのかについてはわかってきた。しかし、図4-1、4-2で顕著にみられる、イノベーション数の減少は一体なぜ起きるのだろうか。市場が拡大しているにもかかわらず、ユーザーイノベーターと、供給側イノベーターのどちらによるイノベーション数も減少する。つまり、普及期では開拓期とは異なり、フリーイノベーションと供給側イノベーションの両方の体系の人たちに、この減少傾向が影響を及ぼしているということである。

ボールドウィンとハイネスと私は、新しい分野や市場を発見することによって、新しい「デザイン領域」が開かれる、という説で、この現象は説明できると考えている（Baldwin et al. 2006）。例えば、従来のカヤック選手が長い間避けてきた急流に意図的に飛び込んで行くという思い付きは、新しいデザイン領域の創造であった。この領域の中には、急流の中で、手動のカヤックを使って為されるすべての潜在的なアクティビティ（デザイン領域が作られた時点でまだ試されたことがない、もしくは思い付かれてもいないもの）が含まれている。また、すべての技術と装備を実現するために必要になりそうなデザインも含まれている。しかし、どんなデザイン領域であっても、様々な価値のあるイノベーション機会は限られている。当然、時間が経過し、探索が続くにつれて、デザイン領域にある様々なイノベーション機会が発見され、次々に「掘り起こされて」いく。徐々に減っていく未発見の機会を探すコストは絶えず上がっていき、やがてイノベーターは探索ができなくなる。ホワイトウォーターカヤックと、2種類の実験器具のイノベーション数が時間と共に減っていった理由は、この「掘り起こし」作業にあると、私たちは考えている。

しかし、図4-1、4-2において、ホワイトウォーターカヤックと実験器具のどちらの例でも、フリーあるいはユーザーイノベーション、供給側イノベーション、の順に減少するということに注目したい。デザイン領域が十分に掘り起こされていたのだとしたら、なぜこうしたことが起こるのだろうか。これに対する答えとして、売上の継続的な成長によって（ESCAとAESの実験器具の図4-2b参照）、供給側にとって価値のあるデザイン領域の中により多くのイノベーションが出現するからだと考えられる。多くの人にとって比較的小さな利益しかないイノベーション（デザイン領域が掘り起こされるにつれて残るもの）は、多くの潜在的購入者が存在して初めて正当化される。一方で、デザイン領域に残っているフリーイノベーターにとって実現可能なイノベーション機会は、市場の成長と共に増えていくわけではないのは自明である。彼らの自己報酬は市場のサイズに比例しないからである。

これまで取り扱ってきた2つの例におけるイノベーション数の減少傾向において、この「掘り起こし」の考え方は便利ではあったが、この減少の影響は、安定し、もっと言えば限定された正当的なデザイン領域の定義上にのみ存在するということに注意してもらいたい。例えば、ホワイトウォーターカヤックコンテストの不文律は、手漕ぎのカヤック（エンジンやモーターボートの使用は認められない）だけが使用可能であるということであり、もし、このスポーツでモーターボートの使用が認められた場合、正当なデザイン領域はもちろん大きくなり、「掘り起こし」作業にかかる時間も長くなるかもしれない。2種類の実験器具のケースにおけるデザイン領域の定義は、共通の原理をもつ2種類の実験器具のみを使用するということに限られる。もし、固体面を構成する化学物質の分析にどのような手段を使っても良いとしたら、デザイン領域は当然大きくなるだろう。さらにいうと、もしデザイン領域の境界に関する共通理解がない場合（例えば今日でいえば、人々が感じるスマートフォンの機能の境界線について明確なラインはない）、イノベーション機会の発見や開発の減少を理解する手段として掘り起こしの概念は役に立たなくなる。

最後に、2つのケーススタディから掘り起こされたものが、大きなイノベーションの機会であったことについて触れておきたい。どのように定義されたデザイン領域においても、ヒサロ（Hysalo 2009）の述べた「ミクロイノベーション」の単位でも、機会が存在する。そしてこれらの機会は決して掘りつくされることはない。例えば、ホワイトウォーターカヤックの選手たちは頻繁に、それぞれの体調に合わせて装備に微妙な調整を加えたり、ある操作をするのに特別な方法を使ったりするなど、もともと確立されている方法に変更を加えている。同じように、実験器具のユーザーたちも、実験の手順の変更や同実験で使用される他の器具の変更などに応じて、ミクロイノベーションを行っているのである。このような機会は、固定のデザイン領域の中に存在し続け、フリーイノベーターや供給側イノベーターたちによって，永久に実行され続けていくかもしれない。

ディスカッション

フリーイノベーションと供給側イノベーションの体系の根本的な違いは，フリーイノベーションの体系には補償取引が存在しないことだったと思い出してほしい。知的財産権を獲得したり，取引を介して他人に売ったりしなくても，自己報酬のおかげでフリーイノベーションが実現可能になる。この内在的な違いがあることによって，どちらかの体系が他方よりも優位になることはない。ただ単に，この2つの体系で行われるイノベーションは構造的に異なるということを意味しているだけである。

本章で論じてきたように，構造的な違いの1つとして，フリーイノベーターは自身のニーズを満たすことを目的に新しい分野に比較的早く参入し，新しい利用方法や市場で先駆者としての役割を担う傾向がある。そしてその努力の末，潜在的な市場の有無が明らかになってくる。フリーイノベーターの活動によって商業的な可能性があるとわかった場合，供給側たちは遅れて参入し，利便性や信頼性に焦点を当てたイノベーションの開発に注力する。もし商業的な可能性がないと判断された場合は，フリーイノベーターだけがその分野に参入し，仲間内での情報共有のみが普及の手段となる（Hyysalo and Usenyuk 2015）。

先駆者としてのフリーイノベーターに着目してみると，目先の利益という観点で，供給側イノベーターが開発するイノベーションに対して，フリーイノベーションは「商業的に重要」ではない傾向があることがわかる（Riggs and von Hippel 1994; Arora, Cohen, and Walsh 2015）。本章でも論じてきたように，市場が成長したのを見計らって、供給側はフリーイノベーターよりも後から参入することにこの傾向は起因している。今日の航空機デザインの大きな市場と比べたら、「飛ぶ」ことに非常に熱心だった初期のフリーイノベーターによって開発された航空機のデザインの商用価値は本質的にはゼロだった（Meyer 2012）。しかし、イノベーションの重要性の指標は、先駆者としてのフリーイノベーターという、もっと広い文脈のなかで判断されるべきである。新しい開発や市場が「利益を生む」ようになるには、初めに誰かが先駆者として開拓しなければならない。そして、これまで論じてきたように、ここでフリーイノベーターが非常に重要な役割を担うのである。

第5章 普及不足なフリーイノベーション

前章では、フリーイノベーションと供給側イノベーションの各体系で行われるイノベーションの開発活動にみられる重要で本質的な違いとして、イノベーションの開拓について述べた。本章では、イノベーションの普及に関して2つの体系の重要な違いについて指摘する。そして、フリーイノベーション体系がもたらす学術的、実務的な有効性についてさらに明らかにしていく。

普及に関して、私が焦点を当てるのは、フリーイノベーション普及への投資に対するフリーイノベーターの動機の構造的な不足についてである。まずその動機の不足に関する証拠を提示し、それはフリーイノベーターとフリーライダーの間の市場での繋がりの欠如が要因となっていることを議論していく。そして、本章の最後のディスカッションでは、この状況に対処する方法を提案する。

フリーイノベーション体系における「市場の失敗」

フリーイノベーションの社会的価値の一部は、フリーイノベーターが自身の開発するイノベーションを介して自分のニーズを満たすことにある。しかし、他者がそのイノベーションを利用して、その恩恵を受ければ社会的価値はさらに向上する。もちろん、このような第2の価値を実現するためには、フリーイノベーションが、開発者からフリーアダプター（フリーの利用者）に普及する必要がある。

第2章では、90％を超える家計部門のイノベーターがフリーライダーや供給側から自身のデザインを保護しようとしていないことがわかった。また、そのほとんどは、無料で積極的にイノベーションを普及する意思をもっていることも確認できた。しかしながら、単にフリーライダーの望み通りにデザインの利用を認めることは、フリーライダーアダプターへの普及を支援する投資にはならない。

フリーイノベーターによる普及への投資は、相対的に小規模なお金であっても、多くのフリーライダーが探索や技術採用にかかるコストを大幅に低減できるため、社会を豊かにさせることができる。例えば、私がフリーイノベーションの開発者として、自分のオープンソースソフトウェアのコードをより明確に記載するために、ほんの少しの努力（という投資）をしたとする。すると、おそらく数千人もの利用者が私の新しいコードをインストールし、必要な時間を大幅に短縮することができるだろう。直観的には、そのようなほんの少しの追加的な努力をすることで、社会の豊かさを純増させることができるように思える。

この例における、普及にかける最適レベルの出費をより正確に判断するためには、フリーイノベーションの開発者と潜在的なフリーライダーたちは結合された「システム」であり、そのなかで利益の最大化を目指すと考えることが有用である。フリーイノベーションの普及への投資がフリーライダーの利用コストを低減すると仮定する。そして、追加的な投資もまた利用者のコストを低減するが、その程度は小さくなっていくと仮定する（例えば、私がソフトウェアのコード記録の改良に費やした最初の1時間はフリーアダプターがコトを明らかにするのに大いに役立つかもしれないが、次の1時間はより些細な貢献しかない、ということである）。システム全体としての利益を考える場合は、フリーイノベーター（あるいはシステムに属する誰か）による普及のための追加的な投資が、フリーアダプター全体での利用コストを低減できた時点で最大化される、と考えなければならない。

そうすると、どのようにすれば最適レベルの投資を実現できるのか、という疑問が浮かぶ。問題は、フリーイノベーターが普及にかかるコストを全部自分で負担しなければならず、いっぽうフリーアダプターはそのコストを全く分担することなく、専ら恩恵を得てしまうという点である。ここには、適切にコスト分配を実現する「市場の繋がり」は存在しない。このような状況は、経済学の「市場の失敗」という言葉で表現できる。アダム・スミスは、「見えざる手」という印象深いメタファーを使って、購入者（彼は「需要者」と呼んだ）と供給側が、それぞれ自分の利益だけを追求するにもかかわらず、市場が「常に正確な（供給するのに十分で、その供給や要求を超えることはない）量」の生産を実現していく過程を説明した（Smith 1776, 54, 56）。市場の失敗はこのバランスが崩れ、購入者と供給側の間の相互作用が資源を効果的に分配できなくなったときに起こる（同書、55）。今日では、市場の失敗とは、他の誰かにつけを払わせることなく市場の参入者（供給者）により多い利益をもたらす結果になったときだと説明されている（Krugman and Wells 2006）。同様に、市場の失敗という言葉は、特に、政府の介入や救済を必要とするような、情報や資源の非効率性に対しても使われる（Bator 1958; Cowen 1988）。

市場の繋がりの欠如とそれに付随する市場の失敗はフリーイノベーション体系のみに影響を与える。これに対し、供給側イノベーション体系では、本来備わった市場の直接的な繋がりがあり、普及のために投資をすると、その分だけ報酬が得られる。供給側が専売権をもつ製品を消費者が購入すると、消費者がイノベーションを採用することによって得られる恩恵の一部は、限界費用よりも高い値段で供給側に譲渡される。これによって供給側は、より多くの売り上げを得るための普及への投資を動機付けられ、それに報いる専売権の利益を獲得することができる（しかしながら、本章の最後で述べるように、供給側イノベーション体系には普及に関する他の問題があることに留意しなければならないが）。

上述した、2つの体系にみられる普及の動機におけるレベルの違いは常にはっきりとしているものではない。普及が進むにつれて増加するタイプの自己報酬が、フリーイノベーターにとって価値があると判断される場合は、部分的あるいは完全に相殺されてしまうこともあり得る。例えば、フリーイノベーターが自己報酬として得る利他的な「ほんわかとした感情」の経験は、フリーイノベーションを利用する人が増えるほど増大するだろう。また、達成に関する自己報酬のプライドに対しても同じことが言えるかもしれない。さらに、少なくとも、イノベーションの普及が進むほど、開発者の評価もより良いものとなるため、評価の向上も普及の動機になり得るだろう。

これらすべての要素を考慮したとしても、実際にフリーイノベーターによる普及のための努力は全体として不足しているのだろうか。これに関してはあまり十分なデータが得られていないが、後述するように、そのような不足が存在することを指摘している証拠が存在する（de Jong, von Hippel, Gault, Kuusisto, and Raasch 2015; von Hippel and de Jong 2016）。

フリーイノベーション体系の普及行動

フリーイノベーションが普及する手順は、可能性として2つある。まず1つ目は、第1章の図1-1が示すよ

表 5-1　ユーザーイノベーションの開発と普及：国別調査の結果

		ユーザーイノベーター		イノベーション	
出典	国	割合	人数	普及済	IPRs[a] で保護
von Hippel, de Jong, and Flowers 2012	英国	6.1%	290 万	17.1%	1.9%
von Hippel, Ogawa, and de Jong 2011	米国	5.2%	1600 万	6.1%	8.8%
von Hippel, Ogawa, and de Jong 2011	日本	3.7%	470 万	5.0%	0.0%
de Jong et al. 2015	フィンランド	5.4%	17 万	18.8%	4.7%
de Jong 2013	カナダ	5.6%	160 万	21.2%	2.8%
Kim 2015	韓国	1.5%	54 万	14.4%	7.0%

a. 知的財産権
すべての研究は 18 歳以上の消費者を抽出した。ただし、フィンランド（18 から 65 歳の消費者）は除く。

うに、革新的なデザインに関して自由にアクセスできる情報が、フリーイノベーターから直接その仲間へ伝達されることである。次に、同じ図で示されているように、デザイン情報が供給側に無料で伝搬され、供給側が後にそれを商品化して利用者に売るという方法である（Baldwin, Hienerth, and von Hippel 2006; Shah and Tripsas 2007）。

第2章で議論された6カ国の標本調査で、私たちは双方の手順によるイノベーションの普及に関するデータを収集した。表5-1でみられるように、6カ国においてどちらかの手順で普及した割合は、開発されたイノベーションのうちの5%から21・2%に及んでいた。一見、この程度の普及では低レベルだと思われるかもしれない。しかしながら、実際は、すべてのフリーイノベーションが普及の対象となっているわけではないことに留意すべきである。フリーイノベーターは自己報酬によって動機付けられており、自分たちだけに役立つデザインの制作を選択することがあるということを思い出してほしい。その場合、普及の不足は当たり前のこととなる。したがって、私たちは実際にフリーイノベーション体系が普及には機能しないのかどうかについて、もっと研究を進めなければならない。

普及に関する市場の失敗の3タイプ

フリーイノベーションの開発者によって作られる、フリーイノベーション体系での構造的な普及の不足をもたらすタイプは3つあると私たちは考える。第1に、フリーイノベーターは必ずしも他者にとって価値のあるイノベーションをデザインするわけではないということである。第2に、たとえそのデザインが一般的な価値を有していたとしても、フリーイノベーターはイノベーター自身とフリーライダーにとっての総合的な価値が正当化されるほど、開発への投資をしないかもしれないということである。第3に、フリーライダーの利用コストを削減するために、わざわざフリーイノベーターがイノベーション関連の情報を積極的に普及させようとしないかもしれないということである。これら3つのタイプを、少量であるが現在入手可能なデータを引用しながら概念的に説明してみよう。

市場の失敗　タイプ1：フリーイノベーターによる開発物の一般的な価値の低さ

たとえ、わずかな修正でデザインを他者にとって有益なものにできたとしても、自己報酬型のフリーイノベーターのインセンティブはあくまで自分のニーズにあることが多い。しかし当然、この方針が採られたとしても、フリーイノベーションの成果は他者にとって有用なものであるかもしれない。焦点となるのは、人々のニーズが特定の種類の開発とどれくらい「似ている」かということである。仮に私とあなたが同じニーズをもっていると

表 5-2　フリーイノベーターによるイノベーションの一般的な価値

一般的な価値	フィンランド (n=176)	カナダ (n=1028)
クラスター I　：大勢またはほぼ全ての人にとっての価値	17%	17%
クラスター II ：いくらかの人にとっての価値	44%	34%
クラスター III：開発者を除き、少人数にとっての価値または無価値	39%	43%
回答なし	0%	6%

出典：フィンランド：de Jong, von Hippel, Gault, Kuusisto, and Raasch 2015、表 5。カナダ：de Jong 2013、3 節。3 a と b。

すれば、私が新しい製品やサービスを自分のためだけに開発したとしても、これは問題にならないだろう（その製品やサービスはあなたにとっても有用なものであるから）。しかし、互いのニーズが異なる場合は、当然これは当てはまらない（Franke, Reisinger, and Hoppe 2009; Franke and von Hippel 2003）。

潜在的に自身と他者の双方に利益のあるイノベーションを開発するフリーイノベーターの割合は、経験的に明らかにすることができるはずである。したがって、私たちは、第 2 章で議論されたフィンランドとカナダの家計部門のイノベーターの国別調査において追加された質問から、この事項に関するデータを収集した。この 2 つの調査では、自分のイノベーションに他者が価値を見出すと思うかどうかを尋ねた。回答者は表 5-2 で示されている 3 つのクラスターに分けられた。この表から、たとえフリーライダーとの市場を介した繋がりがなかったとしても、17%のイノベーターが自身のイノベーションは多くの人々にとって価値をもち得るものだと思っているということがわかった。また、30〜40%のイノベーターは、自身のイノベーションは、少なくともある特定の人々にとって価値のあるものだと思っているということもわかった。

この割合は、フリーイノベーターと潜在的なフリーライダーの利用者双方に共通してみられるニーズと、イノベーションの普及とともに増加する自己報酬型の動機の両方を示す結果であるようだ。

後者の効果が役割を果たしていることは、フィンランドのデータ分析により示唆される。程度の差はあれ、利他主義的な動機を示した個人（他者を助けることをイノベーションの動機として最低1％から最高100％の間に割り当てた）は、利他主義的な動機が全くない者に比べて、大勢の人にとって価値のあるクラスターIのイノベーションを生み出す傾向が強かった（χ^2=9.2, df=2, p= .01）（de Jong, 2015）。

市場の失敗　タイプ2：デザインへの次善の投資

たとえフリーイノベーターが潜在的に他者に利用されうるデザインを生み出したとしても、自身とフリーライダーの利用者にとっての潜在的な価値がつり合う程度までデザインの改良へ投資しようとする意思をフリーイノベーターがもち合わせていない可能性がある。例えば、多少バグのある、または粗雑にデザインされたハードウェアが私の個人的なニーズに合うとしたら、私は自分のデザインの精度を高めることに投資する意思を全くもたないだろう。これはたとえ1000人のフリーライダーの利用者がその改良によって利益を得るとしても同じことである。フリーイノベーターは、第3章で示された実現可能性に関する計算に従う。彼らは特定の種類の自己報酬を考慮し、自身にとって最適と思えるところまでしかデザインに投資しないのである。もちろん、複数のフリーイノベーターがプロジェクトに協働で取り組む場合は、全体のプロジェクトに対する投資は1人で行うものよりも高くなる。

市場の失敗　タイプ3：フリーイノベーターによる普及のための努力不足

普及に関する市場の失敗に関する3つ目の要因は、フリーイノベーションを享受するフリーライダーへの普及を促す投資の少なさにある。表5-3では、フィンランドの個人が開発したイノベーションの場合に、この種の失敗を示す証拠をみることができる（de Jong et al. 2015）。この表のデータでは、開発者が一般的な価値が高いと捉えているクラスターⅠのイノベーションデザインの場合であっても、75％を上回るフリーイノベーターが普及への取り組みを全くしていないことがわかる（フリーイノベーターによる一般的な価値の自己評価の正確性はあいまいだが、ここでの焦点である他者の利益のためにする普及への努力は自身の信念の一部であり、実際のイノベーションの一般的な価値には含まれない）。実際、普及のための努力はとても小さく、私たちは、積極的な普及のための努力を定義する際、敷居を非常に低くしなければならなかった。仲間内でのイノベーションを普及するための努力は、イノベーターが単にデザインを1人以上の仲間にみせていれば存在するとみなし、企業へのイノベーション普及のための努力は、イノベーターが1社以上の企業にデザインを公開することを試みていれば存在するとみなした。

一般的に普及への努力が非常に低レベルだという発見に加えて、私たちは、仲間内の普及への努力の場合、普及への努力と、そのイノベーションの一般的な価値の間に重要な関連性はないということも明らかにした（χ^2=2.5, df=2, p= .285）。これらの事実はまさに私たちの予想通りであった。ここで、一般的な価値がないと認識しながらも仲間にイノベーションを公開する努力をしているフリーイノベーターを含むことに注意してほしい（表5-3、クラスターⅢの12％）。これはフリーイノベーターが一般的な価値とは関係のない理由によってイノベーションを公開するときに起こり得る。例えば、他者にとっての利便性にかかわらず、イノベーターが自身の「かっこいいプロジェクト」を友人にみせたがる場合などがそれにあたる。

これに対して、イノベーションに関する情報を「供給側」に普及するためのフリーイノベーターの努力は、イ

表 5-3　フィンランドにおける一般的な価値のクラスターと普及のための努力の関係

認識されている一般的な価値	フリーイノベーターによる普及のための努力	
	仲間に知らせる	供給側に知らせる
クラスターⅠ：大勢の人々にとっての価値	23%	19%
クラスターⅡ：いくらかの人々にとっての価値	21%	6%
クラスターⅢ：無価値	12%	0%

出典：de Jong, von Hippel, Gault, Kuusisto, and Raasch 2015、表 6。

ノベーションの一般的な価値に対するイノベーターの評価と大きく関わっていた。イノベーションが一般的な価値があるものだという開発者としての認識が強いほど、個人が供給側に情報を公開しようとする努力が高まるのである（χ^2=12.2, df=2, p= .002）。もちろん、供給側がイノベーションに対して商業的な興味を抱くと考えられる場合に限って、イノベーターが供給側に情報を公開しようとするのは概して妥当である。結局、イノベーションに商業的な価値がなければ、供給側に関心をもってもらおうとする努力は無駄になってしまうからである。ただし、この傾向に反して、フリーイノベーターが、他者にとって最も価値があると自身が判断したイノベーションの約19％しか供給側に情報公開していないという事実（表5-3、クラスターⅠ）は、フリーイノベーション体系には、利用者へのフリーイノベーション普及のための投資に対する動機に関して、やはり「市場の失敗」が存在するということを示唆していると言えそうだ。

ディスカッション

これまでの議論で、フリーイノベーターによる普及への投資は一般的に社会全体で不足しているということに対する強力な論理的事例と経験的な示唆を得ることができた。議論してきたように、フリーイノベーションの場合、この現象はフリーイノベーション体系に「組み込まれた」市場の失敗（つまりフリーイノベーターとフリーライダーの間の市場の繋がりの欠如）によるものである（de Jong et al. 2015; von Hippel, DeMonaco, and de Jong 2016）。

以降の議論では、私はまず、フリーイノベーション体系のみに欠陥があるわけではないということを述べたい。フリーイノベーションと供給側の双方の体系にはそれぞれ、組み込まれた普及の不足（ただし、異なるタイプの利用者が影響を受けるもの）が存在する。次に、フリーイノベーション体系における、普及に対する動機の不足を緩和するための3つのアプローチ（市場による解決、市場ではない解決、政府政策による解決）について簡潔に考察していく。

技術をもたない利用者の排除

フリーイノベーション体系と供給側イノベーション体系の「双方」を悩ませる普及不足の要因は、それぞれ異なる。フリーイノベーション体系の場合、先述したように、フリーイノベーターの普及への投資に対する「低すぎる」意思によって、利用にかかるコストは社会的に最適なレベルよりも高くなってしまう。いっぽう、供給側イノベーション体系の場合、普及不足は供給側の生産にかかる限界費用を上回る価格設定によって引き起こされる。

知的財産権が供給側による寡占的な価格を設定可能にしていると考えてみてほしい（これらの権利はフリーイノベーターと供給側イノベーターの双方に入手可能であるが、供給側だけがそれを要求する動機がある。フリーイノベーターはイノベーションを無料公開するため、寡占的な価格設定には関心がないからである）。寡占的な価格設定は供給側にとって、イノベーション開発への励みとなるが、それらはイノベーション開発後の普及に関して、いわゆる「重い損失」をも生み出す。つまり、寡占的な値付けをしてしまうと、本来ならそのイノベーションを購入し恩恵を受けるべき顧客であっても、供給側が設定した高価な価格のせいで購入をしないため、そういった顧客を除外してしまうことになるのだ。

これら2つの、異なる種類の障壁によってアクセスを絶たれてしまう顧客の特徴には、興味深い違いがみられる。フリーイノベーターによる普及への投資が不十分であることによって利用を諦めてしまう顧客たちは、比較的技術に長けていない者である傾向がある。対照的に、供給側イノベーションを寡占価格のせいであきらめる顧客たちは、金銭が不足している者であることが多い。この傾向についてはまだ研究がすすんでいないのだが、日頃から、私たちはこれらの双方が論理的にはっきりと見受けられるものであると考えている。例えば、技術のある者は無料のインターネットサイトに行き、自身のスマートフォンを「脱獄」させ、携帯製造元の規制をかいくぐるのに金銭を必要としないであろう。彼らは最新の無料機能をダウンロードし、利用することができるのであり、実際に数百万人がこれを行っているという（Greenberg 2013）。対照的に、金銭はあるが技術がない者は、新しい商業的機能を備えた最新の製品を供給側が設定した寡占価格で購入する以外に手がない。

市場の繋がりを通じた解決

ここまでみてきたように、フリーイノベーションの普及不足はフリーイノベーターとフリーライダーのアダプターの間の市場の繋がりの欠如が原因となって引き起こされる。したがって、わかりやすい解決方法は両者間の市場の繋がりを作ることであろう。例えば、フリーイノベーターがデザインを無料公開することなく、保護・販売できるように、非常に安価で簡単に知的財産を保護する方法を考案することはできるかもしれない。つまり、フリーイノベーターが自ら供給側イノベーターになるという選択をするように誘発することを試みる手があるということだ。

このアプローチがある程度の効果をもつのは間違いないだろう。第2章でみたように、家計部門のイノベーターの約10％は既に「供給側」のカテゴリーに属しており、普及への投資が報酬を生み出すようになっている。しかしながら、私自身はこの方法が好ましいとは考えていない。より多くの家計部門のイノベーターが供給側イノベーターになるように誘発することでフリーイノベーション体系の失敗に対処するというやり方は、私たちがみてきたようなフリーイノベーターが提供する個人的・社会的利益を低減することにも繋がってしまうからだ。新しい利用方法や市場をフリーイノベーターが開拓する規模が小さくなってしまう恐れがある。

市場ではない解決

一般的に価値のあるフリーイノベーションの普及量を、フリーイノベーション体系の枠内で増加させる方法は存在する。一般的なアプローチは以下の2つである。普及の増大にしたがって増える自己報酬を増大させ、同時に、一般的に価値のあるイノベーションを開発するコストを低減させる、ということである。

普及に関連した自己報酬を増加させるための干渉は、今日のフリーイノベーション体系における普及に関する「市場の失敗」の3つの要因すべてを軽減させることができるだろう。これは、一般的に役立つ製品を生み出すことへの関心が、その製品を満足にデザインし、また広範囲の普及を促進することと結びついているからである。

では、フリーイノベーターの普及への投資に関する自己報酬を、どうすれば増強させることができるだろうか？　それは「ゲーム化」がポイントとなり、有効なアプローチの一種であると考えられる。ソリティアのように、一切の実用的な成果を得ることなくプレイされるゲームは、自主的な動機付け活動であるということが知られている（Fullerton 2008; Schell 2008; Gee 2003）。そのような自己報酬を操作して高める実用的な方法が、ゲーム化と呼ばれるのである（Zicherman and Cunningham 2011）。

普及推進のためのゲーム化戦略は、動機の種類によって様々である。例えば、普及への投資によって恩恵を得るアダプターの数に関するより詳細な情報を、フリーイノベーターに提供することによって、彼らが経験する利他性に関係する自己報酬のレベルを上げることができるかもしれない。この戦略の一例として、非営利サイトのPatient-Innovation.com（2016）がある。このサイトは、行政サービスが行き届いていない希少疾患をもつ内科患者の最新のニーズに関するデータを集めるなどの活動を行っている（Oliverira, Zejnilovic, Canhão, and von Hippel 2015）。このサイトの管理者たちの目的は、特にインパクトの大きい機会に向けて、内科患者にとって価値のあるプロジェクトに貢献しようとするエンジニアたちやその他の人々を先導することにある。評価を受けることでの自己報酬を動機付けとするフリーイノベーターに対しては、異なるゲーム化戦略が有効となるだろう。例えば、社会的に重要なフリーイノベーションの普及への優れた投資に関わる情報を公にすることで、個人が評価を得る可能性を高めることができるかもしれない。

フリーイノベーションと普及のコストに関しては、多くの特定のコストが様々な方法によって低減可能であると思われる。例えば、フリーイノベーターがデザインや生産ツールにアクセスするのにかかるコストは、高価なツールが共有され、個人の負担額がより安価になる「Makerspace」というコミュニティのサポートによって低減させることができる（Svensson and Hartmann 2016）。また、デザインツールのためのオープンな標準化技術の重要性を高めることで、これらのツールを入手し、学ぶためのコストを低減させ、また様々なツールを使用して制作されたデザインの情報を共有するためのコストをも低減させることができる。そして、デジタルデザインとそのデザイン情報を投稿するためのオープンサイトの開設も、多くの人々にとって、普及にかかるコストを低減させることに繋がるだろう。

フリーイノベーションの普及はまた、個人のイノベーターが実行するイノベーションよりも、協働フリーイノベーションプロジェクトへのサポートを強化することでも拡大させることができる。調査結果によれば、協働で開発されたデザインは一個人によって開発されたものよりも高頻度で普及するということがわかっている。小川、ポンタナラート（Ogawa and Pongtanalert 2013）は日本の家計部門の製品開発者を調査し、開発者が協働のコミュニティに属する場合、仲間による利用率は48・5％になることを発見した。開発者がそのようなコミュニティに属していない場合では、利用率は13・3％と非常に低かった。同様に、デジョン（de Jong 2013）はカナダの家計部門のイノベーターを調査し、協働プロジェクトでは仲間内の普及・利用率が38％であるのに対し、個人のイノベーターによるプロジェクトでは20％であったことを明らかにしている。

私はこの効果に2つの理由があるのではないかと考える。まず、協働プロジェクトがもつニーズはより一般的であることが多い（少なくとも数人の協力者は関心をもっている）からである。次に、フリーアダプターが協働型フリーイノベーションプロジェクトから入手できる情報は個人のフリーイノベータープロジェクトから入手できる情報よりもはるかに豊かであると思われる。なぜなら、協働型プロジェクトへの参与者は、プロジェクト内での共有のため、自身の取り組みを調整するために活動を明文化しなければならないからである。個人のイノベーターだと、この作業は必要ないため明文化されない。このような、プロジェクト内部で使用するために作られた豊富な情報のおかげで、追加的なコストを要せずにフリーアダプターの利益へと繋がるのである。

政府によるサポートの場合

ニーズのサポートに関する情報サイトといった、先ほど述べた手段のいくつかは政府のサポートから恩恵を受けることができる。しかし、フリーイノベーション体系のみを悩ませる普及の失敗を改善することに、なぜ政府が注意を払う必要があるのかという疑問が浮かぶだろう。次章で説明するが、この疑問の根本的な答えは、フリーイノベーションデザインの普及と利用を、利益を受ける者が実行することは、社会福祉を向上させるという点にある。危険な製品のデザインのように稀な例外は存在するが、デザインが公的な製品であり、誰もが無料で利用し学習できるものであれば、社会は利益を得ることができる。社会福祉の向上は当然、一般的な政府の干渉を正当化するための根本的な証拠となる（Machlup and Penrose1950; Nelson 1959; Arrow 1962）。

今日の政府は、供給側イノベーション体系を悩ませる弱点を解決し、補てんするためには特に入念かつ非常に高価な知的財産権のシステムを構築するという投資をしている。彼らは社会福祉の向上への期待という観点からこれらの投資と政策を正当化しているのである。しかし、同様な正当化のもとに行われるフリーイノベーション体系への投資については、政府は、ただ単に競争条件を公平にしているだけのように思われる。

第6章 フリーイノベーターと企業との分業

本章では、フリーイノベーターと供給側イノベーターがイノベーティブな仕事を分業することの意義を説明する。ガンバーデラ、ラアスチ、フォン・ヒッペル（Gambardella, Raasch, and von Hippel 2016）が示すように、フリーイノベーターがすでに「無料で」入手可能にしているタイプのイノベーションを生産者が開発しないようにすれば、たいていは社会福祉も生産者の利益も上がるものである。それよりも、私たちが主張したいのは、供給者は替わりのものを探すよりも、フリーイノベーションデザインを補うようなイノベーションの開発に集中することを学ぶべきだという点である。さらに、フリーイノベーターの能力が上がるにつれて、世の中の様々なイノベーション課題を徐々にフリーイノベーター側にシフトさせることが可能であり、そうすべきでもある。つまり、世の中のイノベーションの課題は、標準的な経済モデルが考える、需要側へとシフトしていくべきということだ。

ここからは、フリーイノベーションと供給側イノベーションの間にある、4つの基本的な相互作用について振り返ってから、これらの相互作用にある関係と、供給側の利益と社会福祉における影響について、私たちがどのようにモデルを作成したかを説明する。それによって、特定の状況下では供給者が実際にフリーイノベーションを支援することによって利益を得られるということがわかるだろう。

各体系間の主要な4つの相互作用

第1章では、フリーイノベーションと供給側イノベーションの各体系の間に、4つの異なる相互作用のタイプが存在することを示した。これらのタイプは図1-1に概略的に示したが、利便性のため、ここに図6-1として再掲する。第1に、フリーイノベーション体系を通じて仲間内に普及したデザインは、供給者によって市場を介して普及した製品と「競争」するものとなる。これを私たちは「無料代替市場」と呼ぶ。第2に、フリーイノベーション体系を通じて仲間内に普及したデザインは、市場を通して供給者によって普及した製品やサービスを補完（足りない部分を補うこと）できるようになる。これを、私たちは「無料補完市場」と呼ぶ。第3に、下向きの矢印が示しているように、フリーイノベーターは、フリーライディングの新規事業者や既存の生産者に向かって自分たちのフリーデザインを「漏出・拡散」する。第4に、上向きの矢印が示しているように、供給者がフリーイノベーションを支援し、形作るためのツールやプラットフォームの提供が可能となる。

第1章では、体系間の4種類の相互作用について簡潔に描写した。ここでは、各作用について私たちが現段階でわかったことをより詳しく説明していく。これにより、前述の相互作用や供給側が社会福祉に与える効果に関しての、供給側の戦略を探究するための十分な背景を知ることができるだろう。

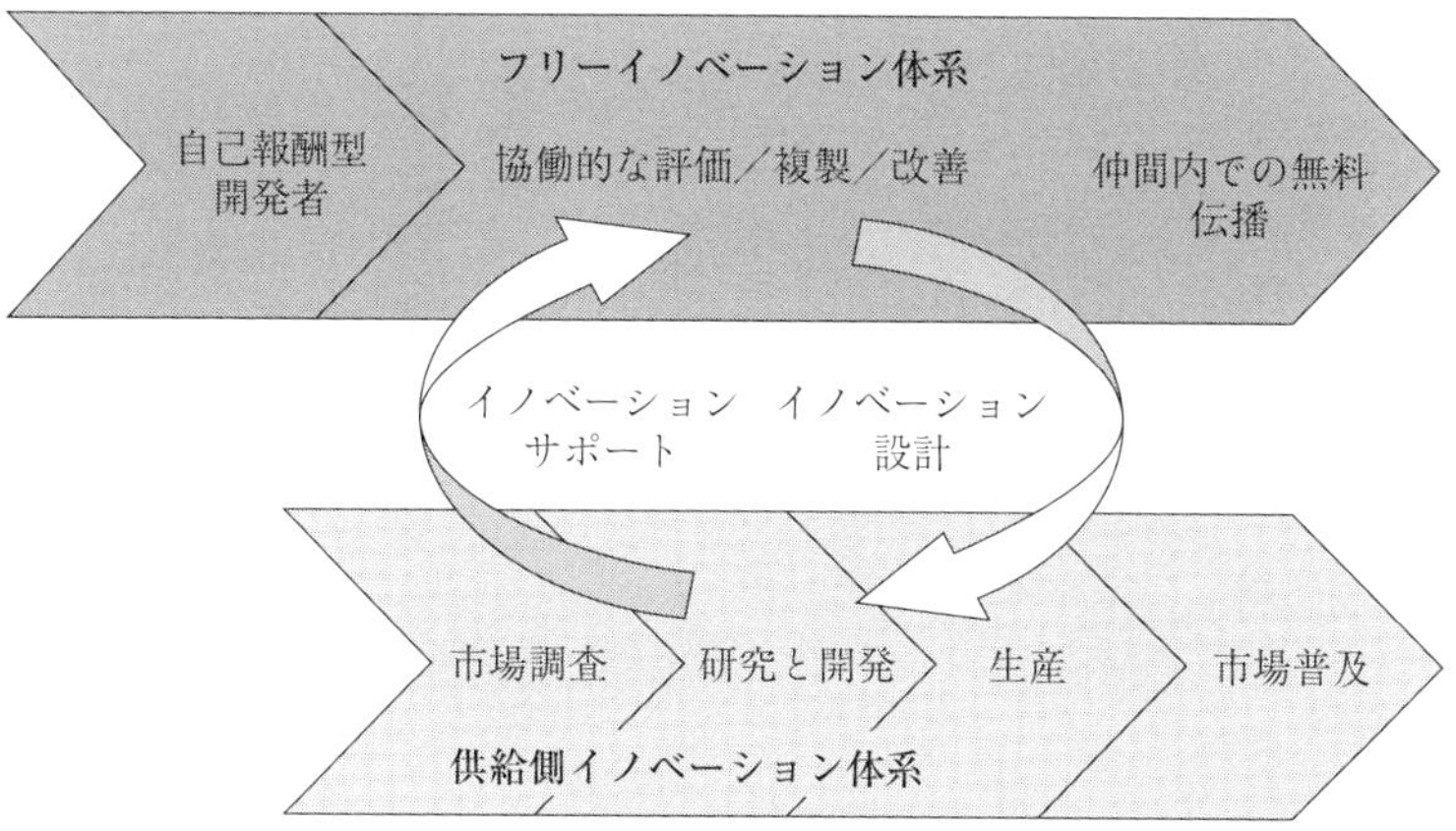

図 6-1　フリーイノベーション体系と供給側イノベーション体系
（図 1-1 再掲）

無料代替市場

イノベーションがフリーイノベーション体系を通して顧客に対して無料で普及し、供給者によって広められた製品を完全に、または部分的に代替するとき、供給者はガンバーデラ、ラアスチ、フォン・ヒッペル（Gambardella et al. 2016）が「無料代替市場」と名付けた状態に直面する。無料代替市場では、標準的な独占あるいは不完全競争のモデルで考慮されてこなかったような、供給者にとっての競争が発生する（Robinson 1933; Chamberlain 1962などを参照）。

無料代替市場では、集団としての消費者が、フリーイノベーションやイノベーションデザインといった、追加的な非市場の選択肢に触れることで利益を得る。この状況のいくつかの結果に関しては、オープンソースとクローズドソースのソフトウェアサプライヤー間の競争に関する事例で研究が行われてきた（Casadesus-Masanell and Ghemawat 2006; Economides and Katsamakas 2006; Sen 2007）。その文脈のなかでは、そのイノベーションが完全に商品を代替していない場合でさえも、無料で配布されたオープンソースイノベーションによって、供給者は利益を失うことが判明している。また、独占企業が市場から排除され、無料ではあるが部分的な代替品が消費者の唯一の選択肢となってしまわない限りは、消費者がオープンソースの代替品によって利益を得ることも判明している。供給者の選択肢が減少すると、消費者の利益が減る。というのも、2つの代替品はたいてい完璧に代替できるものではなく、消費者のなかで好みが分かれるためである（Kuan 2001; Baldwin and Clark 2006b; Casadesus-Masanell and Ghemawat 2006; Lin 2008）。

無料補完市場

無料補完市場に関しては、やや大きなシステムを構成している製品・サービスから考えはじめてみるとよい。例えばマウンテンバイクという商品は、それを乗りこなすための操縦技術、ヘルメット、空気入れ、ナビゲーション機器、ライトにまで及ぶ様々な補完要素によるシステムの中で構成された製品である。このようなシステムの中にある何らかの製品やサービスに携わっている供給者の観点からすれば、システムを構成するその他の要素は、あれば役に立つものから必要不可欠なものまで、すべてが補完物（補完要素）であり、彼らが扱っている「当該商品」たる製品・サービス（つまり私がここで焦点をあてている商品）に価値を付加する要素である。したがって、もし私が特殊なマウンテンバイクを買い、それを上手に使いこなしたいと思ったとしたら、私はまず、マウンテンバイクに乗るための操縦技術を、「必要不可欠な補完要素」として入手しなければならない。この操縦技術という要素は、主として、店で販売されているものではなく、むしろ仲間内で、フリーイノベーターによって広められていく要素である。言い換えると、マウンテンバイクの供給者は無料補完市場に参加し、利益を得ている、といえるのである。特殊なマウンテンバイクの市場は、こういったマウンテンバイクの操縦技術に関する無料の補完がなければ、どんどん小さくなっていくだろう。

このように、無料補完市場は供給者の製品からは独立しているが、商品を補完するものとして関与することができる。それだけでなく、供給者の製品自体、あるいはそのプラットフォーム上で、変更・補完に関わることが可能な場合もある。これに関しては、音楽ソフトからコンピューターゲームまでに及ぶ、ベーシックな商業ソフトウェア製品の価値を高めるために行われるソフトウェアの修正・追加などのケースが考えられる（Jeppesen and Frederiksen 2006; Prügl and Schreier 2006; Boudreau and Jeppesen 2015; Harhoff and Mayrhofer 2010）。無料補完市場の存在の拡大は、顧客も補完物を選択し集めることができることを示しており、供給者だけがそれらを提供できるとしていた従来の前提とは食い違っている（Schilling 2000; Jacobides 2005; Adner and Kapoor 2010; Baldwin 2010）。

補完物のシステムでは、供給者は生産・販売のために商業的に最も有利なシステムを選ぶことができる。そのため、彼らにとっては、商業製品・サービスが他の供給者から販売されるよりも、自分たちが販売することのない補完物が無料で顧客に提供されるほうが好ましい。補完物を配布する供給者は、自分たちが提供するものから利益を得ようとするが、フリーイノベーターはそのようなことはしないからである。よって、無料の補完物は、供給者にとってより多くの入手可能な利益を残してくれる（Baldwin 2015; Baldwin and Henkel 2015; Henkel, Baldwin, and Shih 2013）。例えば、もしフリーイノベーターがマウンテンバイクの操縦技術を「無料で」提供したとしたら、マウンテンバイクのシステムにマウンテンバイクの操縦技術という補完物が加わり、マウンテンバイクの購入者にとって価値が上がる。独占権をもつマウンテンバイクの供給者は、バイクの値段を上げることで、無料の技術イノベーションによって上昇したシステム価値の一部またはすべてを得ることができるだろう。

供給者へのデザイン情報の無料漏出・拡散

フリーイノベーション体系と供給側イノベーション体系の間に生じる3つ目の相互作用は、フリーデザイン情報の供給者への漏出・拡散についてである（図6-1の下向き矢印参照）。供給者は、市場を拡大するために、利益を生み出しそうなフリーデザインを商業化し、導入することができる。先行研究によると、こうしたデザインの漏出・拡散は、供給企業が、より高い売上利益や総利益を生み出し、製品ライフサイクルを伸ばすことができるといった点で価値があることが明らかになっている。（Lilien, Morrison, Searls, Sonnack, and von Hippel 2002; Winston Smith and Shah 2013; Franke, von Hippel, and Schreier 2006; Poetz and Schreier 2012; Nishikawa, Schreier, and Ogawa 2013）.

供給者にとってのフリーデザインの重要性は、ある商品・サービス分野についてすべての「重要な」イノベーション要因を探究した研究によって示されている。本書の執筆中に、私は消費者向け製品やサービスに焦点をあてた、このタイプの4つの実証研究があることを発見した。シャー（Shah 2000）は4つのスポーツの分野における重要なイノベーションの要因の研究を行い、ハイネス、フォン・ヒッペル、イェンセン（Hienerth, von Hippel, and Jensen 2014）は、急流で行う「プレイボート」という名のカヤックについて、オリベイラとフォン・ヒッペル（Oliveira and von Hippel 2011）は小口金融業務におけるイノベーションについて、ヴァンデルボーア、オリベイラ、ヴェローゾ（van der Boor, Oliveira, and Veloso 2014）はモバイルバンキングにおける重要なイノベーションの始まりについて研究している。彼らは、供給者によって商業化された「重要な」イノベーションの非常に肝心な部分（45～79％）を、家計部門の個人や協働型ユーザーによって制作されたデザインが占めていることを発見している。この4つの研究にみられるイノベーティブなデザインは、フリーイノベーションであるため、家計部門の開発者から保護されているという事実はほとんどない。

フリーデザインを導入した供給者がどれくらいコストを削減できるかは、開発中のイノベーションごとにかかるデザインコストの最初の計算で推定できる。その数字は供給者が各デザインをフリーイノベーターから採用した際に削減できるおおよそのデザインコストを推定する際に利用される。第4章に示した、ホワイトウォーターカヤックについて調査した研究では、これを計算できるデータを集めることができた。その結果、商業化されたすべての重要なイノベーションデザインの79％がカヤックの漕ぎ手によって開発され、無料で公開されたものであったことがわかった。フリーデザインの導入によるカヤック製造者の研究開発費の削減は、非常に重要であった。私たちが計算したところによると、削減できた開発費は、その競技の全歴史を通してホワイトウォーターカヤック製造者が製品デザインに充てる予算の総額の3・2倍という金額だった（Hienerth et al. 2014）。

フリーイノベーションに対する供給者の支援

前節で、補完物と、商業化できる製品デザインが供給者に対して「無料で」漏出・拡散することで、供給者の社内の研究開発費が大いに削減できるということがわかった。それゆえ供給者は、フリーデザインの供給を増やすために、フリーイノベーターのデザインの仕事を支援するための投資をしたいと思うだろう。フリーイノベーターに開発プラットフォームや開発ツールを供給して支援を行い、フリーイノベーターのデザインの開発と普及のタスクをより容易にできるようにすることで、支援ができるかもしれない。そうすると、フリーイノベーターの努力を、商業的に利益を生み出すような方向に導くこともできるだろう。これが、私たちがフリーイノベーション体系と供給側イノベーション体系の間にみる相互作用の4つ目の形であり、図6-1で上向き矢印によって示されるものである。

フリーイノベーターによるイノベーションを支援するための供給者による投資に様々な形があることが先行研究によって示されている。供給者はユーザーイノベーションコミュニティ（West and Lakhani 2008; Bayus 2013）や、デザインコンテスト（Füller 2010; Boudreau, Lacetera, and Lakhani 2011）を支援することもある。また、フリーイノベーターに彼ら自身のデザインをより簡単に制作できるよう、キットやツールを提供することもある（von Hippel and Katz 2002; Franke and Piller 2004）。さらに、境界を跨ぐ活動に関わったり、フリーイノベーターを支援するなかで雇用者の労働時間に投資したりすることもある（Henkel 2009; Colombo, Piva, and Rossi-Lamastra 2013; Dahlander and Wallin 2006, Schweisfurth and Raasch 2015）。供給者によるフリーイノベーターへの支援の例と、戦略的思考については第7章で詳しく扱う。

フリーイノベーション支援のための供給者の戦略モデリング

ミクロ経済学のスタンダードなモデルに沿ってガンバーデラ、ラアスチ、フォン・ヒッペル（Gambardella et al. 2016）が焦点を当てたのは、供給者へのフリーイノベーションの影響と、フリーイノベーションと供給側イノベーションが社会福祉に及ぼす影響である。この節では、供給側イノベーション戦略について扱い、次の節で社会福祉に与える影響について議論する。ここでは、モデル変数とモデリング結果について、数式などではなく、概念的に説明をする。詳細な数学的モデルと結果は、巻末付録2を参照されたい。

上記の4つの体系の相互作用についての説明から、4つのうち2つが供給側に対してプラスのものであることがわかるだろう。第1に、供給側からは生産・販売しても利益を得られないと思われているが、供給側の販売する製品やサービスの価値を高める補完要素をフリーイノベーターが作成し、それが普及したときには、供給側の利益が上がる。第2に、供給側のイノベーション開発コストは、社内でデザインを開発する代わりにフリーイノベーターのデザインを採用することで削減される。

4つの体系の相互作用のうちの1つである無料代替市場は、供給側にとってマイナスでしかないことも思い出してほしい。フリーイノベーターによる仲間内での自由な製品・サービスのやり取りは、供給側が同じもの、あるいは代替品を販売しようとするときに、競争の原因となるものである。他の競争の形と同じように、フリーイノベーション体系の参加者から起こる競争は供給側の市場規模を縮小させたり、同時に(あるいは)供給側に価格を下げさせたりする。具体的には、先述したマウンテンバイクの例では、マウンテンバイクの使用者(潜在的な顧客)が、フリーイノベーターによって開発されたマウンテンバイクのデザインを「無料で」、マウンテンバイクの製造者であるかのように入手できるようになった。自分でマウンテンバイクを組み立てることにした個人は、自分たちが潜在的な顧客でなくなることで、供給側の市場規模を縮小させているのである。

最後に、4つ目の相互作用が供給側によるフリーイノベーターへのデザインの支援のためのものであったことを思い出してほしい。この相互作用は供給側のコントロール下にあり、ガンバーデラ、ラアスチ、フォン・ヒッペル(Gambardella et al. 2016)が想定した、供給側が利益を上げるために最初の3つの相互作用に影響を与え、形をつくっていくための道筋でもある。

4つの相互作用に対するこのモデルのアプローチとして、イノベーションと自己供給から構成される供給側からみた潜在的な市場における、両者の比率に焦点を当てる。というのも、フリーイノベーション開発支援をするという決断が収益に繋がるかどうかは、主にこの比率によって影響されるからである。（イノベーションデザインとイノベーションの自己供給は、たいてい並走するものである。もし、あなたがわざわざ何かをデザインするのであれば、開発の段階でそのデザインのコピーを1つ作って手元に置いておくといい。ユーザーとして、そのコピーが後に供給側の潜在的な市場からあなたを解放してくれるからである。自分で自分自身に供給する、ということである）。

もしも、ある市場において、ごく少数の家計部門の個人のみが、供給側にとって商業的価値があるかもしれない方法でイノベーティブな能力をもっているとしよう。私たちのモデルによれば、この場合そのわずか数人しかいないフリーイノベーターの仕事を支援するためのイノベーションのデザインツールを開発・供給し投資するよりも、社内で開発を行うことに注力する方が供給側にとって合理的な判断、となる。なぜならそのような場合、追加で開発されるであろうフリーイノベーションへのコストは非常に高いと想定されるからだ。しかしながら、供給側の市場の中での潜在的なフリーイノベーターが占める比率がもっと拡大していく場合、フリーイノベーションを支援・拡大するために供給側の開発研究費の一部をツールに投資するほうが、社内開発だけを行うよりも、より多くの利益を得られる行為となってくる。たとえ、その行為によって、イノベーティブで自己供給ができる一部のフリーイノベーターたちが、供給側の潜在的な市場から身を引くことになっても、供給側にとっては有利なのである。

しかし、供給側の市場の中で潜在的なイノベーターの割合がもっと増えると、フリーイノベーター支援への投資は、再び不利益なものとなってきてしまう。いずれ顧客になるかもしれない人々の自己供給による潜在的な市場の損失は、たとえ、より多くの商業デザインが無料で開発されたとしても供給側の利益が減ってしまうほどに大きくなるからである。顧客の自己生産による市場の目減り効果は、イノベーティブでない潜在的な顧客が非常に安くフリーイノベーションのコピーを作成する能力を得てしまう場合には、供給側にとって極めて危険である。今の時代、ソフトウェアや他の多くの情報製品の分野ではそのようなことが実際に起きている。まもなく、3Dプリンターのように安く、個人で入手可能な製品技術が増えるにつれて、多くの物的製品も同じ状況に置かれることになるだろう。

もちろん、このような市場の目減り効果は、供給側がフリーイノベーター仲間と競合してでも商品化したいと考える製品にのみ適用されるものである。価値のある補完物の開発が、供給側の商品化意向とは関係なく進む場合は、フリーイノベーションと自己供給が起これば起こるほど、より良い結果になっていくであろう。次章でもみていくように、こういった理由で、現代の供給側は、自分たちが販売する商品の補完物をフリーイノベーターに開発してもらうことを促進・支援するために、莫大な投資をするようになってきている。

なお、ガンバーデラ、ラアスチ、フォン・ヒッペル（Gambardella et al. 2016）は、供給側が支援のために投資しなくても、潜在的顧客によって自然な形でフリーイノベーションと自己供給が行われると考えていることに言及しておく必要がある。全国調査によると、フリーイノベーションは現在とても広く普及している現象であり、たいていは供給側による意図的な支援を得ずに行われている。これは、モデルには含まれていないのだが、いくつかの分野の市場では、自然発生するフリーイノベーションと自己供給によって、供給側が利益を得られる最適な点よりも、「非常に高い」地点にすでに到達してしまっている可能性を暗示している。こうしたことに鑑み、供給側がフリーイノベーションを支援するのではなく、むしろ失敗させる方を選ぶ事例もどうやらあるようだ。例えば、供給側は、自身の製品を潜在的な顧客が修正やコピーをしようとする際に、よりコストがかかるようにするために、法規制や技術的な障壁を作ろうとすることがある（Braun and Herstatt 2008, 2009）。

最後に、市場に存在している潜在的なイノベーターの数とは関係なしに、供給側にとって、研究開発への投資に関する最善の選択肢は、決してフリーイノベーター支援の生産ツールだけに投資しないことである。フリーデザインが何の変更もされずに商品として生産されることはめったにない。それゆえ供給側はフリーデザインを洗練されたものにし、生産準備を整えるために内部資金に投資しなければならないのである。さらに、供給側は、フリーイノベーターは開発に興味をもたないが市場にとっては重要、というような種類のデザイン（例えば、初心者が使いやすいようなデザインへの変更など）に投資しなければならない。従って、フリーイノベーターの努力を補完するための投資と、フリーイノベーターが自分たちだけで実行できると察したデザイン開発作業の代替・競合となる投資の双方の適切なバランスを、このモデルは提起している。

フリーイノベーションが社会福祉に与える影響のモデリング

社会福祉関数は、厚生経済学の領域において、社会の物質的な福祉を評価する基準を提供するための入力変数として、経済変数とともに使用されている。この社会福祉関数は人口の平均余命から所得分配まで多くの社会的目標を示すために設計できる。イノベーションと社会福祉に関する文献に関しては、所得がどのように分配されるかということは考えず、経済現象と政策が社会福祉に与える影響を社会全体の所得という観点から測定しているものが多い。ガンバーデラ、ラアスチ、フォン・ヒッペル（Gambardella et al. 2016）に示されるモデルも、その観点に立ったものである。

一見すると、フリーイノベーションは社会福祉を向上させるはずである。これは、個人が任意かつ無給で働く時間（経済学では一般的に消費に費やしているとされる時間）の一部を、イノベーター自身にとっての価値を生み出す活動へと回すという個人の決定に関係しており、たいていの場合、それはイノベーター以外の仲間や商業的なアダプターにとっても価値を生み出すものだからである（Henkel and von Hippel 2004）。

供給側しかいない伝統的な状況からフリーイノベーターも参加できる状況に市場が移行したとき、ガンバーデラ、ラアスチ、フォン・ヒッペル（Gambardella et al. 2016）のモデルによれば、企業がフリーイノベーション活動と競争するのではなく、それを補完するための投資戦略を採用する場合、供給側の利益と社会福祉は常に向上していくことがわかっている。反対に、供給側がフリーイノベーターのデザインと競争することを選ぶと、供給側の利益も社会福祉も損害を被る可能性がある。

言い換えると、この章の初めに記したように、私たちが行ったモデリングと理論構築では、最も利益が生み出され同時に社会福祉も向上する経済状況は、フリーイノベーション体系のなかで働くフリーイノベーターたちと、供給側体系のなかで働く供給側たちの間での、イノベーションに関する仕事の分業が重要だという結論になる。しかしながら、最適な分業は、政策の介入なしには達成されるものではない。第3章で説明したように、科学技術のトレンドを受けて市場内のフリーイノベーターの数が着実に増えるにつれ、私たちのモデルは、供給側による、供給側のみのイノベーションという姿から、フリーイノベーションを利用するという姿への切り替えでは、社会福祉全体からみると、たいていは「遅すぎる」ということを示している。なぜなら、フリーイノベーターに生じる利益および社会福祉を向上させる利益は福祉全体に含まれるが、このようなことは供給側の収益を計算する時点では、まったく考慮されないからである。

供給側は、自分たちのフリーイノベーション支援の投資に対する見返りの収益を、フリーイノベーターによって作られる収益を引き出せそうな商業価値があるフリーデザインの価値を考慮して想定する。しかし、そのようなフリーイノベーション支援のための投資は、個人的・社会的価値はあっても商業的価値のないようなデザインを生み出すことをも支援してしまう。また、供給側のフリーイノベーション支援のための投資は、供給側には関係なく、フリーイノベーターによって価値が認められるような種類の自己報酬をも誘発する。例えば、フリーイノベーターがフリーイノベーション開発に携わるなかで得る学びや喜びなどである。こういった理由で、供給側の利益に最適なレベルを上回るフリーイノベーション支援への投資レベルは、社会福祉を必ず向上させるのである。

これらの付随する福祉の要因を社会福祉関数に入れるために、私たちは社会福祉関数として「創意工夫余剰」(TS : Tinkering Surplus)という要素を含めるべきだと考えている。社会福祉は慣例的に利益(PS)と消費者余剰(CS)の和で計算されてきた。私たちはこれに「創意工夫余剰」つまりフリーイノベーターたちがイノベーション開発から得る自己報酬の便益の総和を、社会福祉の3つ目の要素として加えることを提案したい。慣例的な社会福祉関数にこの創意工夫余剰が入っていないのはどれだけ重大なことだろう? もっと早くフリーイノベーターの自己報酬の重要性を示していれば、この3つ目の要素が省略されることはなかったかもしれない。

ディスカッション

ガンバーデラ、ラアスチ、フォン・ヒッペル(Gambardella et al. 2016)による研究の発見のなかで最も重要なのは、以下のような点である。つまり、供給側の利益と社会福祉の双方が一般的に向上するのは、供給側は、フリーイノベーターたちが自分たちが活きる場所だと見つけたような領域に競合するようなイノベーションには投資を減らし、いっぽうフリーイノベーションを補完するような領域にはもっと投資するような場合だ、という発見である。

例えば、ビデオゲーム業界においては、供給側は自分たちのゲームの「エンジン」（今のところは少なくともフリーイノベーター開発者がめったに自己開発できない、とても複雑なソフトウェアプログラム）にかける開発努力に注力すべきである。反対に、よりシンプルで安いゲーム「モジュール」の開発については、ユーザーたる顧客に任せるべきである。同じように、医療機器の供給側であれば、いくつかの新しいタイプの医療装置の開発の先導をフリーイノベーターの患者に任せたいと思うだろう（第10章でみていくように、フリーイノベーションを行う患者は、政府の承認を得ずに新しい医療装置を製作し、使用し、自由にデザインを共有する法的権利のなかで活動している）。そして、医療機器供給側は製品エンジニアリングを通して患者たち自身による各種デザインをより良く、より信頼性の高いものにするための補完的な課題についての研究開発や、出来上がった装置が費用のかかる政府承認プロセスを切り抜けられるようにするための研究開発に投資を集中すべきなのである。

また、市場内のフリーイノベーターの割合が大きくなるにつれて、供給側たちが（社会福祉の観点からすると「遅すぎる」タイミングで）社内での研究開発のみに集中していた制度をフリーイノベーターとの分業制に切り替える傾向にあることが、モデリングによって明らかになったことも重要である。これは、供給側の収益率計算に、フリーイノベーターの創意工夫余剰から社会福祉便益が生み出されることが考慮されていないためであった。新たな政策措置として、この問題に取り組む必要があるかもしれない。既存の政策のなかでは、この問題を悪化させているものもあるので、全くもって、それらは見直されるべきである。フリーイノベーターも開発できるようなイノベーション開発のための補助金を供給側に支給するのも、供給側がフリーイノベーターとの適切な分業に移行するのをさらに遅らせることになるかもしれない。その影響として、フリーイノベーターから企業への社会福祉の再分配および、社会福祉の総計を減少させることさえあるのである。

もう一度まとめると、私たちは、フリーイノベーション体系のなかで行動するイノベーターと、供給側イノベーション体系のなかで行動する企業の間で、意図的、かつ賢く実施されるイノベーション分業こそが、供給側・社会のどちらにも有益であるということを見出した。次章では、この方針における実際のステップをいくつか探究していく。

第7章 企業とフリーイノベーターを繋ぐループ

家計部門の任意かつ無報酬のデザインへの努力の規模が明らかになるにつれて、フリーイノベーターと商業プロジェクトのスポンサーはどちらも、自分たちとフリーイノベーターたちの「結びつきを強める」ために徐々に競うようになってきている。これは、価値ある資源のより多くを獲得しようとするためである。本章では、まず自分たちにとって有益だが、ライバルには利益を与えないような方法で、フリーイノベーターを支援することを供給側がどうやって学んでいくかについて説明する。次に、どのようにして家計部門のイノベーターが商業化のためのコストの低い経路を利用できるようになったかをみていく。最後に、フリーイノベーターと供給側がどのようにして、クラウドソーシングを利用してより効率的に家計部門からフリーイノベーションの労働者を雇う方法を学ぶかについて議論する。

ループの視覚化

フリーイノベーション体系と供給側イノベーション体系の間には、情報と資源の移動に関連する経路が2つあったことを思い出してほしい。1つ目は、フリーイノベーターによって作られたイノベーションデザインが、製品の商業的な生産と普及のために、フリーイノベーター体系の行為者から供給側イノベーション体系の行為者に移行する、というものである。2つ目は、供給側が、フリーイノベーションの開発努力を支援するために、ツールや他の種類の支援をフリーイノベーション体系の行為者へと供給する経路である。第6章のモデリングについての議論からわかるように、このような2つの体系間の移行は、互いに関連している。すなわち、供給側によるイノベーション支援は、フリーイノベーターたちの努力の割合と方向に影響を与え、結果として商業的に関連のあるデザインをフリーイノベーターから供給側へと移行するのに影響を及ぼす。こうした相互作用は、図7-1に示す2つの体系間でループを形作ってそれぞれの活動を結びつける矢印で示すことができる。

ループを強化する

かつて、フリーイノベーション活動の価値が供給側に認められる以前は、供給側からフリーイノベーターへのイノベーション支援は(彼らの間の相互作用における「ループ」の片側)、ほぼ全部、偶然によるものだった。例えば、自動車の供給側は顧客が簡単に手を加えることができるデザインを作成したこともあったが、そのような行為は、フリーイノベーターからの関心を大いに引きつけるほどに珍しかったものである。フリーイノベーターによる「ハッキング(ここでは勝手な修正の意味)」のためプラットフォームになるようなデザインの価値などというものは、供給側のために働いているエンジニアたちには(少なくとも当初は)考えも及ばなかっただろう。彼らは、製品に手を加えない大多数の顧客が属する市場セグメントに向けて、最適なデザインを開発する

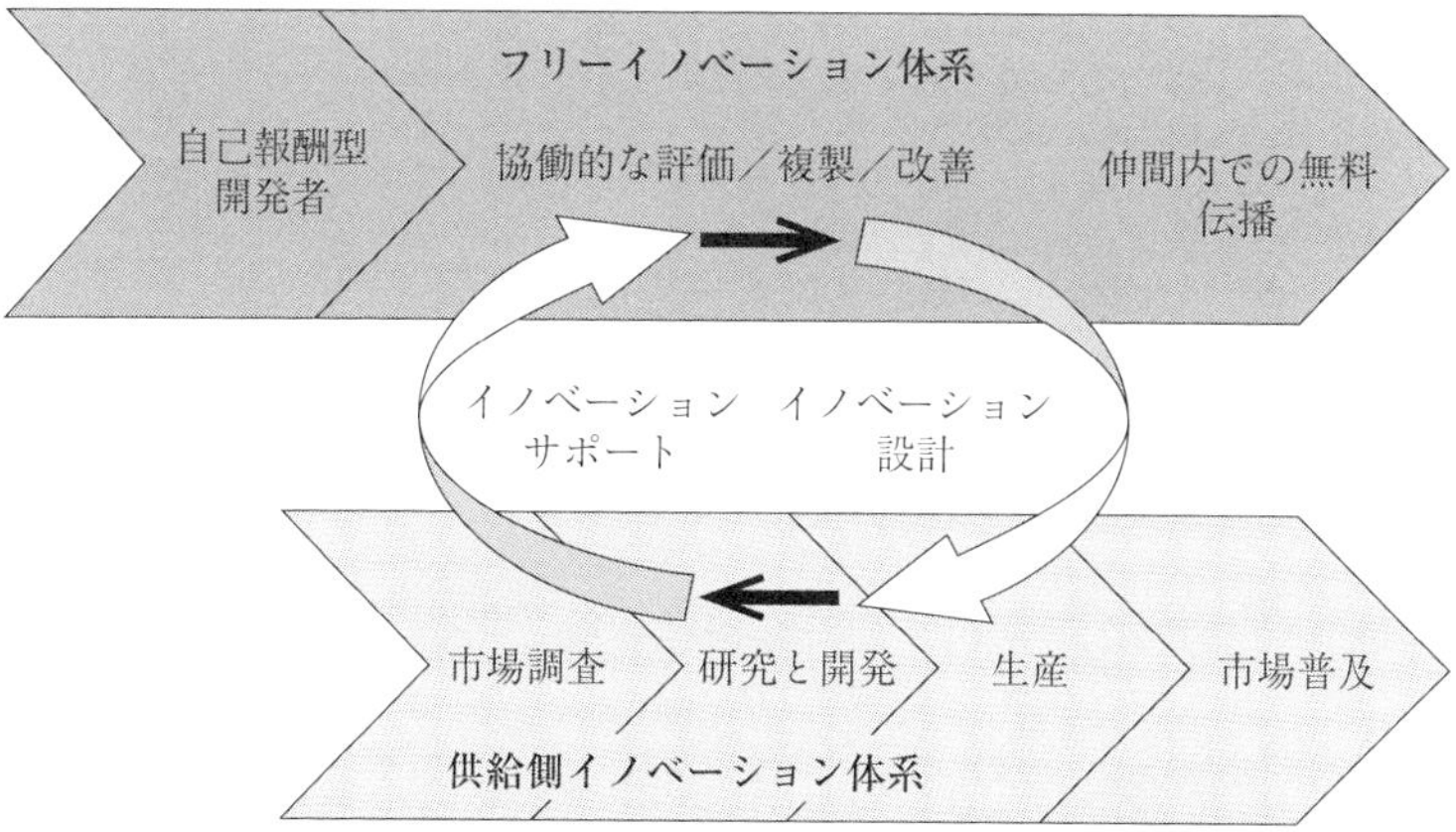

図 7-1　フリーイノベーターと供給側のループ（黒い平行な矢印）

ことに集中していたからである。

ループのもう一方の経路（フリーイノベーターから商業的な可能性を評価する供給側へのデザインの移転）は，当初はほとんど無視されるばかりか，積極的に抑圧されることもあった。顧客が手を加えた製品が関わって起きる事故に対して責任をとらなければならず，法的リスクが高くなることを考えれば，自動車の供給側が変化を抑圧しようとするのも理解できる（Barnes and Ulin 1984）。結果として，いくつかの商業的なポテンシャルのあるイノベーションがフリーイノベーターによって生み出されたとしても，それらがすぐに，あるいは効果的に自動車の供給側がもつエンジニア部門に知られる可能性はなかった。

同様に，ビデオゲームが登場した当初は，フリーイノベーターによってゲームが改造される可能性についてはビデオゲームの供給側から考慮されておらず，それらの潜在的な商業価値も認められていなかった。結果として，それらのゲームはゲーマーが改造しやすいようにデザインされたわけではなく，ゲーマーのイノベーティブな活動も，もしその存在が気づかれていたら，やめさせられたかもしれないのである。もう一度言うが，こうした反応は理解できる。ゲーマーによる初期のハッキングは、時に商業ゲームを向上させるというより、パロディ化するためのデザインだったからだ。例えば、1981年に登場した「Castle Wolfenstein（キャッスル・ウルフェンシュタイン）」という第2次世界大戦時のみるからに危険な兵士と激しく戦う有名なゲームがある。ハッカーたちは1983年にこのゲームを「Castle Smurfenstein（キャッスル・スマーフェンシュタイン）」として、兵士を面白いが怖くない青いスマーフ（ベルギーのキャラクター）に置き換えて作り変えたのである（Castle Smurfenstein 2016）。

今日では、フリーイノベーターによって生み出されたデザインは以前よりも少なくとも何人かの供給側にとっては、かなりわかりやすいものとなってきており、そのような供給側は、利益を上げるために体系間の「ループを強化する」ことで対応している。実際に、いくつかの供給側はフリーイノベーターに対して、よりイノベーションを促進させるようなデザインツールやイノベーション環境を提供するようになってきている。彼らはまた、特定の供給側にとって利益を得られる可能性のあるフリーイノベーターのデザイン活動を形作り、導くこともできる。また、デザインが簡単にライバルに流出しないよう保護することもある。例として、顧客のイノベーションを支援するためにビデオゲームのヴァルヴ社（Valve社）によって用意されたプラットフォームのことを考えてほしい。（Steam Workshop 2016）。

これはスチームワークショップ（Steam Workshop）という名前なのだが、このプラットフォームは、ゲーマーがビデオゲームを改造するのを助けるソフトウェアツールを揃えている。改造はゲームのマイナーチェンジから、協働で多大な労力をかけてゲームを根本的に変えてしまうような変更もある。新しいゲームの「マップ」のような特定の種類のモジュールが特に支援されているため、供給側からすると、特に有益な種類のイノベーションに対してより多くのフリーイノベーターの労力を引き出すことができるようになっている。スチームワークショップを利用したゲーマーの活動の総計は非常に多い。スチームワークショップのウェブサイトによると、100万種類以上の「マップ、アイテム、モジュール」がウェブサイトに投稿されていて、今まで1200万人を超えるゲーマーに利用されてきたという（Steam Workshop 2016）。投稿されたものはヴァルヴ社のウェブサイトにあるため、スチームワークショップの社員は市場インサイトを獲得するために、投稿された様々なモジュールの人気をモニターすることができる。ヴァルヴ社は、スチームワークショップに投稿されたイノベーションのなかから商品化するものを選んだり、金銭的に報酬を受け取れる貢献者を選んだりできる。このような方法で、供給側になりたいという意志をもつ家計部門のイノベーターを、フリーイノベーター群に加えることができる。

スチームワークショップでは、どのようにしてライバルの供給側への流出を回避しているのだろうか。それを理解するためには、今日のビデオゲームが、基礎をなすゲームエンジンの「上で動き」、補完物としてのアプリケーションソフトウェアによって構成されていることを考えてほしい。フリーイノベーターの使用のために供給された、基礎をなす専用のゲームエンジンは、ゲームに登場するものやキャラクターを描画したり、生き生きと描いたりするといったビデオゲームの基本的な機能を提供している。その特定のゲームエンジンを動かすためにデザインされたアプリケーションソフトウェアには、ゲームのストーリーや設定が含まれている。そのため、1つのエンジンで動かすためにデザインされたいくつかのゲームは、他のエンジンでは動かすことができない。こうして流出は防げるのである。フリーイノベーションは供給側の専有する1つのゲームエンジン限定の補完物だというわけだ。（Jeppesen 2004; Henkel, Baldwin, and Shih 2013; Boudreau and Jeppesen 2015）.

他の供給側も似たような方法で、フリーイノベーターによって開発され、ライバルの供給側に容易に流出しないようなデザインから利益を得ている。例えば、イケアは標準的な組み立てユニットによる家具を販売しており、それぞれのアイテムには特定の意図された用途がある。フリーイノベーターたちはイケアの家具を供給側が意図しない方法で使用するために改造する方法を学んできた。具体的には、フリーイノベーターたちはイケアで額縁を購入し、それを裁断して壁飾りにしたり、また複数の本棚を購入し折り畳み机を作るために改造したりする。その後、フリーイノベーターたちは、イケア・ハッカーズ（Ikeahackers）のようなウェブサイトに自分たちのデザインを公然とシェアするようになった。ヴァルヴ社（Valve社）の例のように、フリーデザインはイケアの製品に特化した構成物の価値を高めるものであるため、容易にライバルに流出することはないのであるへ（Kharpal 2014）。同じように、レゴ社（Lego社）は自社から購入したブロックを用いたユーザーの創作活動と、イノベーティブデザインの共有を支援している。こうしたデザインはレゴ製品に特化したものであり、ライバル会社に流出しないデザインとなる（Antorini, Muñiz, and Askildsen 2012; Hienerth, Lettl, and Keinz 2014）。

商業化への道

フリーイノベーターは、自分自身が供給側になることによっても、フリーイノベーションと供給側イノベーション体系の間のループを強化することができる（Shah and Tripsas 2007）。供給側になりたいと思っているフリーイノベーターには、既存の企業を経由してデザインを商品化する、あるいは、デザインを市場に出すために新しいベンチャー企業を設立する、という2つの一般的な経路がある。

既存の企業を通して製品を商業化することに関して、製品「発行者」という商業化のモデルが、従来モデル、つまり企業が製品を獲得するという従来のモデルを補完するものとして出現している。例えば、イノベーターがシェイプウェイズ社の提供する３Ｄプリント注文サービスを利用してプロダクトデザインのコピーを製作することを選んだ場合、同社は顧客に対して他の人に販売するためのデザインも依頼したいかどうかを常に聞くだろう。シェイプウェイズ社のウェブサイトは、その方法を示し、それがどんなに魅力的であるのかを説明している。「あなたが素晴らしい製品をデザインしたら、私たちがそれをグローバル市場に出すお手伝いをします。今日から販売を始めましょう…デザインと試作モデルを作っていただければ、私たちが生産・分配・カスタマーサービスなど、すべての重要なことを、責任をもってお引き受けいたします。…在庫リスクや経済的リスクはありません。私たちがあなたの製品を生産し、注文者のもとに発送します。利益はあなたのものです…（私たちは）あらゆることをお手伝いします。グローバルカスタマーサービスチームは、徹底した指導をし、そしてあなたを導く協力的なコミュニティです。」（Shapeways 2016）。

家計部門のイノベーターによる独立型ベンチャーの設立と資金調達もまた、過去と比較するとかなり安価で容易になってきている。例えば、個人製品を安く商業化するための、つい最近出てきた選択肢としてクラウドファンディングの利用を考えてみてほしい（Lehner 2013; Mollick 2014）。また、新規のベンチャー企業が、製品を生産したり、専門の企業に配達したりといったお金のかかるタスクを外注するという選択肢が着実に進歩していることを考えてみてほしい。

ボールドウィン、ハイネス、フォン・ヒッペル（Baldwin, Hienerth, and von Hippel 2006）は、フリーイノベーションから商品化への典型的な経路を説明している。まず、１人ないしはそれ以上の家計部門のイノベーターが一般的に関心を引きそうなイノベーションを作る。次に、個人利用のためにイノベーションを自己生産する各参加者によって、イノベーション周辺のコミュニティが成長する。ほどなくして何人かの参加者が自己生産ではなく、イノベーションのための商業的な供給源を望むようになる。結果として、新しいベンチャー企業設立のための有益な機会が訪れるのである。

こうした商業化の機会に早い段階で反応する人は、独立した起業家や既存企業ではなく、イノベーションの周辺で発達したコミュニティの何人かのメンバーたちである。これは、イノベーションと関連する商業化の機会に関する初期の情報が、初めのうちはこのようなコミュニティの参加者に対してしかはっきりとわからないからである。直接参加した経験から、こういった人々は、何が必要か、そしてニーズに対応した製品の需要がどれくらい速く増えるのかを知る上で、最適なポジションにいる。第2に、コミュニティのなかにいる新しいベンチャーの創立者は、コミュニティ内の潜在的な顧客とすでに関係を築くことができているおかげで、最初のマーケティングに関して強みをもつことができる（Fauchart and Gruber 2011）。もちろん、既存の供給側もまた、コミュニティのメンバーを「埋もれたリードユーザー」として雇うことで、新興の商業的な機会に関して早い段階で洞察することも可能である（Schweisfurth and Raasch 2015）。

クラウドソーシング

家計部門の資源は、フリーイノベーターと供給側の両方から直接利用され得るものである。供給側だけがこの資源をより効率的に利用するために努力しているわけではないのだ。フリーイノベーターと供給側は、どちらも徐々に「クラウドソーシング」を通して家計部門の個人からの援助を求めるようになっている。クラウドソーシングは「すべての人に開かれた形で、『エージェント』ではなく『クラウド（群衆）』に課題を外注する行為」と定義されている（Afuah and Tucci 2012, 355; Howe 2006）。このクラウドソーシングを通した「課題」は、とても一般的なもの（「私たちと一緒にこの一般的なトピックに取り組みましょう」と呼びかけるもの）から、とても専門的なもの（「この特定の問題について解決策が必要です」と呼びかけるもの）まで多岐にわたっている。クラウドソーシングは、プロジェクトのスポンサーから知られている人ではなく、「自分はこの特定の問題を解決するのに非常に役に立つ」と思っている人を獲得する方法を提供する。

クラウドソーシングの呼びかけがプロジェクトのスポンサーたちにとって魅力的である理由は主に2つある。1つ目は、有給で働く従業員の小規模なグループを作るよりも、群衆に呼びかけるほうが、問題解決のためにより良い解決策を生み出せる場合があることが、最近わかってきているからである。2つ目は、無料の家計部門の労働力を雇う方が、従業員を雇用したり給料を支払ったりするよりもコストが安く抑えられるからである（Agerfalk and Fitzgerald 2008）。

群衆にイノベーションへの寄付を募ることの利点は、伝統的な考えに反するものであり、多くの人を驚かせてきた。長い間、イノベーション関連の問題を解決するという点においては、無給で雇われている家計部門の人よりも供給側企業の方がより効果的だと考えられてきた。この考えは、大規模な研究開発の組織には、非常に専門性があり、熟練した開発者たちを雇う余裕があり、さらにこうした従業員の問題解決の効率を高めるために必要だとして、高価な専門の研究開発設備を経済的に正当化することができるという前提に基づいている。

しかしながら現在、専門家による、より良い問題解決パフォーマンスはごく限られた領域にしか発揮されないことが、よく認識されるようになってきた（Larkin, McDermott, Simon, and Simon 1980; Gobet and Simon 1998）。例えば、ジェット機のエンジン開発のエキスパートは、他の種類の推進装置をデザインすることに関しては初心者同然である。つまり、開発の問題に関しては、誰かが探している解決策を他の人もわからない場合は特に、群衆に協力を求めることのほうが非常に重要な優位性をもたらすことができるのだ。群衆のなかにいる個人開発者の専門的知識は、供給側の個々の従業員の専門的知識と同じくらい専門化しているかもしれないが、大衆はクラウドソーシングを通して募る様々な分野の専門的知識を集合的に有しているのである。この仮定に従って、クラウドソーシングの呼びかけを通して、とても多様な情報をもつ個人に対して問題へのアクセスを公開することは、クリエイティブな方法でいくつかの問題を解決するのに大変役立つことが示されている（Raymond 1999; Benkler 2002, 2006; Frey, Lüthje, and Haag 2011; Jeppesen and Lakhani 2010）。さらなる利点は、群衆のなかにもすでに存在しているかもしれない既存の解決策についての情報を得られるということだ。実際に、クラウドソーシングが提供する有益な情報の多く、あるいはほとんどが、新たな問題にも適用できる既存の解決策に関する情報なのである。ラクハニ、イェッペセン、ローゼ、パネッタ（Lakhani, Jeppesen, Lohse, and Panetta 2007）によると、イノセンティブ社（Innocentive 社）という企業が主催したクラウドソーシングコンテストで勝利した解決策に焦点を当てた研究のなかで、勝利した解法のうち72・5%が、部分的または全体的に、それ以前に開発された解決策を基にしていたことがわかっている。既存の解決策は、よりよく理解されると、まったく新しい解決策よりも好まれる場合もある。

2つ目の魅力について、供給側イノベーションのプロジェクトへの家計部門の貢献者は、企業の従業員よりも良いパフォーマンスを発揮するだけでなく、コストも低く抑えられるのは、これまで議論されてきたように、フリーイノベーターが主として自己報酬を得ているからである。消費者がなぜ金銭的な補償がなくてもクラウドソーシングを用いたイノベーション活動に進んで参加するのかについての研究はすでに行われており、そうした調査はどんどん増えている（例えば、Nambisan and Baron 2009; Kohler, Füller, Matzler, and Stieger 2011; Yee 2006; Stock, von Hippel, and Gillert 2016）。今後、潜在的な貢献者によって望まれている自己報酬について、もっとよく理解されるようになると、プロジェクトのスポンサーはより効率的かつ効果的にそうした報酬を確実に提供することができるようになるだろう。「無報酬で」供給側に利益をもたらすプロジェクトに参加する意思のある家計部門の人たちが置かれた状況も、研究の対象となっている。例えば、供給側に対して明らかに利益をもたらすようなシステムは、より効果的かつ持続可能であるために、潜在的な貢献者から「フェア」だとみなされなければならないことがわかっている（Franke, Keinz, and Klausberger 2013; Faullant, Füller, and Hutter 2013; Di Gangi and Wasko 2009）。現在進行中のこのような研究のすべてが、クラウドソーシングの実践を着実に進歩させていくだろう。

クラウドソーシングを用いたプロジェクトの例を3つ挙げてみよう。フリーイノベーターが出資したものと、科学者が出資したもの、そして供給側が出資したものである。これらはフリーイノベーションプロジェクト内外におけるクラウドソーシングの幅広い適用可能性を示している。

フリーイノベーションプロジェクト「Nightscout」

フリーイノベーターによって呼びかけられたクラウドソーシングの例の1つに、第1章でふれたNightscoutプロジェクトがある。このフリーイノベーションプロジェクトが、糖尿病患者によって使用されている医療機器の開発と流通に専念していることを思い出してほしい。そしてNightscoutのウェブサイトに掲載されたプロジェクトの説明文が、さらなるボランティアの努力を暗示的に求めるものであることに注目してほしい。

Nightscoutは1型糖尿病の子どもたちの親によって開発され、これまでボランティアの方々によって開発、維持、支援されてきました。最初に実行されたとき、Nightscoutは遠くからDexcom G4 CGM（持続血糖測定値）のデータを遠隔モニタリングすることに特化したソリューションでした。今日では、Dexcom G4, Dexcom Share with Android, Dexcom Share with iOS, Medtronicに適用可能なNightscoutのソリューションがあります。このプロジェクトの目標は1型糖尿病のグルコースレベルを既存のモニター装置を使って遠隔モニタリングできるようにすることです（Nightscout project 2016）。

市民科学プロジェクト「Foldit」

市民科学プロジェクトへの、無給での家計部門による協力を呼び掛けたクラウドソーシングの一例として、コンピュータゲームの「Foldit」を考えてみよう。Folditはワシントン大学の科学者たちによって、自然界ではタンパク質がどのように折りたたまれているかを研究するために開発・後援されたプロジェクトだ。自分たちの研究に用いるデータとして、たくさんの明確なタンパク質の折りたたみの解が必要だった科学者たちは、「群衆」からの無償の助けを求めたのだ。家計部門の人々にはタンパク質の折りたたみの解を個人的に使うことがないため、科学者たちは別の形の自己報酬を提供することで、参加者を引き付けようとした。とりわけ、科学者たちはこのプロジェクトを、ゲーミフィケーションデザインの実践を利用し、娯楽としてプレイするゲームに共通する自己報酬を提供するようにデザインした（Zicherman and Cunningham 2011）。

私たちは、ゲームのファンを引き付け、長い間協力してもらえるようにするため、支援の動機と報酬の仕組みが多様になるようにゲームをデザインした。報酬の仕組みには、短期報酬（ゲームスコア）、長期報酬（プレイヤーステータスとランク）、社会的賞賛（チャットとフォーラム）、個人またはチームで働く能力や、ゲームと科学的結果の繋がりが含まれる。(Cooper, Khatib, Treuille, Barbero, Lee, Beenen, Leaver-Fay, Baker, Popovic, and Foldit players 2010, 760)。

Foldit というゲームは難易度が高いため、快適にプレイをする前にオンライントレーニングセッションを受けなければならない。それでも、科学者たちは多くの人々を引き付け、助けを得ることに成功しており、２０１１年には４万６０００人のボランティアが Foldit を、無給かつ自由な時間にプレイした。こうしたボランティアの貢献による働きはプロジェクトのスポンサーにとって非常に価値のあるものであり、特定のタンパク質の折りたたみの解を見つけるとともに、後に折りたたみのコンピューターアルゴリズムに用いられる新たな方法論的考察も提供した。

Foldit の開発者である科学者たちは、プロジェクトに協力してくれた人々に対して、なぜ Foldit に参加することにしたのかを聞く小規模で非公式な調査を行った (Cooper et al. 2010)。48人のプレイヤーがそれぞれ最大で3つの理由を回答した。研究の主題という観点からもわかるように、使用や販売が目的という答えは1つもなかった。約30％の回答者が没頭する（例：楽しく、リラックスできる）ことが重要だと答え、20％が達成感（例：次のプレイヤーに追い越されないような高いスコアを獲得すること）について述べ、10％が社会的利益（例：強い仲間意識）について話し、40％がプロジェクトの目的を支持したいという思いが動機となっていた（例：科学のためにタンパク質折りたたみのコードを解明するのに役立ちたい）（詳細は Cooper et al. 2010, 12を参照のこと）。こういった自己報酬の動機はおそらく別の形の慈善事業への寄付に関わる動機と似ている。「他者を助けるため」、そして高い個人的興味をもつものを支援するために参加するのである（Webb, Green, and Brashear 2000）。

供給側のクラウドソーシングプロジェクト

宝石の供給企業であるスワロフスキー社は、新しく、おしゃれなジュエリーをデザインすることに自由時間をささげてくれる消費者にとって魅力的でありたいと考えた。オンラインでの問題解決サイトの設立を専門とするHyve社という企業の助けを得て、スワロフスキー社はクラウドソーシングのウェブサイトを立ち上げ、ボランティア参加者が自分たちのジュエリーデザインを開発し、でき上がったジュエリーを展示したり、他の人がデザインしたジュエリーにコメントを残したり、投票したりできるようにした。また、参加者が自分でアバターや写真をアップロードしたり、流行の仕掛け人として時計デザインの流行を紹介した本に載せたりする機会を与えた（Füller, Hutter, and Faullant 2011）。参加者は自分たちのデザインが世に出るのをみられるとは期待しておらず、また、デザインが商品化されて報酬が支払われることは全く期待していなかった。それでもなお、家計部門から参加者を呼び込むという構想は成功した。３０００種類を超えるデザインが１７００人以上の参加者によってアップロードされたのである。

フュラー（Füller 2010）は、Hyve社によって主催された、10個の異なるネットワーク上の協働制作プロジェクトの参加者を対象に調査を行った。テーマには、ベビーカー、家具、携帯電話、リュックサック、ジュエリーのデザインが含まれていた。フュラーは「イノベーションへの興味それ自体」と好奇心が、調査対象者にとって最も重要だったということを発見した。「オープンソースコミュニティやユーザーイノベーションでは、参加者自身がイノベーションを利用することで便益が得られるという特徴があるが、それらとは対照的に、バーチャルな（Hyve 社の）新しい製品開発に取り組んでいる消費者たちは、互いに繋がること自体がやりがいのある経験だと考えているのだ」（Füller 2010, 99)。

ディスカッション

今日では、フリーイノベーションプロジェクトと供給側イノベーションプロジェクト両方のスポンサーたちが、家計部門における自由時間と個人資源を獲得するために、より激しい競争をするようになってきている。そして、これまでみてきたように、供給側はフリーイノベーション体系と供給側イノベーション体系を、利益を出せるような形に繋ぐ「ループを強化する」、より巧みな方法を習得し続けている。この競争がどのように展開するかというのは、今後徐々にわかっていくだろう。

供給側によって出資されたイノベーションプロジェクトは、多くの家計部門の貢献者にとって、フリーイノベーションプロジェクトよりも、構造的にさらに魅力的なものになるだろう。やはり供給側には、家計部門の個人が求める自己報酬について理解し、その質を向上させることに対して、フリーイノベーターよりも多く投資したいという思いがあるのかもしれない。しかしそうすると、今度は、イノベーションの開拓に費やされる無償の努力を減らすことになるかもしれない。具体的には、ヴァルヴ社のスチームワークショップに魅力を感じたり、既存のビデオゲームの新しい「モジュール」を作る助けになるツールに支援されたりすることで、根本的に新しいデジタルエンターテイメントを個人が開発できなくなる可能性がある、ということだ。

それとは別に、あるフリーイノベーターたちは、供給側によって供給されたツールとプラットフォームに魅力を感じず、フリーツールを開発し使用することを選ぶ可能性もある。このパターンは、新しい統計検定法や分析手法が開発された事例にみられる。SPSSやStataのような、有名な商業的統計ソフトウェアパッケージは多くの人に購入され使用されている。こうした自社商品に内蔵されているツールキットの供給側は、顧客が商品のなかの新しい統計検定法を（ヴァルヴ社がゲームモジュール開発ツールを顧客に提供するのと同じように）開発できるような仕組みにしている。しかしながら、多くのイノベーティブな統計学者は、所有者としての利点を守ろうとする供給側からの強要が多分に含まれているこれらのツールキットを、許容できないほど強制的なものと捉えている。そのため、このような人たちはたいてい、R（r-project.org）という、無料オープンソースの統計的ソフトウェアプラットフォームを用いて、自分の開発作業を行うことを選択するのである。コアプログラムについて学び、修正し、新しいツールや統計検定法を仲間の開発者たちと開発し自由に共有するための完全でクリエイティブな自由を彼らはもっている。このような方法はフリーイノベーターを供給側の強要から解放する。しかもこのような方法は、必ずしも商業的な供給側に損をさせる訳ではない。供給側が商業的なツールキットを用いて開発された統計検定法のようにライバルを除外できなかったとしても、彼らはRを利用して無料で開発された先進の検定法を入手したり、それらを自分たちの商品に組み入れたりすることができるからだ。

おそらく最終的には、供給側は現在のものより強制的でないツールキットをフリーイノベーターに提供することが商業上の利益をもたらすことに気づくだろう。このように、より多くの顧客にイノベーションの権利を与える供給側は、自分たちの製品への需要がある、より力のある市場から恩恵を受ける、ということが、すでに明らかになってきている（Fuchs, Prandelli, and Schreier 2010; Fuchs and Schreier 2011）。

第8章 より広い視点でみる

今まで、フリーユーザーイノベーションの実証的研究は、ほとんどすべてが製品イノベーションに集中していた。しかし、フリーイノベーションは当然ながら、製品をはるかに超えたところまで広く含まれるべきものである。第3章で示したイノベーション機会に関する検証は、具体的な機会の性質については、何も言及していない。ただ単に、イノベーターが期待する便益が投入コストを超える場合に、イノベーション機会が存在する、ということを示しただけである。

本章では、家計部門におけるフリーイノベーションの対象範囲が実に幅広いことを示す。おそらくその範囲は、製品、サービス、マーケティングの方略に関する供給側のイノベーションの対象範囲と同じくらい幅広い。当該分野の研究知見をレビューし、ＯＥＣＤの政府統計で用いられている5つのカテゴリーから、イノベーションの起点となった実例を議論することで、フリーイノベーションの対象の広さを示したい。

イノベーションの類型

フリーイノベーションの汎用性を明らかにするために、次に示すOECD加盟国の政府統計機関に用いられているイノベーションの定義を用いるのがふさわしい。

"*An **innovation** is the implementation of a new or significantly improved product (good or service), or process, a new marketing method, or a new organizational method in business practices, workplace organization or external relations*."

(*Oslo Manual* 2005, paragraph146, イタリック体は原文)

『『イノベーション』とは、新しいあるいは著しく改良した製品(商品またはサービス)やプロセス、新しいマーケティング手法、ビジネス慣行や職場編成、対外関係における新しい組織メソッドの実現である」

この供給側からの定義をフリーイノベーターにも当てはまるように整理すると、5つのイノベーションの類型がみえてくる。つまり、イノベーションは、(1)製品、(2)サービス、(3)プロセス、(4)マーケティングメソッド、(5)組織メソッド(フリーイノベーションまたは供給側のイノベーションの実践や対外関係に関連する)の5つのカテゴリーでの開発または著しい改良を含んだものということになる。

次節以降、このカテゴリー(2)から(5)に関連したフリーイノベーションが、家計部門に存在することを簡潔に実証する。(1)製品のカテゴリーでフリーイノベーションが重要な役割を果たしていることは、ここまでの章ですでに述べてきたので、本章では扱わない。

サービスカテゴリーでのフリーイノベーション

サービスに関する政府統計は、統一された9分類に基づいて収集されている。9分類とは、卸売業・小売業、宿泊業・飲食サービス業、運輸業・倉庫業・情報通信業、金融業・保険業、不動産業・物品賃貸業、公務・国防、教育、医療・福祉、そしてその他サービス業である（UN 2002）。国の経済におけるサービス業の重要性は非常に高い。これらサービス業を総合すると、GDPに占める割合では、製造業の約2倍に相当する。

サービスは主に次の2つの特徴によって製品と区別できる。サービスの場合、(1)生産と消費が分離できない。それゆえ、(2)サービスを在庫しておくこともできない（Fitzsimmons and Fitzsimmons 2001; Zeithaml and Bitner 2003; Vargo and Lusch 2004; Crespi, Criscuolo, Haskel, and Hawkes 2006）。それに比べて、製品の場合は上記の2つをどちらも行うことができる。例を挙げると、製造業者はタクシーを作り、購入者が現れる間、在庫しておくことができる。タクシーは製品であるので、製品の生産と消費を分離することができるのだ。しかし、タクシーを利用することはサービスであるため、同じようにはいかない。サービス提供者は、あなたの職場から自宅までの「完成された運転」を購入待ちの在庫に入れておけない。しかも、利用者は「運転」が生産され始めると同時に、有無を言わさずタクシーの後部座席に座って消費させられるのである。医療サービスでもそれは同様だが、状況はもっと悲惨である。誰であれ「完成された手術」を購入することはできない。私たちはみな、手術というサービスが生産されると同時にそれがどんなものであれ、消費させられるのである。

サービスには必ず提供者と消費者が関わっていると考えられがちだ（Vargo and Lusch 2004）。例えば、タクシーサービスには運転手と乗客のどちらも関わっている。乗客は交通サービスを受け、タクシー運転手（あるいは自動運転のタクシー）がサービスを提供する。しかし、乗客が自分で運転するということもありうる。言い換えれば、似たような交通サービスを自分で提供することが可能ということだ。このように消費者が「自己供給」可能な場合、そのサービスをイノベートすることも可能である。製品と同じように、こういったサービスは、仲間内にドゥ・イット・ユアセルフ型のサービスとして広まるかもしれないし、商業化に向けて供給側にも普及していくこともありうるだろう。

次節以降では、個人向け銀行業務、モバイルバンキング、医療分野におけるイノベーション発生源に関する3つの実証研究の知見を概説する。フリーイノベーターによるサービスイノベーション開発は、3つすべての分野で傑出していることがわかってもらえるだろう。

個人向け銀行業務におけるフリーイノベーション

オリベイラとの共同研究で、個人向け銀行業務のなかでも商業的に重要なサービスの発生源について調査した(Oliveira and von Hippel 2011)。ここで使用したサンプルは、2011年に大手銀行によって提供されていた個人向け銀行業務の基本的なバリエーションをすべて含むものであった。具体的には、銀行の「核」となるサービスのなかでも古くから行われている業務である、ローンや当座預金、普通預金、定期預金が対象で、仲介業や保険業のような比較的新しい業務は除外した。そのなかでも私たちが注目したのは、1975年から2010年の間に個人向け銀行業務によって初めて商業化されたイノベーションである。

私たちが調査対象としたのは、銀行がこれまでの手書き書式から電子化された新しいサービスに移行していた時期であった。16の主な個人向け銀行業務の大部分が1975年から2010年の間に業務を開始しているが、基本的に同じ業務を手書き書式で行う昔ながらのやり方で提供していた。イノベーションの発展過程の全体像を

表 8-1　個人向け銀行業務における重要な起点

サービスの種類	n	フリーユーザー	銀行	協働
手書き式の先行サービスの開発者	10	80%	0%	20%
最初のオンラインサービスの開発者	16	44%	56%	0%

出典：Oliveira and von Hippel 2011、表 3、4。

把握するために、調査で使用したサンプルにおける最初のオンラインバージョンとその前身である手書き式の両方の開発者を明らかにすることを試みた。オンラインバージョンは、使用したサンプルのすべての業務におけるものを扱い、手書き式は情報が見つかった業務のもののみを使用した。

表8-1にあるように、手書き式の開発者の80%が、家計部門のフリーユーザーであったことが明らかになった。このシステムは現在、大手銀行によって提供されているオンライン化された業務の初期バージョンのさらに前身である。開発したユーザーは、これらのイノベーションを個人的に利用する人たちであった。このようなユーザーイノベーターはまた、最初のオンラインバージョンの44%を開発していた。先行研究や専門家へのインタビューによる調査から、これらはすべて知的財産権によって保護されていないため、誰でも使用可能なフリーイノベーションだということは確かである。手書き式とオンラインバージョン両方の基本的なサービスが、ユーザーによるフリーイノベーションを経て開発されたということを示す例として、「口座情報統合」を取り上げたい。多くの顧客が複数の銀行やその他金融機関と同時に取引をしていたことから、この種のサービスへの需要が高まったのである。例えば、あなたの当座預金口座と普通預金口座はおそらく1つの銀行にあるだろうが、住宅ローンは別の銀行を利用しているかもしれないし、クレジットカード口座はまた別の銀行かもしれない。あなたは、何らかの方法で、自分の経済状況全体を把握し管理できるようにこれら全ての金融機関からの財務情報を「統合している」はずだ。

1999年まで、各銀行がそれぞれの顧客に対して報告するのは、自分たちの銀行における金融取引の情報に限られていた。これら複数の銀行からの複数の口座情報を、顧客自身が独自の方法で統合していたのである。これが、「口座情報統合」の手書き書式バージョンの初期開発者とユーザーが行っていたことである。ユーザーは、銀行によってやがて商業化されるこのサービスのオンラインバージョンの基本形を開発した最初の人物でもあった。ここで、この人物の個人的なイノベーション歴をみてみよう。

私はインターネットバンキングを利用していますが、銀行のウェブサイトにアクセスし、ログインし、別々の銀行口座を行き来して、それぞれの収支を確認しなければいけないことに、すぐにうんざりしてしまいました。Perl のモジュール（Finance::Bank::HSBC）をちょっと使えば、私がもっているそれぞれの口座を繋ぎ、その収支をプリントアウトすることができます。1つのコマンドですべてできるんですよ。さらにいくつかのコードを入力することで、銀行のウェブサイトでは通常できないことをすることができます。例えば、私がもっている複数の口座すべてを1つの口座として扱うことができるので、自分が今どれだけのお金を持っているかわかるし、たぶん全体でどれだけのお金を使ったり借りたりしているかまでわかりますよ。そのうち、Quicken の QIF 様式で自分の取引のコピーをダウンロードできるHSBCのオプションを使って、cron（Hack#90）で毎日決まった時間にコマンドを実行するスケジュールを組んだりできるようになると思いますよ。あと、Simon Cozens の *Finance::QIF* モジュールを使ってファイルを読み込めば、予算をオーバーした取引を行ったときには自分が最近お金を使い過ぎていないかどうか知らせてくれるようにもなりますよ。これによってシンプルなウェブベースのシステムは、ただ使えるだけのものから、自動化やカスタムメイドが可能なものへと変わります。もし、どのようにコードを書くかさえわかれば、あなたにも同じことができるのです（Hemenway and Calishain 2004, 62）。

現在、銀行によって商業化された口座情報統合サービスは、このユーザーが作成したバージョンと基本的に同じように使える。銀行は、口座の名義人の許可があれば自動的に顧客が口座をもっている各金融機関と繋がり、顧客のパスワードでログオンし、各口座の状況についての情報を集めて、ログオフする。全口座から集められた情報は、最終的に顧客の好みに合わせたスプレッドシートにまとめられる。

モバイルバンキングサービスのフリーユーザー開発

モバイルバンキングは、技術的に非常に高度なモバイルプラットフォームが基盤となっている。それにもかかわらず、この分野には技術に詳しくないユーザーによって新しいサービスが発見される余地がある（似たような例として、イノベーターは実際に飛行機が飛ぶメカニズムを知らなくても、新しい飛行機の使い道を開発することができるし、郵便を運んだり、山火事の位置を測定したりといった新しい使い道を見つけてもいる）。ヴァンデルボーア、オリベイラ、ヴェローゾ（van der Boor, Oliveira, and Veloso 2014）はGSMアソシエーション（GSMA）によって報告された20の基本的なモバイルファイナンシャルサービスの完全なリストに基づき、その開発の経緯を調査した。その結果、この分野で起こったイノベーションの85％は、需要が高いにもかかわらず、個人向け銀行業務のインフラがそこまで整備されていない国で生み出されていることがわかった。また、イノベーションの45％が家計部門のユーザーによって最初に開発されたこともわかった。携帯電話サービスのプロバイダが45%を開発し、ユーザーと供給側の協働作業で5%を開発し、最後に残った5%はイノベーションを利用して商業化する企業によって開発されていた。

典型的なイノベーション開発例として、フィリピンの携帯電話ユーザーによる、送金手段の発明（簡易版モバイルバンキングサービス）をみてみよう。フィリピンでは、顧客は自身の携帯電話の利用料金を、小売店で販売されている「スクラッチカード」で支払うことができる。一定の金額分のスクラッチカードを買うと、カード表面を削って複数桁のランダムなアクティベーションコードを確認するように言われる。コードを携帯電話に入力すると、顧客のプリペイド携帯に購入した金額分の残高が登録される。

1998年、フィリピンの携帯電話ユーザーは、スクラッチカードコードを全く異なる用途にも利用できることに気づいた。自分の携帯に数分の「通話時間」を足す代わりに、そのコードを現金の代用として他人に渡すことができたのだ。これを行うためには、スクラッチカードの購入者が、カードにある任意のアクティベーションコードを自分の携帯電話に入力する代わりに、お金を渡したい人にコードをメール送信すればよい。コードを受け取った人は、自分で通話に使ってもいいし、また別の人にコードを渡してもいい。個人ユーザーはさらに、通話時間をウェブ上で通貨のように使うというやり方を新たに開拓した。5年後の2003年になって、携帯電話サービスのプロバイダが、ユーザー間ではすでに広まっていたこのバンキングサービスの商業版を提供し始めた（van der Boor et al. 2014）。ユーザーによって開発されたこれらの新サービスは全て保護されておらず、無料で共有されていたため、まさにフリーイノベーションの事例だと言える。

希少難治性疾患患者に対する医療サービスにおけるフリーユーザー開発

世界人口の約8%が、その数5000から8000とも言われる希少難治性疾患によって苦しめられている（Rodwell and Aymé 2014; Committee for Orphan Medicinal Products and European Medicines Agency Scientific Secretariat 2011）。これらの多くは慢性疾患であり、患者と看護する人双方の日常生活に重大な支障をきたすものである（Song, Gao, Inagaki, Kukudo, and Tang 2012）。製薬会社やその他の医療関連会社が希少難治性疾患患者に向けた新製品やサービスの開発への投資に商業的魅力を感じない原因は、1つ1つの疾患の患者数が少なく市場規模が小さいことにある（Acemoglu and Linn 2004）。結果として、希少難治性疾患の患者には、臨床的にも商業的にもサービスが行き届かない傾向がある（Griggs, Batshaw, Dunkle, Gopal-Srivastava, Kaye, Krischer, Nguyen, Paulus, and Merkel 2009）。

私たちは、希少難治性疾患の患者にサービスが行き届いていないことをふまえ、彼らは自分たち自身のために高頻度でイノベーションを行おうとするのではないかと推測した。これを確かめるために、私たちはポルトガルで500人の希少難治性疾患に苦しむ内科患者に、イノベーションに関する質問紙調査を実施した。調査内容は、第2章で説明した全国調査で用いられたものとほぼ同じものであった。調査の結果、希少難治性疾患の患者と職業看護師ではない看護人の間で、多くの自助的目的でのイノベーションが行われていたことが判明した。500人の回答者のうち、36%がこれまでなかったと思われる新しい何かを開発したと答えた。彼らの多くは、自分たちのイノベーションがそれぞれの疾患を和らげることと生活の質を向上させることに大いに寄与したとも答えた。イノベーションの大部分は医療機器ではなく医療サービスに関するものであった。第2章で示した製品イノベーションに関する全国調査で用いた新しいスクリーニング基準を適用したところ、回答者の8%（500

人中の40人）が医療評価の専門家から新しい医療行為であるとお墨付きをもらうイノベーションを行っていたことが明らかとなった（Oliveira, Zejnilovic, Canhão, and von Hippel 2015）。

医療分野で患者が開発した新しいサービスイノベーションの実例として、まれな遺伝性疾患であるアンジェルマン症候群の子どもをもつ母親、ホアキナ・テシェイラによる開発例をみてみよう。アンジェルマン症候群の特徴の1つに、歩行や動くこと、バランスをうまく取ることが困難になる運動失調症がある。積極的な治療介入が行われない限り、この障害をもつ幼い子どもが自立歩行訓練をしたがらないことは想像がつく。医療専門家からの両親へのアドバイスは、単に「お子さんを頻繁に立たせたり歩かせたりするように」というものである。実際、このアドバイスに従うと、頑なに子どもを動かそうとする両親と気乗りしない子どもとの間で多くの不幸なやり取りが生じることとなる。

まさにこの問題に悩まされていたホアキナ・テシェイラは、近所の子どもの誕生日パーティで部屋にあった色とりどりのヘリウムガス風船に、息子が手を伸ばし続けていたことに気づいた。風船は息子の頭上の手の届かない高さに浮いていた。テシェイラはすぐさま、ヘリウムガスの風船を100個買い求め、自宅の1室に放った。息子はパーティでしていたように、風船の糸めがけて手を伸ばし続けた。彼女は、子どもが立ち上がったときにだけ届くように糸の長さを綿密に計算していたため、息子はみずから繰り返し立ち上がろうと挑戦する気になった。この母親は手を替え品を替え新しいゲームを提案したので、息子がそれに飽きることは一度もなく、自立歩行能力は格段に向上した。この医療サービスイノベーションは誰もが簡単に真似できるので、開発者は同じような状況にある他の親子を助けたいと、対面やインターネットで情報を惜しみなく公開した（Teixeira 2014）。

製造機器におけるフリーユーザー開発：3Dプリンター

フリーイノベーターも、商業的な供給者が行うように、開発したイノベーションの個人的コピーを作成するために製造プロセスを経る。家計部門の個人イノベーターが個人的に使う目的では、製造プロセスを非常に安く抑えなければならない。ビジネス向けに作られた生産設備は大抵が非常に高価であるため、フリーユーザーイノベーターが自分たちのために、より安価な製造プロセスのイノベーションや改善案を開発しようとするのはもっともなことである。

個人向け3Dプリンター（ソフトに入力したデザイン情報を使って立体物を「プリント」する製造マシン）の開発について考えてみよう。この分野のイノベーション史でフリーユーザーイノベーターが果たした主な役割については、デュブラン（de Bruijn 2010）とデジョンとデュブラン（de Jong and de Bruijn 2013）の先行研究がある。

3Dプリンターの（よく積層造形法と呼ばれる）分野におけるイノベーションの歴史は1981年、名古屋市工業研究所の小玉秀男氏が、紫外線に晒すことによって硬化したポリマーを層状に重ねて3次元の物体を組み立てるという製作技術を発明したことに端を発する。その後、別の研究者らがこれに取って代わる「3Dプリント」の技術を開発し、1984年に3Dプリンターの商業的な生産が始まった。初期のものは非常に高価で、1台約25万ドルもした。3Dプリンターは研究機関や企業の研究開発部門で導入され、製品見本を迅速に作製するために使われた。従来の製品見本の制作技術を使うよりも時間の節約ができるという点で、このマシンは、供給者にとって大変費用対効果の高いものである。

2004年、バース大学の機械工学の上級講師エイドリアン・ボウヤー（Adrian Bowyer）が「RepRap」

（Replicating Rapid prototyper の略）と名付けたラピッドプロトタイピングマシンの開発を提案した。ボウヤーはとてもシンプルで、安く、（1つのプリンターから、別のプリンターの作成に必要な大半の部品をプリントできるという意味で）部分的に自己複製できる3Dプリンターを設計したいと考えていた。ボウヤーによる最初の提案後、大学で開発が始まった。開発途中の設計はオンラインでオープンに共有されたので、ネット上に広く散らばるこのデザインプロジェクトに参加し協働で開発することになるフリーイノベーターたちの関心をすぐに獲得した。最初の年には10人に満たない人数が参加しただけだったが、関心は急速に広まっていった。2010年の10月までには、3Dプリンターに熱中する人のオンラインコミュニティは4000人から5000人という規模にまで成長していた（de Bruijn 2010, 19, 31）。

デュブランは、このオンラインコミュニティのメンバー376人を対象に、趣味に関係したことに使っている時間を主に調べるための調査を行った。その結果、平均して週10・41時間を個人用3Dプリンターの開発や、プリンターを使った作業に費やしていることがわかった。表8-2に、いくつかの活動内容のカテゴリーに分類したその時間的内訳を示した。ここから、（ユーザーが望むものをプリントするためか、単にプリンターの性能を良くするためかの目的で）個人用3Dプリンターを改良するのに使った時間は、家計部門のユーザーが3Dプリンター関連の活動につぎ込んだ時間のうちの15%に該当した。その成果として多くの重要な改良が行われ、そのすべてがオープンシェアされた。3Dプリンターのオンラインコミュニティに参加した開発者は、このようなOSSコミュニティ（オープンソースソフトウェアコミュニティ）の慣例に進んで従うという点でフリーイノベーターだと言える（de Jong and de Bruijn 2013）。

表 8-2　週に 3D プリンターを利用・改良するのに費やした平均時間

	時間	割合
プリンター製作	4.9	47%
プリント	1.7	16%
改良	1.5	15%
他のユーザーの補助	0.9	9%
技術の向上	1.4	13%
合計	10.4	100%

出典：de Bruijn 2010、表 4. 3。

「マーケティング手法」に関するフリーユーザー開発：コミュニティブランド

フリーイノベーターが自分たちのイノベーションを販売するのではなく、無償で配布することを選んだとしてもなお、彼らはいくつもの理由からマーケティング手法に興味をもっていると言える。例えば、イノベーションコミュニティは、より多くの人たちの協力を得るために宣伝したいと思うかもしれない。ダランダー（Dahlander 2007, 930）は、「コミュニティ間のし烈な競争下では、ユーザーや開発者の支持を得るのは容易ではない」と述べている。さらに、第5章で議論したような様々な自己報酬の動機のいずれかによって、自分たちのイノベーションを普及させたいと思うかもしれない。

フリーイノベーターによって考案されたマーケティング手法に関するイノベーションの一例として、追加コストをかけずに強力なブランドを生み出すために毎日の習慣を利用するというアイデアがある。ブランドとは「個人のあるいは集団の売り手が扱う、製品やサービスを特定の、または競争下で差別化するための、名称、単語、記号、シンボル、デザイン、またはそれらの組み合わせ」である（Kotler 1997, 443）。法律用語では、ブランドは商標である。コトラーの定義によると、ブランドやマーケティング手法は、多くの場合売り手と結びついているものである。一方で、イノベーションの開発者やイノベーションの品質に関わる評価を特定するというブランドの役割が、フリーイノベーションを採用する可能性がある人たちに、役立つ情報を提供することができる点も見過ごせない。

OSSコミュニティは、コストをかけず、単にコミュニティの内外で得たすばらしい体験を連想させるロゴや商標を作ったり貼ったりするだけで、強力なブランドを生み出すということがいくつかの研究でわかっている。一体どうやったらそんなことができるのだろうか？　ここで、ブランドの強化および形成に関わる一般的なメカニズムを思い出してほしい。潜在的な顧客の多くは、同じようにブランド名やブランドのシンボルと、ポジティブな連想を結びつけるとされる（Edwards 1990; Zajonc 1968; Keller 1993）。もし、そんなことを目的にしてブランドとの精神的な結びつきをみんなの頭に植え付けようと試みてみたり、ましてや供給側のマーケティングキャンペーンのように費用がかさむ（有名選手を使って山頂で炭酸飲料ブランドを持たせるのは高くつく）ものだったりしたら、ブランドを作り出すなどという行為は、やるだけ無駄だろう。しかし仮に、他の目的で行っている活動や経験からブランドへの精神的な結びつきが派生するとすれば、ブランド形成にはそれほどコストがからないに違いない。

フリーイノベーションの協働プロジェクトでは、よく自分たちのプロジェクトを他と区別するために名前やロゴを使う（例えば、アパッチの羽やリナックス（Linux）のペンギン「タックス」）。結果としてコミュニティメンバーは、イノベーションに取り組んだり、同じ志をもった仲間と交流したりするといった体験を、コミュニティのロゴや名前とはっきり結びつけて共有する。そうしているうちに、コミュニティと繋がることや他のメンバーと同じ経験を共有していることに深い満足感を覚えるようになる。協働作業によってブランドへの精神的結びつきが結果として生まれるのであれば、コストをかけずにブランドを作ったり強化したりできるはずである。

フュラー、スクロール、フォン・ヒッペル（Füller, Schroll, and von Hippel 2013）による研究で、アパッチとマイクロソフトのウェブサーバーソフトウェアのブランド力に関する実証研究を用いてこの説を検証した。その結果、アパッチはこの種のソフトウェアとしては、アパッチプロジェクト参加者にも、それ以外の人々にも、より強いブランド力をもっていることが明らかとなった。アパッチ財団のリーダーに行ったインタビューでは、アパッチがアパッチというブランドを作成または強化する目的で投資を行ったことはないという証言が得られている。これは、アパッチに限られた現象でも、オープンソースソフトウェア業界に限ったことでもない。ピット、ワトソン、ベルトン、ウィン、ジンカン（Pitt, Watson, Berthon, Wynn, and Zinkhan 2006）はオープンソース化の動きがリナックスやモジラのファイアフォックスなど一連の有名ブランドを生み出したと指摘している。コヴァとホワイト（Cova and White 2010）は、もっと一般的な存在である、自分たちのブランドを作るコミュニティのことを「改造ブランド（alter-brand）」コミュニティと名付けた。

新たな組織メソッド

そして最後に、ＯＥＣＤのイノベーションに関する公的な統計にある「ビジネス慣行や職場編成、対外関係における新しい組織メソッド」（*Oslo Manual* 2005, paragraph 146）である。フリーイノベーション体系に従って行動する人たちは、自己報酬のイノベーター同士が協働で作業したり、イノベーションの開発や普及に協力し合ったりする新しいやり方をこれまで多く開発してきた。組織メソッド分野のフリーユーザーイノベーションに関する系統立った研究が存在するのかどうかは不明だが、実例は多い。特に、ＯＳＳプロジェクトの参加者は、協働作業の新しいやり方の開発に積極的に取り組んできた（von Krogh, Spaeth, and Lakhani 2003; O'Mahony and Ferraro 2007; O'Mahony 2007）。

重要な例の1つ目として、リチャード・ストールマン（Stallman 2002）によって開発されたGeneral Public License（GPL）がある。1985年、MITの人工知能研究所の優秀なプログラマーだったストールマンは、「ハッカーズ」というソフトウェアで開発したソフトウェアへのフリーアクセス権を保護することができる法的メカニズムの開発と普及に着手した。ストールマンのアイデアの革新的な点は、目的のために現行の著作権法の枠組みを利用したところにある。自作のソフトウェアの「自由」を守ることに関心がある製作者は、潜在的ユーザーやイノベーターすべての数えきれないほどの自由を守る権利を保証するという条件の下で、自分の著作権を利用してライセンスを与えることができる。必要なのは、自作のソフトウェアに、ソフトウェアの自由を守る権利をうたった標準ライセンスを付けることだけである。

ストールマンがこのアイデアを実行するために開発した基本ライセンスが、時おり「コピーレフト」とも呼ばれるGPLであった。GPLのフリーソフトウェアのコピーを所有する人は、ソフトウェアを無料で使用する権利、ソースコードを解析する権利、それに変更を加える権利、そして修正版もしくはコピー版を無料で第三者に配布する権利を含む基本権利を有する。類似の権利をうたったライセンスはGPL以外にも開発されていて、多くのライセンスが現在使用されている。GPLは無料のオープンソースソフトウェア分野に向けて開発された基本的な「組織的メソッド」のイノベーションであるが、汎用性のある新しいアイデアや原理をもったものである（Torrance 2010; Torrance and Kahl 2014）。

フリーイノベーターによる組織的イノベーションの2つ目の重要な例として、今日ソフトウェア開発で広く使われている分散型バージョン管理システムをみてみよう。これは、OSSプロジェクトの開発者が自分たちのプロジェクトを管理するために初めて作ったものである。なかでも現在最も有名なのは、GITであろう。

GITはリーナス・トーバルズ（Linus Torvalds）によって2005年にリナックスカーネルのプロジェクトのために初めて開発され、それ以来、大勢の人たちによってさらなる開発が進められている。GITはGitHub.com（Ram 2013）のようなホスティングサービスを介して、他の多くのOSSプロジェクトや様々な種類のシステムに広がっていった。GITによって、すべての協力者がそれぞれ都合のいい時に協力して開発に取り組み、その成果をいつでも統合することが可能になった。GITやソフトウェアパッケージ内に常時装備されているツールは、エラー記録や過去のバージョンの完全な変更点追跡記録の保持をサポートする。バージョン管理システムは重要な組織的イノベーションである。このシステムは、協働プロジェクトで自分たちが利用する目的でフリーイノベーターによって開発されたが、その原則は組織やOSSプロジェクトの管理という枠を超えて幅広く適用可能である。

ディスカッション

この章の最初で、フリーイノベーターによって実現できそうなイノベーションの機会は、製品開発だけではない多くの類型のイノベーションへと拡大していることを論じた。この考えには妥当性があると言える。なぜなら、イノベーション機会の定義自体、フリーイノベーターの活動を製品イノベーション、あるいは他の特定の種類のイノベーションに限定するようなものではないからだ（Baldwin and von Hippel 2011）。実に、現在OECD加盟国のイノベーション統計（*Oslo Manual* 2005, paragraph 146）で集計された5つの基本的なイノベーションカテゴリー全てに、家計部門のフリーイノベーションが存在することがわかった。

これまでに述べたような初期の実証的知見から、個人が家計部門で関心を寄せるあらゆる種類のイノベーションの機会を革新的に進歩させることに、フリーイノベーションは重要な貢献をしたと結論付けられるだろう。この結論は、フリーイノベーションの重要性に対する理解を高め、フリーイノベーションをさらに効果的に捉え活用する方法の開発を進めるうえで、非常に価値があると言える。

第9章 成功するフリーイノベーターの性格特性

第2章で大まかに述べた6カ国調査で、6カ国の18歳以上の人口の1・5~6・1%の人が、自分が使用する目的で新しい製品の開発または製品の改良を行っていたことを思い出してほしい。これはある意味驚くべき数字である。わずか6カ国だけでも、数千万ものフリーイノベーターがいることを表しているのだから。しかし、逆の見方をすると、残り94~98%がフリーイノベーターではない、あるいはイノベーションを試みて失敗した人ということになる。ここで2つの疑問が浮かぶ。まず、家計部門においてイノベーション・プロジェクトを成功させる人とそうでない人との間には、なにか違いがあるのか? 次に、もし違いがあるとすれば、フリーイノベーションの成功数を増やすためにできることは何か? ということだ。

本章ではストック、ギラートとともに行った共同研究（Stock, von Hippel, and Gillert 2016）を引用して、家計部門で成功したフリーイノベーションと有意に関連する性格特性を明らかにする。この知見に基づき、私たちは成功するフリーイノベーションを増やすために2つの方法を提案しようと思う。

研究の概要

すでにフリーイノベーションの重要性は実証済みであるので、フリーイノベーターがもつ特徴をさらに明らかにすることには、当然意味があるだろう。ストック、ギラートとともに行った共同研究（Stock et al. 2016）では、ドイツの546人の消費者を対象に、イノベーションの成功に関連するフリーユーザーイノベーターの性格特性を検証することから着手した。この調査では、次のイノベーション・プロセスの3段階に着目した。(1)個人利用のためのイノベーション・アイデア段階、(2)個人利用のためのプロトタイプ作製段階、(3)仲間内もしくは商業化のいずれかの方法による無料のイノベーションの普及段階、である。各段階での成功と失敗を比較するために、イノベーション・プロセスにおける達成度に基づいて参加者を分類した。図9-1に示したように、ステージに到達する調査対象者の数は順を追って減っていった。これによって、各段階での「成功者と失敗者」の比較を行うことが可能になった。まずは図9-1の左にある、イノベーション・アイデアをもたなかった人（ステージ0）と製品イノベーションのアイデアをもった人（ステージ1）との性格特性を比較することから始めた。次にそのアイデアについて、個人利用のためのプロトタイプを作ることに成功した人（ステージ2）と作らなかった人との性格特性の比較を行った。最後にプロトタイプ化したイノベーションを普及させることに成功した人（ステージ3）と普及させなかった人の性格特性の比較をした。

私たちの研究は、家計部門のイノベーター（調査対象者）が直面している興味深い現実を描き出している。というのも、性格特性は簡単に変わるものではないので、初期のステージにおいて成功に関連する特性は必然的に後のステージにももち越されるが、いくつかの特性は役に立たないどころか、足を引っ張るものになるかもしれ

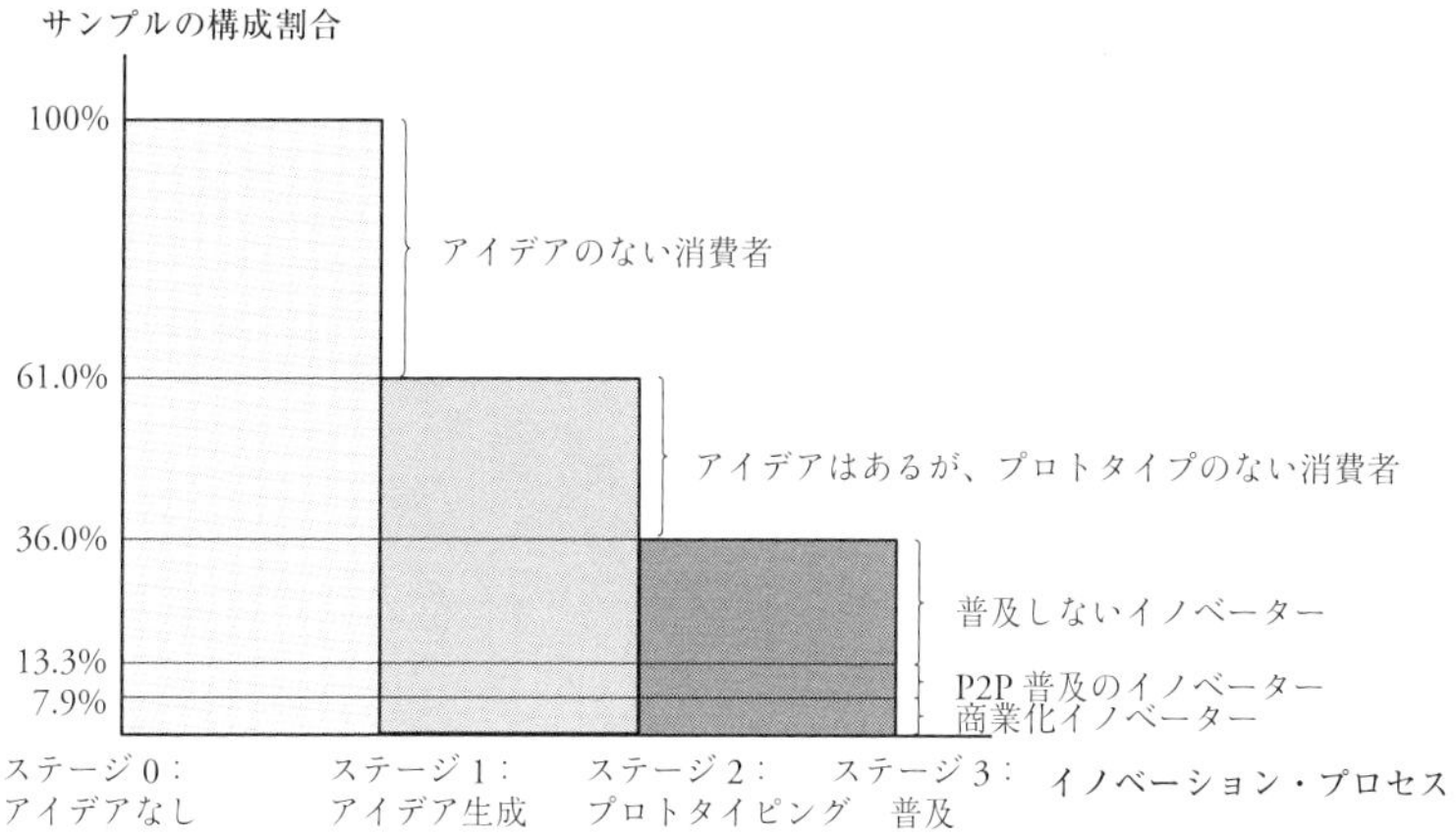

図 9-1　データ分析方法：イノベーション開発と普及過程におけるステージごとに，成功した人と 成功しなかった人とを比較

出典：Stock, von Hippel, and Gillert 2016、図 1。

ない。逆に、例えばステージ3で成功のチャンスを高めるような特性が、ステージ1での成功と負の関連を示すような場合、そういう特性をもつ人はステージ3までたどり着かないということもありうるのだ。

研究方法

前述のように、本研究ではドイツの家計部門のサンプルを用いた。イノベーション・プロセスの3段階ごとに分析に必要な調査対象者を確保するために、私たちは次の2種類の方法で参加者を募った。1つ目の方法は、系統探索（雪だるま）式サンプリング（Goodman 1961）である。この手法では、珍しい特徴をもつ人（この研究においてはイノベーション開発に従事している人）に同じ特徴をもつ知人を紹介してもらう（Welch 1975）。（珍しい特性をもつ人は自分に似た人と知り合いだったり、そういう人に気づきやすかったりする傾向があることがわかっているため、系統探索式サンプリングは有効であるとされる）。もう1つの方法では、イノベーション・プロセスの3つのステージすべてを成功させたサンプル数を増やすことを目的とした。その目的に沿って、私たちはインターネット上に自分が開発したイノベーションのことを投稿している人、あるいは発明家を集めたドイツのテレビ番組に登場した人のどちらかに当てはまる人物を探した。

最終的には、イノベーションの商品化を夢見る、起業精神にあふれた家計部門のイノベーターとフリーイノベーターの両方が含まれるサンプルとなった。本研究の調査対象者は合計でドイツの家計部門の546人となり、そのうち443人が系統探索型サンプリング、103人がインターネットとテレビ番組経由で集められた。この異なる方法で集めた2グループの調査対象者は社会経済的属性が同質と見なせたため、分析を行う際には統合した。なお、データはオンライン調査によって収集した。

性格特性

性格の「特性」は、時間経過、状況、社会的役割にかかわらず非常に安定した性格の一側面を指す。近年、性格特性の研究では、ある程度独立した5つの下位因子を想定したいわゆる特性5因子モデル（ビッグファイブモデルとして知られる）が一般的に用いられている。ビッグファイブモデルの変数は、多くの細かい性格の変数をよくまとめていること、そしてかなり安定性があることが証明されている（Costa and McCrae 1988, 1992, 1995; Goldberg 1993; McCrae and John 1992; McCrae and Costa 1997）。

ビッグファイブ分析は、5つの特性それぞれが日常的に表出する程度によって性格特性を表現するものである（Barrick and Mount 1991）。

・経験への開放性は、「知的好奇心があり、新しい経験や考えを求める傾向がある人の特性を表す」（Zhao and Seibert 2006, 261; Barrick and Mount 1991）。開放性が高い人は創造性と革新性に富み、想像力豊かで、内省的で、因習的でない傾向がある。それに対して開放性の低い人は、複雑であいまいでわかりにくいものよりも明瞭明快でわかりやすいものを好みやすい（McCrae and Costa 1987）。

・外向性は、「積極的、支配的、精力的、活動的、話好き、熱狂的である程度を表す」（Zhao and Seibert 2006, 260; LePine and Van Dyne 2001; Lucas, Diener, Grob, Suh, and Shao 2000）。外向性が低い人（内向的な人）は、外向性が高い人よりも社交の場を好まず、物静かで、控えめで、自立している（Zhao and Seibert 2006, 260）。

・勤勉性は、「目標の達成場面において、効率性、粘り強さ、勤勉さ、意欲がある度合いを指す」（Zhao and Seibert 2006, 216）。勤勉性が高い人は、思いつきで行動するよりも計画に基づいて行動することを好む（Barrick, Mount, and Judge 2001）。

・調和性は対人的志向性を表す。調和的な人は、謙虚で、他者への信頼度が高く、寛大で、利他的で、思いやりがある。また、社会的ルールをよく守り、協力的で質の良い対人関係を築く傾向がある（Barrick and Mount 1991; Zhao and Seibert 2006）。得点分布の最も低い方に調和性が位置する場合は、自己中心的で、疑り深く、非友好的な人物であるとされる（Feist 1998）。

・神経症傾向は、「感情の調整能力が低く、心配や不安、敵意などのマイナスの影響を受けやすい傾向を表す」（Judge, Bono, Ilies, and Gerhardt 2002, 767; LePine and Van Dyne 2001も参照のこと）。神経症傾向は情緒安定性の反対である。

研究結果

本研究で得られた知見のすべてを表9-1にまとめている。表の上半分をみると、4つの「制御変数」が有意であることがわかる。下半分をみると、性格5因子とイノベーション・プロセスの各ステージにおける成功見込みとの間に有意な関係が示されている。

制御変数に関する知見

性格特性の影響を明らかにするために、イノベーション・プロセスの成功に強く影響すると思われるその他の変数の影響を「制御」しなければならない。それゆえ、制御変数という用語を用いることとする。(制御変数をモデルに組み入れることで、いわゆる欠落変数バイアスに対処した。この問題は、従属変数とモデルに含まれている1つ以上の独立変数と相関している独立変数が欠落していることで引き起こされる)。

表9-1の上から2つの制御変数については、第2章で述べた消費者によるイノベーションに関する全国調査(von Hippel, Ogawa, and de Jong 2011; de Jong 2013; de Jong, von Hippel, Gault, Kuusisto, and Raasch 2015; Kim 2015)においてすでに検証し、重要な影響を及ぼしていることが明らかとなっている。一連の研究結果と同じく、表9-1の1行目の性別が男性であることは、アイデアを生み出すこととプロトタイプを作ることに有意な関連があることがわかる。性別はまた、普及段階の成功とも有意に関連している。しかし、イノベーション・プロセスの早い段階において成功している人の多くが男性であったために、ステージ3aおよび3bの最後の普及段階にたどり着いた人の大半も男性であった。したがって、普及段階における性別の有意性を検討するには、ステー

表 9-1　家計部門のイノベーションと普及プロセスにおいて、各ステージで成功する可能性に与える性格の影響

	アイデア生成（ステージ 1）	プロトタイピング（ステージ 2）	仲間内での普及（ステージ 3a）	商業的普及（ステージ 3b）
制御変数				
性別（男性）	.39(.11)***	.62(.14)***	−.21(.27)	.44(.26)
技術的バックグラウンド	.34(.11)**	−.05(.13)	.29(.21)	−.27(.19)
啓発的な社会環境	.49(.12)***	.14(.15)	.50(.28)	−.02(.21)
満たすべきニーズの数	.62(.12)***	.61(.15)***	−.10(.25)	.30(.21)
ビッグファイブの性格特性				
経験への開放性	.35(.11)**	.08(.14)	.21(.24)	−.09(.20)
外向性	.12(.11)	−.51(.16)**	−.28(.27)	.12(.22)
勤勉性	−.13(.11)	.31(.15)*	−.64(.28)*	.57(.28)*
調和性	.03(.11)	−.06(.14)	−.40(.25)	−.28(.24)
神経症傾向	−.07(.11)***	−.13(.15)	−.35(.32)	.42(.22)
定数	.59(.10)***	.13(.13)	−1.89(.30)***	−1.53(.29)***
モデルの適合度				
Wald 検定統計量(自由度)	96.36(9)***			

出典：Stock, von Hippel, and Gillert 2016、表 3。n = 547。分析手法：逐次投入法によるロジスティック回帰分析。係数は対数オッズで記載。カッコ内はロバスト標準誤差。自由度＝9。$^{**}p < .01$, $^{***}p < .001$。

ジ3の時点でのサンプルが偏りすぎていたと言える。

表9-1の2行目より、技術的なバックグラウンドが、アイデアを生み出すことと有意に関連することがわかる。性別の場合と同様に、技術的なバックグラウンドをもっていることはステージ1での成功と強く関連しているので、それ以降のステージに進む人の大部分は技術的なバックグラウンドをもっていることになる。したがって、技術的バックグラウンドがステージ2と3における成功に与える影響の大きさは分析できない。しかし、別の研究から、技術的バックグラウンドがステージ2のプロトタイプ開発に非常に重要であることが明らかとなっている

（Lüthje, Herstatt, and von Hippel 2005）。

「啓発的な社会環境」については、イノベーションが行われる社会環境はイノベーションの可能性とその成功に重要な役割を果たしていることが明らかになってきているため、制御変数に加えた。啓発的な環境は、強い社会的繋がり（Perry-Smith 2006）だけでなく、イノベーションを支援する態度を生む（Amabile, Conti, Coon, Lazenby, and Herron 1996; Scott and Bruce 1994）。例えば、病気療養中の家族の場合であるなら、協力的な家族の場合は、療養中にもかかわらずイノベーションに取り組んでいる家族に対して「なんでそんなばかばかしいことをやるの？　お医者様のいいつけを守らなきゃダメじゃない！」と叱るのではなく、「そんなふうに想像力を働かすなんて素晴らしいわね。何か手伝えることはある？」と言うだろう。表の3行目にあるように、この変数はアイデア生成の成功と有意に関連している。

4つ目の制御変数である「満たすべきニーズの数」は、回答者が市場に出回っている製品に満足していないと感じる程度を意味する。これがイノベーションに取り組む動機となると考えられる。リードユーザーによるイノベーションに関する多くの既存研究で、この変数とイノベーションの可能性の関連がすでに検証されている（例えば、Morrison, Robert, and Midgely 2004; Franke and von Hippel 2003）。表9-1の4行目にあるように、この制御変数はアイデア生成段階とプロトタイピング段階両方の成功とに有意に関連がある。

性格特性に関する知見

表9-1の下半分より、性格特性は、イノベーション・プロセスの各段階の成功と有意に関連していることがわかる。有意差がみられる性格特性は各ステージによって大きく異なる。最初のステージ1では、「経験への開

放性」が高い人の方がイノベーション・アイデアを生み出す可能性が有意に高いことがわかる。経験への開放性は、様々な職業の従業員グループで一貫して創造的な行動にプラスの影響を与えていることが示されている（Feist 1998; George and Zhou 2001; Rothmann and Coetzer 2003; Sung and Choi 2009; Wolfradt and Pretz 2001）ことから、本研究の結果は妥当であると言える。

ステージ2において内向性（「外向性」の反対）と「勤勉性」は、個人利用のためのプロトタイプを作るのに成功する人と有意な関連がある。先行研究で、内向性と「ラボで技術的なことに取り組む」ことが関連していることも明らかになっている。例えば、ラウンズベリら（Lounsbury, Foster, Patel, Carmody, Gibson, and Stairs 2012）の研究で、科学者はそれ以外の人に比べて外向性が有意に低いことがわかっている。同様にウィリアムソン、ラウンズベリ、ハン（Williamson, Lounsbury, and Han 2013）は、エンジニアは他の人に比べ外向性がより低いことを明らかにした。勤勉性に関して、プロトタイプを作る人にこの特性をもっていることは理にかなっている。私自身の知見にとっては、これは新たな発見である。

本研究では、普及段階を仲間内での普及と商業的普及に区別した。なぜなら、この2つの成功に寄与する行動と性格特性は、それぞれ大きく異なると考えるからである。この最終段階は、イノベーションの成功にとって重要であると同時に、フリーイノベーションによる社会便益という点においても重要である。しかし、最終段階に到達した人は、そこに至るまでに繰り返し選別された性格特性をもっていると考えられるため、性格特性と普及の成功との有意な関連を検討するのに十分なサンプルとは言えなかった。表9-1にあるように、有意水準（$p<.05$）は低いものの勤勉性と普及成功の間に有意な関連がみられた。勤勉性が高い人のほうが、商業的なイノベーションの普及に成功する傾向があった。それに対し、勤勉性が低い人は、仲間内での普及で成功する傾向がみら

れた。この傾向についてより明確に解明するのは現段階では難しい。統計的に有意な結果ではあるものの、5%水準であることから、この点についてさらなる推論をすることはやめておく。

性格特性はフリーイノベーションの成功にどの程度影響を及ぼすのか

性格特性がイノベーションの成功に及ぼす実際の影響の大きさを知るため、平均値を用いて限界効用（Marginal Effects at the Means：MEM）を計算した。これは、ある性格特性において、7段階のリッカート尺度が1段階変化するときのイノベーションの成功確率の変化量を計算するもの（このとき、その他の性格特性の変数は平均値に固定する）である。限界効用計算の結果、性格特性はフリーイノベーションの成功に重要な影響を与えるということが明らかとなった。

ビッグファイブの性格特性は合わせて、アイデア生成ステージ（ここでは開放性が成功に大きな影響をもっているのだが）での成功における変動の9・6%を説明していた（Nagelkerke 1991）。MEM分析の結果、このステージでは、他のすべての要素を平均値で固定と仮定した場合、開放性が7段階のうち1段階上がると、このステージでの成功確率が9・5%上昇することがわかった。プロトタイプ作製のステージでは、性格特性によって説明可能な変動は8・0%のみであった。内向的であることと勤勉であることは、プロトタイプ作製を成功させる可能性と有意に関連していた。MEM分析の結果、外向性が1段階高くなることでプロトタイピングの成功の可能性が15・1%下がり、勤勉性が1段階高くなるとプロトタイピングの成功の可能性は9・7%上昇することがわかった。

次に、ステージを進むために必要な性格特性の組み合わせに目を向けると、家計部門のイノベーターの成功に関連する性格特性間の相乗効果を明らかにすることができる。前述の通り、初めのステージでの成功に有意に関連していた性格特性は、その特性をもつ人が次のステージに進むために自動的にもち越される。例えば表9-1にみられるように、最初の2つのステージの成功に有利な性格特性は開放性、勤勉性と内向性であった。調査対象者のうち、残りの特性を平均値に固定した状態でそれら3つの特性で「90%の良い値」を示した人は、ステージ1と2の両方で成功して次に進む可能性が52.9%であった。成功と一番低い関連性を示す特性の組み合わせをもつ人（低い開放性と低い勤勉性〔それぞれ下位10%〕と高い外向性〔上位10%〕）が両方のステージを成功させる確率は16.1%に過ぎなかった。

ディスカッション

イノベーションの開発、普及のプロセスにおける3つのステージでの成功の可能性には、多くの要因が有意に関連していることが明らかとなった。本研究で扱った制御変数と性格特性の両方に関して得られた知見は、大部分において、直観的に非常に理にかなうものと言える。例えば、満たされない欲求が多い人がそれらを解決するためのアイデアを思いつくことがあり、結果としてイノベーションのアイデア生成段階で成功することは説明がつく。また、他の条件が一定なら、満たされない欲求を強くもつ人がプロトタイプをつくる気になるというのもよくわかる。さらに、一般的にはイノベーション・プロセスの段階を進むのに適したスキルや資質、性格特性をもっていると、各段階での成功はより高まることも当然であろう。

これらの知見を活かして、家計部門でのイノベーションの成功を増やしていくための実用的なやり方を提案することはできるだろうか。一見しただけではその見込みはなさそうだ。表9-1にある制御変数と性格特性の多くは、調整がきかないものばかりである。自分の技術的な教育レベルを上げようと思っても、大きな個人的投資が必要であることを考えてみればわかる。その上、性格特性は成人期には基本的に容易に変化しなくなっている。また、イノベーションを促すような家庭環境がない場合に、その状況を変えるのも簡単なことではないだろう。

しかし、大きな成果をもたらす可能性がある2つの実現可能なアプローチがあると考える。1つ目は、協働を進めていくことである。協働によって、お互いに資質、環境、性格などにおける「個人的な不足を補う」ことができる。2つ目は、フリーイノベーターが利用できる技術的進歩をどんどん活用することである。こうすることで、イノベーション開発と普及の負担をより少なくし、より個人の特性に縛られないようにできる。

協働のすすめ

現在の家計部門のイノベーションでは、イノベーション・プロセスのすべての段階を単独で行うというやり方が主流であることを思い起こしてほしい。表2-6で示したように、英国、米国、日本ではイノベーションの90％が単独で行われたものであったことを、3カ国における家計部門のイノベーション研究が明らかにしている。フィンランドと韓国では、72％の消費者によるイノベーションが単独で行われ、残りは協働によるものであった。

すでに議論した通り、単独の場合、イノベーションのある段階では性格という観点でみると向いているかもしれないが、同じ性格特性が役に立たない次の段階では歯が立たないかもしれない。協働でイノベーションを行えば、この問題を解決することができるかもしれない。協働の参加者を「集団」としてみた場合には、イノベーションの3つの段階すべてを成功させるような性格特性を兼ね備えているかもしれないからだ。スタートアップ企業は1つのチームに異なるタイプの人を入れるというやり方で、この戦略を用いている。イノベーションを開発、製造し、市場に出すためにベンチャービジネスを立ち上げるとき、プロジェクトに関するあらゆる業務の専門家の「集団」となるようにグループメンバーを集めるのは、常套手段である（Akgün, Keskin, and Byrne 2010; Ensley and Hmieleski 2005; Vissers and Dankbaar 2002）。より大きな企業の人事部でも、同様の戦略がとられている（Muchinsky and Monahan 1987; Kristof 1996）。

また協働によって開発されたイノベーションは、個人で開発したイノベーションよりも普及しやすい。第5章で述べた通り、その差は著しい。小川、ポンタナラート（Ogawa and Pongtanalert 2013）によって得られた知見をここで振り返ってみよう。イノベーターがイノベーション開発に共通の関心をもつコミュニティに所属した場合、仲間内での普及率は48.5%であった。一方で、イノベーターがそのようなコミュニティに所属しなかった場合の普及率はたった13.3%であった。この結果と同様の報告は他の先行研究でも行われている。例えば、コミュニティに参加しているイノベーターは、コミュニティで開発したイノベーションに関する情報を含めた情報全般を他のメンバーと共有する傾向があるとされている（Morrison, Roberts, and von Hippel 2000; Raasch, Herstatt, and Lock 2008）。

協働によるイノベーション波及効果の証拠をふまえ、政策立案者や実務家は家計部門における協働プロジェクトを増やす方法を考えた方がよいかもしれない。将来的に有用で実現可能な第一歩として、メーカースペースのようなイノベーション施設をもっと利用できるように増やすことが挙げられる。この種の施設では、最新のプロトタイピング・ツールが使える。それだけでなく、そこで集まったり出会ったりすることで、協働が始まるきっかけも提供する。同様に、コストをかけずにイノベーションにかかわる関心事を投稿したり協働相手を探したりできるオンライン・フォーラムも有用であろう。そのような素晴らしいフォーラムの1つが、https://patient-inovation.com/である。これは非営利のウェブサイトで、患者が開発したイノベーションに関する情報を蓄積する役割をもつ（Patient Innovation 2016）。また、このウェブサイトはオンラインで議論やイノベーション関連情報の共有をサポートする目的で、患者とその協力者によって設計されている（Habicht, Oliveira, and Scherbatiuk 2012）。もちろん、より基本的なところでは、インターネットアクセス料や、例えばＯＳＳ開発コミュニティでＯＳＳ開発のために提供されているコラボレーションに向けたツールキットが手ごろな価格であることが、遠距離の協働を可能にしていることは言うまでもない。

イノベーション作業の性質を変化させる

先ほどの提案を補足する方法として2つ目に提案したいのは、イノベーションを成功させるにあたり、資質や性格特性に依存しないで済むようにイノベーション作業の性質を変えることである。個人が利用可能なイノベーション開発ツールが発展してきているので、この提案はいよいよ現実的なものとなっている。

例えば類推的思考をサポートするツールなど創造性研究から生まれたツールは今では幅広く利用されており、イノベーターが「既成概念にとらわれず発想する」ことを助けている。このようなツールによって、たとえ開放性の性格特性が高くない人でもイノベーション関連のアイデアを生み出すことが容易になるかもしれない。安価なCADプログラムは以前と比べ初心者でもより簡単に素早く安定した設計を作ることを可能にしている。のこぎり、金槌、接着剤などを使いこなす手先の器用さはプロトタイプ作製に重要であったが、今やコンピューターを使った製作に取って代わられつつある。3Dプリンターを始めとするコンピューターによる製作ツールによって、ボタン1つでプロトタイプのパーツを作ることが現実に可能となった。これらの手法によって、内向性や勤勉性といった性格特性はプロトタイピングの成功においてさほど重要ではなくなるかもしれない。

イノベーションの普及という観点から言えば、従来的な対面での売り込みは、インターネット上での情報告知による普及プロセスによって、ある程度代替されうるだろう。外向的でない人は対面による普及活動より、そのようなやり方に向いているかもしれない。

総じて、性格特性を含めたいくつかの要因が家計部門におけるイノベーターの成功に影響を与えていると結論付けられる。これらの要因に注目することによって、社会全体における家計部門のイノベーション・プロジェクトの数が増加し、結果として成功するプロジェクトがわずかでも増えることに寄与できるだろう。

第10章 フリーイノベーターの法的権利をどう守るか

多くの国で法律や規制が増えていくあまり、イノベーションは専門家のみが行えるもの（あるいは許されるべきもの）だと思われがちである。どんな人でもイノベーションを実施しても大丈夫なのだろうか？　それとも、私が子どもの頃、母が「お父さん、そこでただ手を拱いていて、息子にやりたい放題をやらせてて、いいの？あの子はそのうち、（理科実験や工作で）家を吹き飛ばすわよ！」と父を時々問い詰めていたような状況なのだろうか（実際に私が家を吹き飛ばしたことは一度もなかったが）。

事実、イノベーションには大抵リスクがつきものであるのに、ほとんどの人や組織はリスク回避的である。この状況で、米国、英国、カナダなどの慣習法を採用している民主主義国家のすべての人が、イノベーションを開発し利用することに関する広範囲にわたる法的権利を有していることは幸運だと言える。

本章では、アンドリュー・トーランスと行った共同研究（Torrance and von Hippel 2015）を用いて、フリーイノベーターを含む家計部門のイノベーターの基本的な法的権利を概説する。その後、多くの場合、別の目的で意図せずに、政府がこれらの重要な権利を侵害してしまうメカニズムを明らかにする。結論として、トーランスと私は、イノベーションを行う個人の権利保護の必要性に、社会の目をさらに向けさせることが非常に重要だと考えている。さらに、私たちはそれを達成する方法についても提案をしたい。

個人イノベーターの法的権利

米国では、個人は、フリーイノベーションの開発、利用、公開、議論を行う基本的な法的権利を有している。これらの権利は、慣習法とアメリカ合衆国憲法の両方に定められている（Torrance and von Hippel 2015）。慣習法とは慣行や判例を通じて継続的に発生する法原理の集合体である。個人がイノベーションを行う権利を守る慣習法の基本的原則に、「限定的自由」がある。法によって明確に禁止されていない限りにおいて、人は自分の思う通りに行動する自由があるというものである。しかし、この自由は、実質的に他人に損害を与える行動を制限するという意味で限定的である。トマス・ジェファーソン（Jefferson 1819）は「正当な自由とは、他者にも平等に与えられている権利によって限定される範囲で、何者からも妨げられることのない自らの意思による行動である」と述べた。後に、言論の自由に関する研究の第一人者であるザカライア・チャフィー・ジュニア（Chafee 1919, 957）は「腕を振り回す権利は他人の鼻先で終わる」と、同じことをより明快に表現している。

イノベーションに関して言えば、この限定的自由という慣習法の原則は、行動が不当に他人を危険にさらすものではなく、明確で正当な法律上の禁止事項を破らないという承認を他人や政府機関から得ずとも、個人はイノベーションを行う権利があることを示唆している。

また、個人イノベーターは、慣習法、制定法、そして米国では合衆国憲法に定められたプライバシー権によってしっかりと守られている。プライバシー権は、特に政府による侵害からプライバシーを守ることに素晴らしい効果を発揮する。この権利によって、もし他人に知られたら物議を醸すような方法で密かにイノベーションを開発することができるし、初期の学びや失敗がすぐさま世間の批判の目に晒されるようなことにもならずに済む。トマス・クーリー（Cooley 1879, 29）は不法行為に関する基本的教科書のなかで、慣習法の私的自治の初歩について「完全なる免除、つまり構わないでもらえる権利」と説明している。のちに法学者サミュエル・ウォーレンとルイス・ブランダイス（Warren and Brandeis 1890）がプライバシー権を公に主張し、憲法上の権利の創設に寄与した。

米国において個人は、「協働によって」イノベーションを行うこと、そしてそのイノベーションに関する情報を公開して普及させることについて、頑健な権利をもっている。これらの権利は合衆国憲法修正第1項において保障されており、その第1条は「合衆国議会は…言論や報道の自由を制限する法律、ならびに人民が平穏に集う権利を制限する法律を制定してはならない」としている。この修正条項は、修正第14項と併せ、州や地方政府も言論の自由を制限する法律を制定することを禁じている。これらの権利が守られていることで、フリーイノベーターは現実世界でもバーチャル世界でも、集まったり、開発の進歩状況をやり取りして協働したりできる。国防上などのやむを得ない理由による政府の要求がない限りは、イノベーションの計画やイノベーションに関する評価を誰にでも広めることができる。

このように、上述の法的権利は全体として、フリーイノベーションを単独であるいは協働で行いたい人、そして計画や評価を自由に幅広く普及したい人を守る強力な盾となっている。

フリーイノベーションはどのようにして規制や規則の影響を受けるのか

これまで扱っただけでも多くの法的権利があるので、フリーイノベーションを開発し利用する個人の権利は、なぜそんなに脅かされているのか疑問に思うかもしれない。しかし、ここで再び、チャフィーの「腕を振り回す権利は他人の鼻先で終わる」という原則を思い出してもらいたい。重要な点はつまり、イノベーションの開発や利用が公共のもしくは誰かの私的な利益に損害を与えるかもしれないということである。この条件が満たされる場合には、個人のイノベーターの行動の自由を制限する法律や政策に、合理的根拠が生じる。

米国では、連邦政府、州政府、地方政府がそれぞれ個人のイノベーションの権利に影響力をもつ。政府のあらゆるレベルで、特に公共の安全、公共の利益、財産権（知的財産権を含む）を優先させることを意図して、判決、法令、規制、ときに行政的措置といった手段を用いて、消費者がイノベーションを行う自由を制限もしくは支援することができる。制限は直接的（建築基準法が安全の名の下に新しい建築技法を制限する場合など）にも間接的（イノベーションの開発や実行に公共財を利用する必要がある場合など）にも、あるいはその両者でもありうる。誰でも好きな車を作る権利はあるが、それを公道で試運転したり実際に走らせたりするとなると、他の人の安全を守るために細かい規制上の要件を満たさなければいけないことがよい例である。同様に米国ではドローンを組み立てることはできるが、公共空間でテスト飛行をしたり実際に飛ばしたりするには連邦航空局（FAA）が規定した詳細な規制を遵守するか、厳罰を覚悟でやるしかない。さらに似たような例として、米国では新しい無線機を組み立てることができるが、公共の電波周波数帯で試したり通信したりするためには連邦通信委員会（FCC）の規制を遵守しなければならない。

連邦、州、地方の立法府や監督部局は、公共の安全、公共の福祉、その他公共の利益を優先するために権限を行使するので、個人によるフリーイノベーションのコストを上げたり、制限を設けたりする手段に出ることができるし、実際そのようにすることがある。トーランスとの協働研究で、議員や監督当局者は、多くの場合、意図せずまたは自覚さえなしにフリーイノベーションにマイナスの影響を与えていることが明らかになっている。フリーイノベーションは、産業に対する規制など他の目的で発令された規制の余波を受ける形で、マイナスの影響を被っている。

意図せずフリーイノベーションのコストを大幅に上げることになってしまった法律の明確な例として、1998年のデジタルミレニアム著作権法（DMCA 1998）をみてみよう。この連邦法は、著作権を有する市販のソフトウェア、音楽などのデジタルコンテンツのいわゆる「著作権侵害」、無料のデジタル複写を阻止することを意図していた。具体的には、DMCAは多くのデジタル製品に組み込まれている著作権侵害対策をかいくぐる行為が処罰の対象であった。この法律は、デジタルコンテンツの著作権侵害を減少させることを目的としていた。違反すると刑事罰に処されるからと、消費者がデジタルコンテンツのプログラムコードに手をつけることをやめれば、海賊版を作ることもなくなるという思惑であった。

しかし、DMCAがそのやり方を採用したことで、フリーイノベーターがきちんと購入したソフトウェア関連製品のイノベーションを行う可能性に、深刻な「巻き添え損害」を与えてしまった。フリーイノベーターも商業的なイノベーターも購入した製品を解析、修正、改善するには、ソフトウェアのコードに手をつける必要があることが問題となる。DMCAがなければ、これらの行動は間違いなく「フェアユース」（公正取引としても知られる）として、著作権侵害にあたらない合法的行為となったであろう。結果として、DMCAはデジタル製品の海賊版を撲滅しようとする一方で、一部のフリーイノベーションのコストを著しく上げることとなり、イノベーターの法的権利の一部は行使できなくなった（Electronic Frontier Foundation 2013）。

DMCAがフリーイノベーションに与えた損害の大きさを測ることはできない（始まってもいないプロジェクトの価値を足し合わせることは誰にもできない）。しかし、損害が大規模である可能性は高い。第2章で論じた調査で、英国では消費者によるイノベーションの14％がソフトウェアの開発と修正に関連したものだったことを思い起こしてほしい。米国における調査では扱われなかったが、もし米国において同じ割合がソフトウェアのイノベーションに充てられるとしたら、米国だけでも年間28億ドルもの価値があるユーザーイノベーション活動が、DMCAによってある程度危険に晒されていることになる。繰り返しになるが、この事例におけるフリーイノベーションが被った損害は、明らかに意図的なものではなかった。トーランス（Torrance 2015）によると、DMCAの立案者は、フェアユースを侵害することにある程度懸念を示していたものの、フリーイノベーションのことは意識していなかった。いわんや、その法律がフリーイノベーションに損害を与えるなどという認識はまったくなかったとのことである。

フリーイノベーターの相対的な優位性

DMCAのような制約があるにもかかわらず、フリーイノベーターは供給側のイノベーターより有利な立場にある。なぜなら、規制と法律に関連して、イノベーションを「実行する自由」をよりもっていると考えられるからだ。第1に、フリーイノベーションは供給側のイノベーションと比べて、多くの場合小規模で、広範囲に散らばっていて、個人の家庭のなかで行われるという実際の状況を考えてみてほしい。実際問題、フリーイノベーターの一部が規制や法律に違反している可能性があったとしても、それを発見するのは難しい。例えば、もしフリーイノベーターが許可を得ないで（多くの場合、気がつかないまま）、特許権付きの発明をもとに開発、作製、使用した場合であっても、その違反行為は見過ごされる可能性が高いわけである。第2に、米国における慣習法は、ごく軽微な法律違反は実体法上の犯罪を構成しないという「デ・ミニミス」の原則を用いているという事実がある。この法原理もまた一貫して、規模の大きい供給側よりもフリーイノベーターに有利に働く。

さらに、米国のフリーイノベーターが、規模の大きさとは関係なく有利性をもてる理由が、実は合衆国憲法内に規定されている。連邦規制機関は「営利を目的とする州際通商」のみを規制するように制限されている。具体的には、取り締まる連邦規制機関の権力は合衆国憲法の通商条項第1編第8項3節に基づいている（*Constitution*）。この条項は、連邦議会に「諸外国、複数の州との間、そしてインディアン部族との商業を規制する」権限を与える。最高裁判所は、通商条項が直接的または間接的に州間通商に関わる営利目的の活動を規制する法令の成立を、連邦議会に許可する根拠となるという解釈をしている。この法的権限の全容は、長い年月の間に最高裁判所の方針とともに変化してきたが、通商条項は完全に非営利で行われる活動に対する規制を連邦規制機関に許可しない、という最高裁判所の判決は一貫している。2012年「全米自営業者連合対キャスリーン・セベリウス（Kathleen Sebelius）厚生長官」の判決[訳注(1)]において最高裁判所はこの原則を再確認している。ここで最高裁は「商業を規制する権限は、規制されるべき営利活動の存在が前提となる（National Federation 2012, 18）」と明言した。

通商条項に起因するフリーイノベーターと供給側への規制における待遇の違いは、特に医療や医療機器などの規制産業でフリーイノベーターに非常に有利に働く。例えば、非営利で行うと食品医薬品局（FDA）の行政監督を全く受けずに、フリーイノベーターは本人の薬や医療機器を開発したり、利用したりできる。その品質は恐らく、厳しい規制がかけられている供給者が製品化に向けて政府の承認を得ようと努力しているものとかなり近いレベルであると思われる。またフリーイノベーターは、デザインの詳細や自分で使ってみた効果などイノベーションに関する情報も他の人に自由に広めることができる。その際に、無料で行っていて、言論の自由をはく奪されるほどに重要な政府の利益を損なうようなことをしない限りは、FDAや連邦取引委員会の許可も必要なければ、制限がかかることもない。その後、追加的に利用する場合には、個人利用のために非営利のコピーを作って、FDAの規制や監督なしに個人的に自由に使用することができる。ただし当然、これらの活動には、連邦規則以外の法的規制が関わってくる可能性はある。

医療現場での使用を目的として新薬や医療機器、医療サービスの開発と販売を行う供給者は、もちろん全く異なる状況に置かれている。販売などをすることによってビジネスを始めると通商条項が適用され、FDAやその他関連機関の規制の管轄下に入る。結果的に、供給者によるイノベーションのコストが特に高い規制産業分野では、これまでの章で論じたように、草の根開拓者としてのフリーイノベーターのやり方が供給側のイノベーションに対し強い優位性をもつ。そして実際にフリーイノベーターはそれらの分野において非常に大きな役割を果たしてきている。

法規制の改善に向けて

フリーイノベーターは——個人で活動する者であれ協働する者であれ——、営利目的ではなくイノベーションを開発、普及するのに強力で基本的な法的権利を有していることが理解できたであろう。実際、少なくとも連邦規制に関しては、フリーイノベーション・プロジェクトは供給側のイノベーション・プロジェクトよりも課されている法的規制が少ない。フリーイノベーションには将来の利益が眠っていることがより認識されていくなかで、規制や政策の在り方が工夫されることによって、フリーイノベーション体系の便益がさらに拡大されるに違いない。

1つ目の基本的な取り組みとして、政府機関が、フリーイノベーターと商業的イノベーターに、無免許での使用と実験用に公共財を一定範囲で開放するというやり方が考えられる。例えば、連邦通信委員会は電波周波数帯の一部を「ホワイトスペース」として、個人や企業が免許不要で新しい使い道を開発・活用できるように確保してある（Barnouw 1966; FCC 2015）。この政策は大きな利益をもたらす。かつてWi-Fiが開発され利用範囲が広まったように、免許不要のワイヤレス通信の成功事例の大部分はフリーイノベーターや企業によって、免許不要な周波数帯を利用して開発されたものである（Sandvig 2012）。しかし、連邦議会とFCCは、それ以外の電波周波数帯については地上テレビ放送などの特定の使用目的に制限して独占的に使用できるようにしている。また連邦航空局（FAA）は、愛好家が組み立てた小さな無線操縦の模型飛行機やドローンを飛ばすため、一定範囲の空域――例えば空港から遠く離れていて高さ400フィートまでの可視領域――を無免許かつ非営利目的で活用することを許可している。しかし、それ以外の高度や空域は、免許をもつパイロットの使用に限定されているか、フリーイノベーターの使用は完全に禁止されている。

2つ目の基本的な取り組みとしては、政府の基本法をより寛容に、かつ生成的に解釈するというやり方が考えられる。こうすることで、政府の規制をフリーイノベーションにもっと有効なものに変えられる。例えば、米国食品医薬品局（ＦＤＡ）の法令の目的の１つに食品、医薬品、医療機器などに関連して「公衆衛生を促進する」（21 U.S. Code § 393(b)(1)）ことと「公衆衛生を維持する」（21 U.S. Code § 393(b)(2)）ことがある。この法令を、ＦＤＡがイノベーションを規制する権限をもつことを意味すると解釈するのではなく、むしろ既存の概念にとらわれず、フリーイノベーションを後押しすることでより公衆衛生を促進、維持できるとＦＤＡは判断しているに違いない。

このような、より生成的な規制のあり方は、国際建築基準法の第１０４・11項（Alternate Materials, Design and Methods of Construction, IBC 2009）でもみられるように、あらゆる規制機関で取り入れることが可能である。ユタ州を始めとするいくつかの州で施行されているこの条項によって、郡の建築検査官は一般的でない建築材料の使用の承認に、より柔軟な対応をすることができる。多くの建築法にあるように特定の建材のみを許可するのではなく、安全性と信頼性の要件を満たすと検査官が納得できれば検査官はどのような建材でも認可できる。このような規制には注目すべき長所がある。建材の改良が進み、建材の世界にイノベーションが起こる環境を提供すると同時に、建材の安全性と機能性を保証することで公共政策自体の有効性も保てる（Harris 2012）。フリーイノベーションに対する同様の柔軟な対応は、連邦航空局の実験機に対する規制にもみられる。

３つ目の基本的な取り組みは、すでに義務化している規制措置案に対する費用便益分析に、フリーイノベーションに与える影響の査定を含めるように、連邦政府が求めていくというやり方が考えられる。ロナルド・レーガン政権は、すべての連邦規制機関に費用便益分析を義務化した最初の政権である。１９８１年2月17日にレーガン大統領はとりわけ経済的要因が引き金となって行われる連邦政府による規制に対し、費用便益分析を義務化する大統領令を発令した。なかでも、「イノベーションに甚大な悪影響を及ぼす可能性が高い（Executive Order

12291）」規制がそのきっかけとなった。後の大統領は、おおむねこの方針を引き継いだ。2011年1月18日にバラク・オバマ大統領は「各規制機関は、イノベーションの促進に向け策定された規制上の目的を達成するのに、適切な手段を特定するよう努力すべきである」と述べ、今後の規制だけでなく過去にさかのぼって評価の対象とする大統領令を発令した（Executive Order 13563）。

フリーイノベーションを定量的にとらえる方法が進歩してきているので、フリーイノベーションに規制が及ぼす影響の推定に費用便益分析を用いるのは、徐々に実用的になりつつある。1例目として、本章ですでに言及した通り、トーランスとの共同研究でデジタルミレニアム著作権法（DMCA）が米国内のソフトウェア開発におけるフリーイノベーションに与えたマイナスの影響をおおよそ定量化することができた。フリーイノベーションにもたらす悪影響があることを明らかにできれば、有害であることが判明した特定の法律や規制を調整する根拠となるだろう。そうすれば法令や規制の立案者は、フリーイノベーターが自分で購入した製品のプログラムを解析し改良するという従来からある権利は、もはや妨げられることはないということが保障されるように、DMCAを修正することができるだろう（Stoltz 2015）。

2例目として知的財産権がフリーイノベーションにマイナスの影響を与えるかもしれないことが挙げられる。フリーイノベーターはその定義からして、知的財産権を獲得することはありえない。しかし、現行法ではフリーイノベーターに対して「家庭内使用」や非営利であることを例外として認めていないため、他者の知的財産権によってフリーイノベーターのイノベーション実行の自由が邪魔されるかもしれない。連邦議会はこの問題を改善するために、私的使用や非営利目的での使用もしくは実験を目的とした場合には、特許権を有する発明の複製に個人の法的責任を問わないという趣旨の法案を可決することができるはずである。家庭内使用の例外規定は、他の国ではすでに施行されている。米国でも、これを例外として認めれば、フリーイノベーターが負うコストは下げられるだろう。ベンクラー（Benkler 2016）は米国の法律で関連法案の変更とともに「実験的使用の例外」を拡大させた場合の効果を詳細に説明している。この例外の拡大は大胆に実施しなければ、彼の研究が示唆するような供給側イノベーションへの効果はほとんどないだろう。

ディスカッション

本書では研究と議論を通じて、フリーイノベーションは個人のイノベーターと供給側の利益、そして社会貢献という非常に広い範囲にわたって価値をもつことを明らかにしてきた。フリーイノベーションに関する法や規制、社会的支援の環境をしっかりと築くためには、フリーイノベーションとフリーイノベーションがもたらす便益に対して社会全体の認識が高まることが必要である。この点に関して、トーランスとの２０１５年の共著論文で提案した「イノベーション湿地帯」という概念が有用かもしれない。ボイル（Boyle 1997）が知的コモンズの価値を広めるために行ったように、ここ数十年にわたり行われてきた努力によって、自然環境が湿地帯から受ける大きな恩恵に社会全体が気づくようになったことを指して、この湿地帯という例えを用いた。

１９７０年代までは湿地生態系は、せいぜいもっといい使い道に回すための土地、と一般に考えられていた。最悪の場合には「マラリアの沼地」というひどい表現で例えられるように、病気や伝染病の有害な発生源と見なされていた。従って何十年もの間、政府は様々な規制や政策手段を通じて、湿地帯の埋め立てや干拓を進めていった。例えば、流域保護および水防法（１９５４年）によって、直接的にも間接的にも治水事業の対象となった湿地帯の干拓が推進された。農業保全プログラムのもと、暗渠排水と明渠排水は保全活動の一環と考えられていた。このような政策により、1950年代半ばから1970年代半ばにかけて年間平均55万エーカーもの湿地帯が失われていった（Dahl and Allord 1997）。

1950年代から湿地生態系の科学的理解が進んだことにより、湿地帯は危険で無価値な土地ではなく、実際には最も生産的で多様な生態系であり、多様な生物種の生息地として、また治水や浄水の機能を果たす場所として、有益であるという認識に大きく転換した。このような湿地の有益性が知られることで、湿地帯に対する社会の見方が変わり、政府の態度も変化していった。「有害な沼」は徐々に「価値ある湿地帯」とみなされるようになったのである。規制方針が変化することによって、国内外で、荒廃した湿地の保護や保存、再生にまで新たに取り組まれるようになった（Clean Water Act 1972; Ramsar Convention 1971）。政府がかつて破壊の対象としていた湿地の多くは、現在、保全の対象となっている。

私たちは、「イノベーション湿地帯」とは、個人によるフリーイノベーションが活性化するための権利と条件であると定義する。自然環境の湿地帯でまさにそうであったように、イノベーション湿地帯の本質とその影響力も理解される必要があり、さらにそこで行われるイノベーション活動の価値も十分に評価されなければならない。

フリーイノベーションの利益をより正しく理解することで、規制機関や企業がフリーイノベーションを抑え込むのではなく、共生できる風土を作り出すことができる。実例として、高度に規制された医療産業分野に関連するイノベーションを患者が行う自由に関する、とても興味深い議論を思い出してもらいたい。第6章で論じた一般的な事例と同様に、特に社会全体の理解が進むことで、供給者や監督当局者、立法者がフリーイノベーションに反対するのではなく賢明な判断でこれをサポートするなら、フリーイノベーターの開拓精神は、迅速な医学の進歩と医療機器製造企業にとても良いことだとわかるかもしれない。これまでみてきたように、フリーイノベーターは自分のためにイノベーションを行う「権利」をもっていて、かつイノベーションが必要な切迫した状況に置かれているのは明らかである。糖尿病患者のために医療機器を開発するNightscoutフリーイノベーショングループ（第1章で扱った）のモットーは「#WeAreNotWaiting（私たちは黙って待ってはいない）」である（Owen 2015; Nightscout project 2016）。このモットーには、Nightscoutグループの、喫緊の医療上のニーズに対して商業的解決策（こういった商業的解決策が現れるまで通常5年以上はかかる）を期待して待つために、供給側とFDAの建前的な言いわけを黙って受け容れはしない、というメッセージが込められている。実際、患者たちは自分を助けるためにイノベーションが行えるのだから、商業的解決法を待つ必要などないではないか。

医療分野での自己実験に危険が伴うのは明らかだが、それにもかかわらず、個人は自分を助けるためその危険を冒す「権利」をもっている。そのような実験から失敗や怪我、あるいは死亡事故が起こった例は明らかにあるだろう。しかし、同時に多くの人の命を救うような大きな進歩も期待できるだろう。このような活動全体の価値を理解しサポートする風土こそ、立法者や規制当局者が行う特定の不幸な失敗に対する「取り締まり」に対抗する力となると考えられる。そして結果的に、取り締まる代わりに、より安全にイノベーションを行い、開発したイノベーションの実際の安全性と性能をより正確に評価できるようにするための賢明な支援を得ることができるだろう。

例として、現在米国FDAは、世界中にある同種の政府機関も同様であるが、臨床試験の「ゴールドスタンダード」システムを支持している。このシステムは時間をかけて出来上がったもので、今では非常にコストがかかかるため、高利益を生むであろうと予測される医薬品や医療機器のイノベーションにしか実行可能ではなくなった。多くの重要で一般的な医療イノベーションはこのシステムのもとでの臨床試験を通じて評価されることはない。例えば、朝ベッドから出るのをアシストするような新しい機器や手法は多くの障害者や高齢者にとって非常に価値あるものかもしれないが、FDAに要求されるような臨床試験を用いてその効能や安全性を調べるのは費用効率がいいとは言えない。

フリーイノベーターによる医療イノベーションの開発や個人使用、普及を抑制しようとする代わりに、そのような活動に対する社会の認識を高めることで、より好意的な反応がもたらされるかもしれない。例えば、社会と供給者の支援が、フリーイノベーターのコミュニティが素早くフリーイノベーションの効能と安全性を評価できるような、使い勝手が良く、手ごろな臨床試験の手法を開発する助けとなるかもしれない。患者によって行われる臨床試験の実用性は、例えば筋萎縮性側索硬化症（ALS）の治療候補の臨床試験で証明されている（Wicks, Vaughan, Massagli, and Heywood 2011; DoubleBlinded 2016も参照のこと）。もちろん最初のうちは、少なくともこのようなコミュニティをベースとした臨床試験の方法はFDAのゴールドスタンダードのレベルに満たないかもしれない。しかし、FDAのゴールドスタンダードも1日にして成ったものではない。一般市民の理解をもとに、FDAと供給者、立法者は、この先も時間をかけて着実に発展していくであろうFDAのシステムを補完する民間のイノベーションの開発を支援することができるだろう。

対照的に一般市民の支持がなければ、FDAは通商条項の規制にもかかわらず、フリーイノベーションを抑え込もうと考えるか、あるいは無理にでも抑えこもうとする可能性がある。例えば、悪意のある人物が医療機器を「ハッキング」する可能性があるとして、FDAはフリーイノベーションのコストを上げようとするかもしれない。あるいは、例えば、FDA管轄下の医療機器製造企業に対して、解析して模倣したり、個人データを抽出したり、もしくは自分が使用するために改善することが患者ではより難しい機器をつくったりするよう強要することもできる（例として、第1章で取り上げたNightscoutのイノベーターは彼らが開発した無料かつとても有用な機器に入力するために、市販の医療機器によって集められた個人の測定データへのアクセスが必要であった）。結果として、このような状況は前に取り上げたデジタルミレニアム著作権法による海賊版への法の適用範囲が広すぎた事例と同じような悪影響を与えると考えている。そういう方法ではなく、悪意のハッキングを阻止すると同時に自分の機器やシステムを改良したいと願う所有者と使用者に「所有者免除」を与えるのは十分可能であり、明らかに望ましい対応であると考えている（Schoen 2003）。

著名な法学者たちが、大衆の考えがそのように変化していくことを支持し勧めている。パメラ・サミュエルソン（Samuelson 2015, 1）は「人々は、技術やほかの人工物を様々な理由でいじくりまわす。それは楽しむためであり、遊ぶためであり、どうやって動くのかを知るためであり、その欠点や弱点を探るためであり、技能を高めるためであり、自分の潜在能力を解き明かすためであり、人工物を修理し、改良するためであり、新しい用法を見つけるためであり、時には破壊するためである」とし、手厚く保護されたイノベーション湿地帯での「創意工夫する自由」の重要性を説く。サミュエルソンは、創意工夫の自由を維持し、法的に守るためには努力が必要であると訴えている。ウィリアム・W・フィッシャー3世（Fisher 2010）は同様に創意工夫をすることは本質的に「人類の繁栄」にとって重要であると述べ、心理学および哲学研究に基づいてユーザーイノベーションは自己実現、豊かな人生、人類の幸福へ至る重要な道であると主張している。

結論として、フリーイノベーションは人類の幸福と発明における進歩にとって重要であるといえる。私たちの協働研究によって、フリーイノベーターは基本的な法律によってかなりしっかりと保護されていることを明らかにした。それと同時に、社会全体と政府が、フリーイノベーションが人々と社会福祉、国の経済へもたらす便益を理解することによって、イノベーション湿地帯はよりよい環境へと育っていくと考えている。

訳注

(1) バラク・オバマ大統領時代に実施された米国の医療保険改革に関する医療保険加入サイトの不具合についての最高裁判所判決。

第11章 フリーイノベーションの研究と実践は次の段階へ

これまでみてきたように、フリーイノベーションは、国の経済の家計部門において重要かつさらなる成長が見込める「草の根」イノベーションプロセスである。対価を得る取引ではないため、基本的に供給側のイノベーションと比べ単純である。この最終章では、フリーイノベーションの理論、政策、実践の研究を発展させることに興味がある人に向けて、具体的な次のステップを提案する。もちろん、これはあくまでも提案であり、おそらく他にも多くの素晴らしいアイデアがあるに違いない。

次のステップに向けて

本書でみてきたように、フリーイノベーション体系は家計部門のイノベーションを理解するための包括的で新しい枠組みである。この体系が供給側のイノベーション体系と合わさったとき、イノベーション理論の発展、実証研究、政策立案と実践の新たな可能性がみえてくる。次節以降、各分野における問題点と新しい論点となりそうな疑問点について順番に考察していく。また、次のステップを価値あるものにするために、読者の方々はフリーイノベーション体系についてのあらゆる研究が初期段階にあることを忘れないでおいていただきたい。それゆえ、これまで各章において示された理論研究や実証研究は今後の進展に先立つものであると同時に、さらなる進歩が望まれるものであることも理解しておいていただきたい。

まず始めに、フリーイノベーション、ユーザーイノベーション、ピアプロダクション[訳注(1)]、オープンイノベーションという概念がもつ、それぞれの研究視野を比較することから始めよう。研究者はもちろんそれぞれのテーマや研究スタイルに最も適した視野を選択している。次に、フリーイノベーションだけを取り上げ、それに関する課題や疑問点を検討する。そして、フリーイノベーションを定量的にとらえる手法を改良するためのステップを提案する。これは、この分野の研究の発展に非常に重要なポイントである。それから、フリーイノベーションにミクロ経済理論を援用し、フリーイノベーションをイノベーション政策の重要な構成要素に組み込むためのステップを提案する。その後、フリーイノベーション体系を用いて、供給者によるオープンソースイノベーションとイノベーションの範囲を逸脱した家計部門の創作活動（例えば、二次創作からウィキペディアへの貢献までを含む、幅広い「UGC：User Generated Contents（ユーザー創造コンテンツのこと）」）に関連した経済活動への理解を深める方法を提案する。

最後に、フリーイノベーションとフリーイノベーション体系について、さらなる研究を通じ、より深く理解しようとすることがいかに重要であるかを再び述べることで、本書を締めくくりたい。フリーイノベーションは「家計部門」に属するすべての人が活躍する場を提供すると同時に、ひとりひとりの生活を豊かにし、社会福祉を向上させ、国の経済をよくするだろう。

フリーイノベーションとその研究の「視野」

第1章においてフリーイノベーションとは、(1)消費者が無給の自由時間に私財を投じて開発していて、(2)開発者によって保護されておらず、それゆえ誰もが無料で手に入れることができる性質のものである、と定義したことを今一度思い起こしてほしい。このフリーイノベーションの定義は意図的に非常に限定的な表現を用いている。フリーイノベーションのモデルやサンプルにどんな形であれ対価が支払われる取引は「一切」含まれてはならないし、そのイノベーションの開発は完全に自己報酬を目的として行われたものでなければならないことがルールである。この非常に厳密ではっきりとした定義を用いるのは、存在しうる多くの媒介変数を除外するためである。そうすることで、研究者はフリーイノベーションの中核的な現象をより明確に分析することができるだろう。中核的現象の実例には、前述したフリーイノベーターによるイノベーション開拓があり、フリーイノベーターには普及に向けたインセンティブがおそらく足りないという問題がある。

当然、この世の中は非常にハイブリッドで多様なため、このフリーイノベーションの定義から大なり小なり外れるものも多いだろう。しかし、これは研究者にとって問題というよりはチャンスである。この厳密な視野を用いて、興味深い現象をまず単独で切りだして分析してから、徐々に定義の幅を緩めていくことでハイブリッドな事例を考慮に入れるというやり方ができる。段階的に視野を緩める方法をとることで、ハイブリッドな事例にフリーイノベーションの特徴的行動が残っているか、どの程度残っているのか、あるいは新しい行動の発生が認められるのかを判断することができる。例えば、現在のOSSやオープンソースハードウェアプロジェクトの一部の参加者は、全員無償で働く家計部門のイノベーターである。それ以外のプロジェクトでは、一部あるいは多くの参加者が傘下企業から報酬を得ている。この変数をプロジェクトに関連する社会的便益とともに用いることで、有給の参加者をどの程度加えるべきか、プロジェクトに関わる供給者側のインセンティブによってオープンソースプロジェクトのあり方とその成果がどの程度変わるのかを調べられるかもしれない。

「非供給側のイノベーション」現象の様々な側面を明らかにする研究視野には、コモンズベースのピアプロダクションやユーザーイノベーション、またオープンイノベーションがある。研究者はこれらの概念あるいはそれ以外もしくは自分で展開した概念の中から、取り組んでいる研究課題や関心に応じて選択することが望ましい。

コモンズベースのピアプロダクションはベンクラー（Benkler 2002, 2006）によって生み出された造語で、彼の研究をきっかけに注目を集めるようになった用語である。コモンズベースのピアプロダクションとは、大勢の参加者が自分の専門性や能力を活かして活動に貢献する分散型「生産」ネットワークのことを指す。多くの場合インターネットを介して、価値の高い成果を生み出し、それをコモンズに公開するために協働する。

コモンズベースのピアプロダクションは、フリーイノベーションと多くの要素において共通しているが、この2つの概念は限定性と包括性において対立していることが最も重要な相違点である。前述の通り、フリーイノベーションの概念は非常に限定的であるのに対し、コモンズベースのピアプロダクションの概念はもっと豊かで、しかも複雑系を含んでいる。よってフリーイノベーターは自己報酬型でなければならないのに対し、コモンズベースのピアプロダクションの参加者はそれに限らない。ピアプロダクションプロジェクトの参加者は自己報酬型の場合もあるし、報酬を得ている場合もあるだろう。同様に、フリーイノベーターはイノベーションの開発と普及の過程を通して、対価が支払われる取引をしてはいけないのに対し、ピアプロダクションプロジェクトの参加者は社会的な対価あるいは金銭的対価が支払われる取引をすることもあるため、それに伴う取引コストを負担することがある。このように包括的な概念であるがゆえに、コモンズベースのピアプロダクションの視野は、特に複雑な現実社会の状況を対象とする記述的研究に十分役立つ。しかし同じ理由で、この視野は定量的な分析とモデリングを行うには不向きであろう。

ユーザーイノベーションは、イノベーターと開発するイノベーションとの間の機能的関係を対象としている。イノベーターが私的利用あるいは家庭内利用のためにイノベーションを行えば、誰であれユーザーイノベーターである。イノベーターが、成果物を販売するためにイノベーションを行うなら、誰にせよ供給側イノベーターとなる（von Hippel 1976, 1988, 2005）。この単純な定義では、自己報酬かどうかや対価を得る取引かどうかは重要でない。結果として、ユーザーイノベーションの視野においては、フリーイノベーターも利益を求める個人や企業もどちらもユーザーイノベーターに含まれることになる。例えば、ユーザーイノベーター企業は商品というより自社利用を目的として新しいプロセス機器を開発するとしよう。この企業は事実、ユーザーではあるが、フリーイノベーターではない。なぜなら、業務中にその機械を使うことで利益を生み出していると考えられるからである。

ユーザーイノベーションの研究視野は、ある特定のイノベーションのニーズに関して、実体験からくる情報をもつイノベーターか、それとも人から得た情報をもつ者か見分けるのに役立つ。フリーイノベーターか企業かにかかわらず、ユーザーはニーズに関する情報の発生源である。それに対し、供給者がニーズに関する情報を手に入れるには、情報の信頼性がある程度損なわれるとしてもユーザーから得るしかない。この明確な相違点を情報の粘着性（von Hippel 1994）の概念と併せることで、ユーザーと供給者は粘着性のある情報を蓄積する場所が異なるゆえに、異なるタイプのイノベーションを開発する傾向がある理由を理解しやすくなる。また、個人のフリーイノベーターか企業かにかかわらず、ユーザーはイノベーションを行う際に自分のニーズにしか興味がないのに対し、売ることを目的とした供給者は広い市場を考慮しなくてはいけない。第4章の家計部門のフリーイノベーターの例で述べたように、この違いによってすべてのユーザーイノベーターがイノベーション開拓に積極的に取り組むに違いない。

オープンイノベーション（Chesbrough 2003）は供給側のイノベーション体系にすっぽりと包含される概念である。この分析視野は革新的なコンテンツや知的財産の売買に関する企業戦略が、自社で開発した知的財産のみに頼る戦略と比べて、利益に結び付く理由や利益を上げるタイミングを調査し、説明するのに有用である。この「オープン」という用語はインフォメーション・コモンズに関係しているものではなく、「組織的に」オープンな供給側イノベーションプロセスを指す。その点においてオープンイノベーションはテクノロジー市場の概念に似ている（Arora, Fosfuri, and Gambardella 2001; Rivette and Kline 1999）。フリーイノベーションに関連する研究課題ということで言えば、オープンイノベーションという切り口はその現象を利益に結びつける供給側の戦略を分析するのに有用かもしれない。

フリーイノベーションの定量化

本書では、経済的な理論の展開と分析に沿う形でフリーイノベーションを扱い、明らかにしようと試みてきた。フリーイノベーションは根本的に「お金に関わる」ことがまったくないにもかかわらず、である。むしろ、フリーイノベーターの動機に関する研究で示されているように、フリーイノベーションは役に立つこと、参加すること、楽しむこと、学ぶこと、創造すること、他者の利益を優先すること、その他「人類の繁栄」に関係する様々な重要な事柄と結びつく、幅広い人間の興味と価値観にもっとも直接的に「関わっている」(Fisher 2010; W. von Hippel, Hayward, Baker, Dubbs, and E. von Hippel 2016)。それでもやはり、フリーイノベーション体系と供給側イノベーション体系における活動を分析するために、両方に共通する経済的測定法が必要である。

経済分析に耐えうるようなフリーイノベーションの測定方法を開発するのはたやすいことではない。フリーイノベーションは供給側のイノベーションと明らかに違っており、投資の価値が数値として記録される取引がなく、残るのは生み出され普及した成果物のみである。さらにフリーイノベーターは特許権を申請しないので、フリーイノベーションにおいてはオリジナリティを担保する特許権に相当するようなものもない。それでも、この2つの体系における活動と成果物を測定する妥当な方法の考案は可能であろう。フリーイノベーションの及ぶ範囲と重要性を考えるに、この取り組みは明らかに労力を費やす価値がある。値札が付いていない商品に値をつける試みは始まっており、これからも必ずや発展するだろう(例えばBrynjolfsson and Oh 2012; Ghosh 1998)。

現在、家計部門のフリーイノベーションは政府の公式統計では「全く」扱われてきていない。従来のシュンペーター的な供給側中心主義に責任の一端があり、公式な統計でイノベーションのデータを集める際には、たいていはビジネスセクターの企業にその努力を集中させているからである。さらにフリーイノベーターにより開発され、無償で普及されるイノベーションは、現在の正式なOECDのイノベーションの定義とは合わないからである。第1章のOECDによる次の定義を思い出してほしい。「イノベーションの一般的な特徴として、必ず「実行されて」いることが挙げられる。新製品あるいは改良された製品が市場に導入された時点で、実行されたとみなす」(*Oslo Manual* 2005, paragraph 150)。当然、フリーイノベーションは市場経由では普及しない(無料で普及されるためOECDの定義では「実行」されていないことになる)。インターネットが可能にした広範囲に及ぶ普及手段も含めるように、公式のイノベーションの定義を修正することによって、この問題を解決する努力が必要である(Gault 2012)。

OECDの「市場への導入」という必須条件は、その条件が存在しうる限り、イノベーションの定量化に大きな歪みをもたらす。もっとも直接的にいうと、イノベーションの正式な定義に当てはまらないということで、家計部門で生み出されるフリーイノベーションがみえなくなることに繋がる。さらには、フリーイノベーションは供給側が商品化した場合に限り、その瞬間だけ公式なイノベーション統計に数値として現れることになる。そしてその時点でイノベーションは供給側が「市場に導入した新製品」として、実際に開発したフリーイノベーターではなく、「供給側」の功績になってしまう。これは明らかにイノベーションの発生源を偽っていることになる。結果として、消費者用製品やサービスに向けた供給側の研究開発の効率性は誇張されたものになっている。そのような数値はかなり誇張されている可能性がある。複数の実証研究で、供給側によって商品化された主な消費財におけるイノベーションの、およそ50%から90%が実際には、もともと家計部門のイノベーターにより開発されたものであることを明らかにしている(Shah 2000; Hienerth, von Hippel, and Jensen 2014; Oliveira and von Hippel 2011; van der Boor, Oliveira, and Veloso 2014)。

これまで、政府による公式統計から除かれてきたため、フリーイノベーションに関する統計は本書で取り上げられているようなフリーイノベーションに関する実証研究でしか集計されてこなかった。この先、定期的に家計部門のイノベーションに関する豊富なデータが収集されることが当然必要である。そうすることで、フリーイノベーションの発展に関する研究から、条件や媒介変数が及ぼす影響に関する研究まで多くの研究で必要な時系列のデータを蓄積していくことができるだろう。

家計部門のイノベーターや供給側に関する社会調査は、上記のような研究に必要な情報を集める役割を果たしている。社会調査では、家計部門の個人にフリーイノベーションや商業的イノベーション活動、それらに費やしたものや生み出した成果について直接尋ねることができる。また、ピアプロダクション方式でも供給側によるものでも、普及についての「フリーイノベーターの言い分」を集めることに社会調査を利用することができる。それを補足する供給側の言い分を知るためには、フリーイノベーターのデザインの採用やその価値をたずねるよう、政府の企業調査を変更することができる。これについては、フィンランドとスイスで行われたコミュニティイノベーション調査（CIS）に実験的質問を追加するというやり方で初めて試されている。この試みによって、フリーイノベーションに関する価値の高い情報をCISで集められることが証明された。

具体的に、フィンランドで行われたCISに追加された実験的質問に対する回答で、供給側は実際に顧客のデザインを新商品案に採用していること、また、そうすることが市場の成功にとって重要であることを明らかにした（Kuusisto, Niemi, and Gault 2014）。2014年のフィンランドで行われたCISによると、消費者向け製品に特化しているフィンランド企業のおよそ6・1％が、エンドユーザーによる完全に新しい商品デザインは商品開発において中程度から高い重要性をもつと答えた。さらにそれらの企業の8・7％は、エンドユーザーによる商品の改良も中程度から高い重要性をもつと回答した（Statistics Finland 2016, appendix tables 6, 7）。さらに、スイスで実施されたCISの実験的質問の分析から、フリーイノベーターと供給側との労働分担という視点でみると、供給側にメリットがあることが明らかになっている（Wörter, Trantopoulos, von Hippel, and von Krogh 2016）。

フリーイノベーションへのミクロ経済理論の援用

家計部門におけるフリーイノベーションの重要性が大きくなっているにもかかわらず、フリーイノベーションは、ミクロ経済の基本的要因としてまだ認められていない。この理由の1つとして、フリーイノベーションのデータが蓄積していないことが挙げられる。また、イノベーションに関心がある研究者でも、説得力のあるデータの不足などの理由から、国の経済における家計部門のイノベーションの重要性と拡大には目をつぶって、従来の供給側イノベーション体系の問題にのみ取り組むことで十分満足しているからでもある。何しろ、イノベーション開発活動のかなりの部分が、シュンペーター型のフレームワークに当てはまる。さらに何十年にもわたって蓄積された学術的知見とデータによって、供給側の体系は、通常科学を行うのにうってつけの豊かな環境となっているからだ。

イノベーション研究と研究課題をフリーイノベーション体系が含まれるところまで拡大することで、イノベーションのこれまでになく豊かな経済理論の新しく興味深い視座が開かれる。本書でもすでに複数の実例を示してきた。第4章ではフリーイノベーターが新しい応用分野や市場を開拓し、供給者がその後を追うことが多い理由を説明した。第5章ではフリーイノベーションの普及を失速させる可能性が高い市場の失敗について述べた。第3章と第6章ではフリーイノベーターと供給側との労働分担という今後発展しそうな概念について論じた。また、供給側だけがイノベーションを起こすような状況と比べ、フリーイノベーターは、社会全体だけでなく一般的には供給側の利益にもよい影響を与えていることを示した。

知行った研究のなかで特筆すべきものとして、フリーイノベーション体系におけるイノベーション活動では、的財産権を所有することができるにもかかわらず、それを必要としないことを明らかにした。この発見によって、イノベーションに関するミクロ経済モデルの中心特性である知的所有権というシステムによって、個人のイノベーションへの投資は守られているという前提を再考しなければならない可能性も出てくる。この前提の根拠は、イノベーションへの投資から得られる供給側の利益は、誰でも簡単にイノベーションを模倣できる場合には失われるがゆえに、供給側は一定期間、そのイノベーションを排他的に管理しなければならない、という考えである（Machlup and Penrose 1950; Teece 1986; Gallini and Scotchmer 2002を参照のこと）。

供給側がイノベーションデザインにおける「自身」の投資を守り、利益を得るために知的財産権を必要とする場合でも、フリーイノベーターの無料のデザインを採用すれば、供給側の投資はもっと少なくて済み、おそらく何も守らなくて済むことをみんな当然知っている。よく知られているように、社会全体からみれば、知的財産権は悪魔との契約であるため、フリーイノベーションは歓迎すべき選択肢であるといえる。供給側にとってもイノベーションを行う動機が（おそらく）強まると同時に、独占的な価格設定を行うことの社会的責任も減らせる。知的財産権のもち主がさらなる研究と開発が期待できる道に料金所を設けるように、特許権はそれぞれの分野の効率的な進展を妨げる（Murray and Stern 2007; Bessen and Maskin 2009; Murray, Aghion, Dewatripont, Kolev, and Stern 2009; Dosi, Marengo, and Pasquali 2006; Merges and Nelson 1994）。このようなマイナスの影響を和らげようと、長い間人々は努力してきた（例えば、Hall and Harhoff 2004など）。しかし、知的財産権に関する社会的に望ましい姿と供給側の目指すところの長年の対立は根深く、問題はそう簡単には解決されないだろう。

知的財産権の必要性と影響の見直しは、現在その権利が効果をもつ分野について、現状に即した理解に基づいて行われるべきである。場合によっては、法的には付与されていても実際には特許権が存在しないこともある。

よって大学や政府系機関、非営利団体に所属する生物医学分野の研究者は、自分たちの研究の邪魔になるような主張をする可能性がある特許権保有者の法的権利を日常的に無視することがわかっている（Walsh, Cho, and Cohen 2005）。それに対して、大部分のイノベーションは法的に保護されていないので、経済学者によって自由に利用できると思われているが、実際は法的にではなく社会的な方法で、無償で採用しようとする人たちからイノベーションを保護している。例えば著名なシェフが開発し公開している、新しく経済的にも重要なレシピを法的に独占する権利はない（レシピには特許権も著作権も適用されない）。しかし、それにもかかわらずこのようなレシピは、プロのシェフコミュニティ内に存在する模倣禁止の規範に対するコミュニティの圧力によって事実上保護されている（Fauchart and von Hippel 2008; King and Verona 2014）。

フリーイノベーションのための新たな政策立案

イノベーション支援を目的として公共政策が介入することを正当化する基本的な概念は、公共の利益を充実させるということである。ガンバーデラ、ラアスチとの共同研究（Gambardella, Raasch, and von Hippel 2016）で、私たちはフリーイノベーションと供給側イノベーションとの間で労働分担がある場合に、公益が増大すると論じた。フリーイノベーションの開発と普及両方に関連した新しい政策は、このような望ましい状況に移行していくことを支援するのに役立つだろう。

政策主導によるフリーイノベーション支援には、フリーイノベーターの開発コストを下げるための方法が含まれるのは間違いないだろう。それらの方法のなかに、フリーイノベーター間でデザイン情報を交換するためのオープンスタンダードの開発に向けた公的資金の提供も含まれている。さらに、同種のものとして政府による企業の研究開発部門向け助成金があるが、これは個人のイノベーターの大部分は普段目にすることがない高性能の設備を備えたメーカースペース（ファブラボやハッカースペースとも言われる）のようなフリーイノベーターが利用できる施設をアップグレードするために提供される（Svennson and Hartmann 2016）。インフラを向上させる他の政策としては、消費者の満たされていないニーズに関する公開データを特定したり、集計したり、分析したりするための「ビッグデータ」手法の開発に対する援助がある。結果としてこれらの政策によって、フリーイノベーターはイノベーションの機会が増え、その平均的な社会的価値も上昇していると感じることが多くなるかもしれない。

第5章で、フリーイノベーターは無償で自らのイノベーションを普及させる際にあまり投資したがらないと述べたことを思い出してほしい。政策主導による、フリーイノベーションの普及にかかるコストへの支援と削減策によって、フリーイノベーターの投資不足を補えるかもしれない。例えば、無料かつ簡単に利用できるデザイン情報の公的な貯蔵庫が考えられる。このような貯蔵庫ではオープンドキュメントスタンダードを用いるべきである。オープンスタンダードを積極的に進めていかなければ、無料のデザイン情報貯蔵庫を所有する者が出てきて、それぞれの貯蔵庫のスポンサー企業が、私的なスタンダードを使用し始めることになりかねない。

ガンバーデラ、ラアスチ、フォン・ヒッペル（Gambardella et al. 2016）は、フリーイノベーターによるイノベーション開発に対して行う「供給側」の投資を支援する政策は、フリーイノベーションを補完するための投資と、それを代替するための投資を注意深く区別できるように設計されるべきだと述べている。企業の研究開発に対する政策的インセンティブによって、企業がフリーイノベーションと相乗効果を生み出す活動への投資を誘導される場合には、明らかに公益を増大させる。しかし、もし政策的インセンティブが、フリーイノベーションが本来行うべきイノベーションを代替してしまうような供給側の研究開発を支援するならば、実際のところ、フリーイノベーターから企業へ公益を譲っていることになり、おそらく公益全体は減少しているに違いない。

前述したように、技術が発展したおかげで、フリーイノベーターにとってイノベーションの機会は増加し続けている。それに伴って、フリーイノベーターと供給側イノベーターとの適切な労働の分担も、常に刷新していかなければならない。一例としては、患者と臨床医は通常診療の合間に、恒常的に特許権の切れた医薬の新しい用法を探索する、などを考えてみてはどうだろうか（DeMonaco, Ali, and von Hippel 2006）。使い道が新しいだけでは独占権が適用されないため、当然のことながら、供給側はそのような臨床試験に投資することには利益を見出さない。供給側に立ってこの問題を解決しようとすると、製薬会社に対して薬の新たな使用法にも追加的に独占権を与えるということになる（Roin 2013）。それに対して、フリーイノベーターの立場に立つと、供給側に左右されることなく患者と臨床医が臨床試験を計画、実行できるよう支援するということが考えられる。第10章で示したように、筋萎縮性側索硬化症（ALS）の期待できる治療法の治験において、この解決法は実現可能であることが明らかとなった（Wicks, Vaughan, Massagli, and Heywood 2011）。

フリーイノベーション体系での洞察を、イノベーション研究の枠を超えて広げる

家計部門のイノベーターは無報酬で、社会的に価値のある多くの無料の情報をイノベーション以外にも作り出す。現場に居合わせた通りすがりの目撃者によるニュースの収集、評価、拡散（Benkler 2006）、ウィキペディア

に無償で寄稿する調査や記事、無報酬のアマチュア作家コミュニティによる「二次創作」物や無料配布などが例として挙げられる（Jenkins 2008; Jenkins, Ford, and Green 2013）。これら家計部門から生み出されるイノベーションではない特定の創作物やその他の同じようなものをまとめて、よく「UGC：User Generated Contents（ユーザー創作コンテンツ）」、あるいは「UCC：User Created Contents（ユーザー・クリエイテッド・コンテンツ）」と呼ばれている。OECDの調査報告書は「UGC」を「（i）インターネット上で公開されたコンテンツで、（ii）『ある程度の創作努力の形跡』があり、（iii）『業務外で作られた』もの」と定義している（Wunsch-Vincent and Vickery 2007, 4）。

UCCの作製と普及に関わる活動や経済性への考察は、フリーイノベーション体系によって、かなりうまく説明できると考えている。何といってもUCCは多くの場合、フリーイノベーションと同様に自己報酬を動機とする無償で個人によって自由時間に開発され、開発者によって無料で広まることがよしとされている。

振り返ってみると、イノベーション以外の家計部門における創造的活動と成果を説明することにかけてもフリーイノベーション体系が有効であることは、驚くに値しない。供給側のイノベーション体系に関連する独特のふるまいや政策決定の困難さの多くは、イノベーションに対して行った自社投資から利益を得ることを目的に、売り上げの利益を独占しようとする供給側のニーズから生じている。それに対し、フリーイノベーション体系におけるイノベーション開発は自己報酬型であるがゆえに、成果が「無料で」拡散されても行う価値がある。これは、自己報酬が動機となり生み出され、配布されるUGCにも当てはまる。

同じような例として、家計部門での、無償で自己報酬によって動機づけられた「ファンによる二次創作」作家の作品と無料配布を考えてみてほしい。二次創作の作品は一般的に、よく知られている作家の本を土台に自分の作品を作る。これらの「派生的な作品」は著作権法の下では違法であるにもかかわらず、二次創作作家によって生み出され、無料で広範囲に配られている（Jenkins 2008）。著作権に保護された作品が気づかずにお膳立てした「土台」や「ツールキット」を利用して作る家計部門の個人は、第6章と第7章で論じたフリーイノベーターと供給者の関係と同じ経済的相互作用を出版社に対して及ぼす。現在、出版社と人気作家は、ファンによる二次創作は知的財産に無料で商業的価値を付加してくれることを徐々に理解しており、その結果、二次創作を抑え込むのではなく支援する傾向が強まっている（Arai and Kinukawa 2014）。二次創作の消費者は、二次創作の元となった商業的作品の熱心な購入者であることがわかっている。実際に二次創作は、供給側にとっては価値ある無料のおまけのようなものであり、出版した作品の市場を拡大していると思われる。さらに、フリーイノベーションによって作られたデザインが、場合によっては商業化されるように、二次創作も出版社にとっては商業的に価値ある作品や新しい作家を見つける場となりうる（Jenkins et al. 2013）。つまり、無給の二次創作作家と商業的作品の供給者との経済的相互作用はガンバーデラ、ラアスチと共に行った共同研究（Gambardella et al. 2016）で論じたフリーイノベーション体系と供給側イノベーション体系内におけるイノベーター間の相互作用と非常に似通っていると思われる。

フリーイノベーション体系における普及の失敗の特徴は、第5章で説明したとおり、無料のUGCに影響する。例えば、ウィキペディア寄稿者の多くは自己報酬に動機づけられているため、大人数の読者が確実に強い関心をもっているトピックではなく、個人的に関心があるトピックについて書くことがわかっている。すなわち、もし自己報酬型のウィキペディア寄稿者が蘭の愛好家なら、たとえ大部分の読者が配管の記事を熱心に望んでも蘭の記事を書くだろう。4カ国版のウィキペディアを分析し、すべての国で供給と消費の間に大きなズレがあることを明らかにしたワーンク＝ワング、ランジャン、テルヴィーン、ヘクト（Warncke-Wang, Ranjan, Terveen, and Hecht 2015）の研究によって、この傾向が確認されている。

フリーイノベーション体系の原理や実践を拡張して、イノベーションよりさらに幅広い家計部門の個人的、社会的価値をもつ開発まで説明したり支援したりできるようにする方法を調べることは非常に有益であるだろう。また本書で引用した多くの著者が明らかにしているように、無料の創作活動全般、なかでもフリーイノベーションは特に、自己表現や能力など個人的に評価される経験の側面を通じて公共の利益と多くの個人の生活を向上させる（Fisher 2010; Benkler 2006）。

本書では、才能ある共同研究者たちと数年にわたり発展させた新しい理論と研究知見を、「フリーイノベーション体系」という枠組みで融合させることを試みた。このフリーイノベーション体系を、シュンペーター的イノベーション体系の妥当性への挑戦、かつ、それを補完するのに役立つ理論と位置づけた。両方の体系が重要なイノベーションプロセスを説明しているが、フリーイノベーション体系は、供給側イノベーション体系には組み込まれていない家計部門の重要な現象を体系化している。

フリーイノベーション体系を提案し議論することで、この理論をサポートするのに必要な研究はすべて終わったと主張しているわけではない。それどころか、主張したいのはまさにその逆である。新しい体系は、観察された新しい現象を理解しようとするときや新しい研究のきっかけとなる基本的な統一構造の発見に関わる発想が必要とされるときに、もっとも役立つものである（Kuhn 1962）。これが、本書で述べたフリーイノベーション体系が果たすべき役割なのである。この試みが成功すれば、現状のシュンペーター的な供給側中心の体系ではとらえられない重要な研究課題と知見に枠組みを与え、サポートすることができるだろう。そうなれば、イノベーション研究や政策立案、実践における更なる進歩のための改良された土台を与えることにもなるだろう。
また、フリーイノベーション体系は、「民主化された」家計部門のイノベーションの実践を説明するものとして、私たちが創造的活動を行う自由と能力に対する理解を深めるのにも役立つ。フリーイノベーションの現状と未来をさらに掘り下げることによって、より効果的にその成長と発展を支援することができるだろう。それは、ひいては私たち自身の成長と発展に繋がっていくのである。

訳注

(1) 不特定多数がウェブ上で情報等を合わせて何かを作り出す行為のこと。

付録1 家計部門におけるイノベーションに関する質問紙調査票

第2章で挙げたような、製品開発における家計部門活動の国際比較が可能となったのは、調査チームが質問紙調査実施の際に、意図的に共通の土台になる質問紙を（場合によっては他の質問を追記して）使用したためである。ここでは、新たな研究者が比較可能なデータとして他の国々を加える、もしくはある国において長期的な調査を行いたいと考える場合のために、共通質問紙の最新版（de Jong 2016）を掲載することにする。この質問紙調査の主たる作成者はデジョン（Jeroen P. J. de Jong）である。彼は質問紙の策定・分析に関する専門家であり、この質問紙を使用もしくは改変する際にはアドバイスをくれるだろう。

第2章で触れた全国質問紙調査のとおり、調査チームと筆者は、家計部門の製品イノベーションに関する情報収集においてのみ以下の質問紙調査票を使用したことに留意されたい。国家経済におけるサービス業の経済的重要性という観点からすると、家計部門開発に関するデータをサービス業にまで拡張できれば、明らかに有益なものとなるだろう。しかし、残念ながら、調査チームと筆者は未だにこれを信頼性の高い方法で行う方法を見出せていない。いくつかの質問紙調査を修正したりして試してみたが、成功には至らなかった。どうやら、質問紙調査票を前にした回答者が、イノベーションとは無関係な日常生活の繰り返しから、サービス開発の場面のみを切り出すことが一般的に困難であることが根本的な問題のようである。

例を挙げると、祖父が、座った姿勢からより安全に立ち上がれるように、彼のお気に入りの椅子に物理的な改造を施したこと（これは製品イノベーションといえる）については、質問者の補助的な指示によって、回答者は比較的容易にその開発のときのことを思い出すことができた。いっぽう、祖父が介護士の助けを得て改造前の椅子から安全に立ち上がるために一連の特別な体勢を考案したことに関しては、回答者は思い出すことも報告もできない様子だった。これは、事後確認のために回答者と対面式のインタビューを行い、この体勢の考案が存在したことが明らかになった場合であってもそうだった。質問者側が、考え出した解決策ではなく、最近起こった問題について最初に尋ねるようにしても、依然としてこの問題は残った。そこで回答者は「祖父がお気に入りの椅子から安全に立ち上がれるかどうかという問題があった」と返答するかもしれない。しかし、次に「それにどのように対処しましたか？」と聞くと、問題解決に向けてサービスや技術面での改変を行ったことよりも、物理的な改造を行ったことのほうを、より多く思い出したのである。

調査チームと筆者は、これが、家計部門のフリーイノベーターによるサービスでのイノベーションの一般的な欠如を反映しているとは思わない。第8章に記された医療サービスでのイノベーションの研究に登場する回答者の多くが、日々の生活において大きな困難を経験しており、難病を患っていることを思い出してほしい。一般的な家計部門イノベーター、つまり基本的にはそこまで重要性の高くないニーズに対処している人たちとは違って、こうした人々はサービスイノベーションについて多くのことを思い出すことができた。少なくとも、日常的な状況で大きな助けとなり改善をもたらした件に関しては思い出すことができていた（Oliveira, Zejnilovic, Canhão, and von Hippel 2015）。以下に示す質問紙調査票を使用する研究者は、この問題の解決に挑戦することになるかもしれない。良い解決策を編み出すことは、私たち全員にとって有意義だろう。

次に、この質問紙調査票を作成するにあたって選択した事柄について、いくつか説明しておきたい。

1つ目に、回答者が開発したイノベーションを思い出す際の補助として、特定の対象に関する一連の指示を回答者に与えることのできる手順をデジョンが考案した。例えば、「過去3年間のうちにコンピュータ・ソフトウェアを開発もしくは改変しましたか？　家庭内の器具や装飾品は？」というように。こうした指示は、以下に示す質問紙調査票に使用されている。

2つ目に、回答者がイノベーションとして説明している事柄が研究の要件に合致していることを確認するため、質問紙調査票にスクリーニング用の質問が含まれていることに留意されたい。回答者は、過去3年間のうちに行ったイノベーションか、仕事や事業に向けたものだったか（職業関連のイノベーションを除外するため）、市場で類似品を購入することができたか（既存の商品の手製版を除外するため）について尋ねられた。他の目的で新しいスクリーニング用の質問を追加することも可能である。

3つ目に、再びスクリーニング関連で、最後に記述式の質問を設定し、回答者の主張するイノベーションについて簡潔な説明を求めることも有効である。このような質問は誤検出の除外に役立つ。経験からわかるように、家計部門の回答者の多くはイノベーションという用語の指すものについて曖昧なイメージを抱いている。ある例では、1人の回答者が「はい、私はイノベーションを行いました」と述べ、上記のスクリーニング用の問題にも研究の要件に合った形で回答し進んでいったところ、回答者がイノベーションであると主張したものに関して簡潔な説明を求めたところ、回答者は「馬用の家畜小屋を建てました」と記した。これはイノベーションとは言えない内容であった。明らかに、イノベーションの内容に関する簡潔な説明を要求に含んだからこそ発見できた誤検出であった。

サンプル選出および方法に関する詳細は、（von Hippel, de Jong, and Flowers 2012, de Jong, von Hippel, Gault, Kuusisto, and Raasch 2016, Kim 2015）を参照されたい。

質問紙調査票

以下の質問紙調査票はデジョン（de Jong 2016）から引用したものである。質問紙は、回答者に向けた導入文、研究の目的とスポンサーに関する情報、採取データの用途、回答の守秘義務の順に進む。セクションAでは、イノベーションを行なったことのある回答者の特定を意図している。セクションBでは、これまでの実証的研究で使用されてきた主な事後確認の質問が含まれる。

セクションA

これからの質問は、あなたが趣味の時間に行う全ての創造的な活動に関するものです。あなたは個人的な用途、誰かを助けるため、勉強のため、単なる楽しみのために新しい製品を作ったり、または改造したりしたことがあるかもしれません。いくつか例を挙げます。

A02. コンピュータ・ソフトウェアを作成するために、元となるコードをプログラミングしたことがある。過去3年間のうち、趣味の時間を独自のコンピュータ・ソフトウェア開発のために費やしたことがありますか？

1：はい　2：いいえ
もしA02の回答が1ならA12へ

A03：これは主にあなたの雇用主や事業のためのものでしたか？
1：はい　2：いいえ
もしA03の回答が1ならA12へ

A04：開発した当時、市場の既製品で類似したものを購入することは可能でしたか？
1：はい　2：いいえ
もしA04の回答が1ならA12へ

A05：販売するため、個人利用のため、その他の目的のうち、主にどのような理由で開発しましたか？
1：販売するため　2：個人利用のため　3：その他の目的、理由を記述してください……
もしA05の回答が1ならA12へ

A06a：どのようなソフトウェアを開発しましたか？　[自由記述式]

A06b：そのソフトウェアの新しさはどのような点ですか？　[自由記述式]

（以下の指示について同じ質問のシーケンスを繰り返す）

A12：次の例は、調理器具、掃除用具、照明、家具、またはその他の家庭内の機器・装飾品です。過去3年間のうち、趣味の時間を独自の家庭内の機器・装飾品の制作のために費やしたことがありますか？
1：はい　2：いいえ

A22：車、自転車、スクーターやその他の移動・乗り物関連の製品の開発です。過去3年間のうち、趣味の時間を独自の移動・乗り物関連の製品あるいは部品の開発のために費やしたことがありますか？

1：はい　2：いいえ

A32．器具、鋳型、ガーデニング用具、機械・電気装置やその他のツール・器具の開発です。過去3年間のうち、趣味の時間を独自のツール・器具の開発のために費やしたことがありますか？

1：はい　2：いいえ

A42．スポーツ用具やゲームなど、スポーツ・趣味・娯楽製品の開発です。過去3年間のうち、趣味の時間を独自のスポーツ・趣味・娯楽製品の開発のために費やしたことがありますか？

1：はい　2：いいえ

A52．おもちゃやチュートリアル（教育用の補助教材）など、子ども・教育関連の製品の開発です。過去3年間のうち、趣味の時間を独自の子ども・教育関連の製品の開発のために費やしたことがありますか？

1：はい　2：いいえ

A62．補助・ケア・医療関連の製品です。過去3年間のうち、趣味の時間を独自の補助・ケア・医療関連の製品の開発のために費やしたことがありますか？

1：はい　2：いいえ

A72．最後に、過去3年間のうち、その他の製品の開発・改造のために費やしたことがありますか？

1：はい　2：いいえ

（事後確認の質問やA13‐A16b、A23‐A26b、などのルートはA03‐A06bを参照）

有効なイノベーションの数（A05、A15、…、A75の回答が1の総数）が0なら、回答終了

有効なイノベーションの数が1ならB01へ

A99. 複数の制作物が挙げられました。どれが最も重要だと考えますか？

1：コンピュータ・ソフトウェア　2：家庭内の機器・装飾品　3：移動・乗り物関連の製品

4：ツール・器具　5：スポーツ・趣味・娯楽製品　6：子ども・教育関連の製品

7：補助・ケア・医療関連の製品　8：その他の製品や試み

セクションB

これからの質問は、あなたが作り出した［回答者がA99で「最も重要」だと答えたイノベーションの名称を挿入］について尋ねます。以下、それをイノベーションといいます。

B01. なぜ、このイノベーションを開発しましたか？　以下に理由のリストがあります。各項目の重要度を0から100の数字で表し、全体の合計が100になるようにしてください。

B01a. 個人的に必要だった□ポイント

B01b. 販売目的・金銭的な利益を得たかった□ポイント

B01c. スキルを習得・開発したかった□ポイント

B01d. 他者を助けたかった□ポイント

B01e. 作ること自体の楽しみのために行った□ポイント

B02a. このイノベーションを開発するにあたって他者と協力しましたか？

1：はい　2：いいえ

もし、B02aの回答が2ならB03へ

B02b．何人がイノベーションの開発に参加しましたか？

□人

B03．イノベーションの開発におおよそどの程度の時間を費やしましたか？

□日／週間／カ月のうち□時間／日／週間

B04a．イノベーションの開発にお金をかけましたか？

1：はい　2：いいえ

もし、B04aの回答が2ならB05へ

B04b．おおよそいくらかけましたか？

□ユーロ（ドル、円等）

B05．このイノベーションを何かしらの方法で保護しましたか？（例：特許、商標登録、著作権、機密保護）

1：はい　2：いいえ

B06．もし他者が関心を寄せた場合、イノベーションに関する知識を無料で共有しますか？

1：はい、誰とでも　2：はい、一部の人と　3：いいえ

B07．もし他者が対価を支払う場合、イノベーションに関する知識を無料で共有しますか？

1：はい、誰とでも　2：はい、一部の人と　3：いいえ

B08．他者や事業に対してイノベーションを披露しましたか？（例：みせる、それについて話す、設計をネットに投稿する）

1：はい　2：いいえ

B09a. 知る限りにおいて、このイノベーションを個人利用のために使用した他者はいますか？

1：はい　2：いいえ

もし、B09aの回答が1ならB10aへ

B09b. このイノベーションを個人利用のために使用した他者に連絡を取る意思はありますか？

1：はい　2：いいえ

B10a. あなたは現在、1人でもしくは協力者と共に事業を経営し管理していますか？　もしくは自営業ですか？

1：はい　2：いいえ

もしB10aの回答が2ならB11aへ

B10b. あなたの事業を通してイノベーションを商品化しましたか？　もしくはその意思がありますか？

1：はい、商品化しました　2：はい、商品化の意思があります　3：いいえ B12へ

B11a. あなたは現在、一人でもしくは協力者とともに新しい事業を立ち上げようとしていますか？

1：はい　2：いいえ

もし、B11aの回答が2ならB12へ

B11b. 立ち上げに際してイノベーションを商品化する意思がありますか？

1：はい　2：いいえ

B12a. 最後に、あなたの雇用主などの営利企業やその他の組織がこのイノベーションに関心を寄せたことが

あるかもしれません。あなたのイノベーションは営利企業の一般販売に使用されたことがありますか？

1：はい　2：いいえ

もしB12aの回答が1なら回答終了

B12b. あなたのイノベーションを営利企業の一般販売に使用するよう連絡を取る意思がありますか？

1：はい　2：いいえ

付録2 市場および福祉に与えるフリーイノベーションの影響のモデル化

第6章では、ガンバーデラ、ラアスチ、フォン・ヒッペル（Gambardella, Raasch, and von Hippel 2016）によって提示されたモデルから得られた研究結果を要約し議論した。数学的要素を除外したサマリーよりも数式モデル本体のほうがより示唆的であるため、この付録2においてモデル構築に関するオリジナル版の情報、数学的な視点からのモデル本体、そしてガンバーデラ、ラアスチ、フォン・ヒッペル（Gambardella et al. 2016）の付録4節と5節に示された関連する研究結果［訳注：5節5.2〜5.4は省略］を転載する。なお、以下においては、文脈内容の表現や説明に双方向性をもたせていない記述があるため、この付録を読み進める前に、まず第6章を読んで理解した後に本付録を読むことを勧めたい。

第6章におけるモデルと研究結果の解説にあたって私たちは、（Gambardella et al. 2016のなかで使用されている）「ユーザーイノベーター（user innovator）」という専門用語を「フリーイノベーター（free innovator）」と言い換えた。しかし、この付録においては元の「ユーザーイノベーター」という名称を用いている。これは、ユーザーイノベーターがフリーイノベーターと全く同一の自己報酬型の想定範囲を有していることが研究論文のなかで定義されたためである。唯一の差異は、ユーザーイノベーターはある程度の自己利益を、場合によっては他の想定可能な自己報酬との組み合わせで、個人利用するなかで必ず繰り返し得ているということが論文で挙げられている点である。この想定パターンは、現実世界のフリーイノベーターに関しても一般的に当てはまることが多い。本書の図2-1で示された全てのフリーイノベーター群データにおいて一定の利用モチベーションが存在していたことを思い出してほしい。

編集者注釈：上記で述べたように、以降の付録の内容は、Gambardella et al.（2016）からの引用である。著者たちの許可を得て、ここにそのまま転載する。引用元のセクションおよびサブセクションに振られた番号もそのままにしてある。引用元で「図2」とされていたものは、ここでは番号を省き「図」としてある。

4. モデル構築および研究結果

4・1　ユーザータイプと「創意工夫余剰」

私たちは、供給側にとっての潜在的な市場を2種類のユーザータイプに分類した。つまり、イノベーションを行うユーザーと、行わないユーザーである。イノベーションを行うユーザーは、供給側の製品に付帯したイノベーション・デザイン（例：改善、改造、補完）を自ら策定し実践することが可能だと考える。また彼らは、供給側の製品そのものの模倣品を自ら製作することができ、よって企業から購入するか自作するかを選択することができる。イノベーションを行わないユーザーは、実行可能なイノベーションの選択肢をもたない。彼らの場合、例えば必要とされるスキルやツールへのアクセスが欠如しているか、または時間が限られており機会費用が高い。しかし、イノベーションを行わないユーザーも、イノベーションを行うユーザーが策定したデザインに基づいて、イノベーションを行うユーザーと同等からゼロまでの一定の品質の模倣品を製作することは可能であると定義する。

イノベーションを行うユーザーの割合をσとし、私たちはこれを外因的で固定のものとみなす。つまり、ある市場において、ユーザーのタイプは変化することがないとする。単純化のため、市場規模を1に正規化し、σと$1-\sigma$が2つのタイプのユーザー数を示すこととする。

イノベーションによって、ユーザーが得られる効用に関しては、イノベーションを行うユーザーは製作したイノベーションを利用することとイノベーションのプロセスに関与すること自体から得られるイノベーション・プロセスの便益（例：楽しさ、学習）の両方に効用を見出していることが実証研究（Lakhani and Wolf 2005; Franke and Schreier 2010; Raasch and von Hippel 2013）から判明していることを付け加えたい。ユーザーはイノベーションの効用を最大化することを模索しており、私たちはこれをhと呼ぶ。それは、例えば時間（t）などイノベーション計画に費やすリソースの最適量の決定によってなされる。

$$\mathrm{Max}_{(t)}\, h \equiv \chi + (\phi^{1-\alpha}/\alpha)\, x^{1-\alpha} t^{\alpha} + 1 - t \quad (1)$$

式（1）において、引数χはユーザーイノベーターの効用を表す。それは、供給側が一切のサポートを行わない場合の、独自のイノベーション計画に関連する総コストと等しくなる。式（1）の第2項は、企業がxプロジェクトを実施し、試みをサポートした場合のユーザーの追加的効用を表す。このようなサポートの例としては、ユーザーの利用に向けたデザインツールの開発、ユーザーが製品デザイン作業をより楽しめるようなゲーミフィケーションなどである。引数$\alpha \in (0, 1)$は、イノベーションを行うユーザーの効用が主に費やす時間（高

α）と企業サポートの及ぶ範囲（低α）のどちらによって決定されているかを式に取り込むための引数である。引数$\phi > 0$は本プロセスの生産性を表す。最終項の$1-t$は、ユーザーの累計利用可能時間を1に正規化しtをイノベーション計画に費やすと決定した際に残った他の事柄に費やすことのできる時間の値を把握する。

式（1）から導かれるのは、ユーザーの効用を最大化するイノベーションにおける時間投資は$t=\phi x$であり、それは$h=\chi+(1-\alpha/\alpha)\phi x+1$の効用を便益として生む、ということである。このイノベーションにおけるユーザーの純便益の指標を、私たちは「創意工夫余剰（tinkering surplus：TS）」と名付ける。このTSは、全ユーザーがイノベーションと独自開発から得る純便益の集合体である。これは、独自開発したイノベーションから得られる便益と（前述した）イノベーション・プロセスの便益の和からコストを差し引いたものである。企業側のユーザーイノベーションに対するサポート投資がゼロの場合であっても、イノベーションを行うユーザーは$h=\chi+1>0$に表される独自開発における創意工夫余剰を得る。企業が投資を行った場合には（$x>0$）となり、その投資の程度の関数としてTSが増加する。

4・2 共有 vs. 供給側限定イノベーション

私たちは、あらゆる購入者が供給側の製品から導き出す価値を2つに分解した。すなわち、生産企業のみが開発・生産を実行する特性や要素を価値v、生産企業またはユーザーが協働もしくは単独で開発・生産を実行する特性や要素を価値bとする。

供給側のみが開発実行可能な特性には、多くの個人ユーザーにとって限られた価値をもつものが含まれる。個人ユーザーはこのような特性の開発を実行することが不可能だが、供給側は購入者全体の需要を統合することによって投資を回収することができる（Baldwin and von Hippel 2011）。このカテゴリーに含まれる特性の例として、強度を高め操作を単純化するための製品エンジニアリング、より精巧なデザイン、製品に付属する説明書などが挙げられる。一方で、個人ユーザー（典型的には「リードユーザー」）と供給側の両方が開発実行可能な価値bの特性は、より少ない投資を必要とし、個人ユーザーイノベーターへのより大きな便益と等しい。こうした特性は機能面での大きな新規性を提供し、重要かつ今まで満たされていなかったユーザーのニーズを解消する（von Hippel 2005）。リードユーザーのニーズは市場全体の需要を予兆するものであるため（リードユーザーの定義を参照）、イノベーションを行わないユーザーも時を経てからこうした問題への解決策からの便益を受けることが予想される。

イノベーションを行うユーザーが開発に関与する価値bの特性の方が、供給側のみが開発する価値vの特性よりも、全てのユーザーから似たような評価を得る傾向があると私たちは想定する。この価値bにおいては不均一性が低いという考えを踏まえ、分析を単純化するべく、ユーザーの価値づけの差異はv（v~U[0, 1]）においてにのみ生じbにおいては常に同等の判断になるとする。私たちのユーザーと供給側によるイノベーションと生産のモデルにおいては、vに投資するのは供給側のみであるという想定に従い、ここではbの種類のイノベーションに注目することとする。bに関連するイノベーションは2つの作業に依存すると考えられる。

1つ目は、bの種類のイノベーションの量は全てのイノベーションを行うユーザーによって企業にとってそれが有用となる程度までに行われた取り組みの集合体（T）に依存している（例：余力・余裕の総量）ということである。分析の効率化を図るため、有用な取り組みの集合体はそのままαイノベーションを行うユーザーの取り組みの集合体Tに比例する$T = \gamma'\alpha t$, $\gamma' > 0$であるとする（イノベーションを行うユーザー数へのリターンの増減を許容することでより複雑な集合体を用いることは可能だが、結果に実質的な差異は生じない）。同一のイノベーションを行うユーザーを想定し、tの最適な式である$t=\phi x$を採用した場合、有用な取り組みの集合体の式は以下として導かれる。

$$T=\gamma\varpi x$$

ここでは$\gamma=\gamma/\phi$がイノベーションを行うユーザーによるbを改善する取り組みの生産性を有効活用するための、企業の能力を向上させる全ての要素によって成り立っている。前述の通り、企業はxプロジェクトを通してイノベーションを行うユーザーをサポートし、活用できるツールやプラットホームを開発し、ユーザーによる有用な取り組みの集合体Tに働きかけることができる。プロジェクトはユーザーがイノベーション計画に費やす時間tを左右し、それはユーザーによる有用な取り組みの集合体Tを通してイノベーション成果物bに影響する。

2つ目は、bの種類のイノベーションは企業による何かしらのリソースの提供Yの関数だということである。Yの内容として念頭に置きたいのは、商業的な研究開発プロジェクトやその他の成果物の製造・開発作業である。私たちは以下を定義する。

$$Y=\xi(1-s)y,\quad \xi\geq 0$$

ここでは、yが企業によるイノベーション計画の総数である。企業は比率sをイノベーションを行うユーザーをサポートするプロジェクトに分配する。ゆえに$x=sy$となり、残りの（$1-s$）yは従来の商業的な研究開発プロジェクト（社内および外部）に与えられる。イノベーションを行うユーザーをサポートするプロジェクトの商業的価値は低いが、それ自体がユーザーイノベーション活動を活性化させ間接的に価値を生み出す。引数ξは企業の商業的な研究開発の生産性を表す。

ユーザーによる有用な取り組みの総和Tと供給側による研究開発作業Yという2つのイノベーションの推進力を考慮すると、ユーザーにとってのイノベーション成果物の価値は以下の通りになる。

$$b=(T^{\beta}+Y^{\beta})^{1/\beta},\quad \beta>0$$

これは以下のようにも表せる。

$$b=[\tau^{\beta}s^{\beta}+\xi^{\beta}(1-s)^{\beta}]^{1/\beta}y=\tilde{b}y$$

ここでは、$\tau\equiv\gamma\sigma$と$\tilde{b}[\tau^{\beta}s^{\beta}+\xi^{\beta}(1-s)^{\beta}]^{1/\beta}$が企業の全ての$y$プロジェクトの生産性の総和である。

4・3 代替または補完物としてのユーザーおよび供給側のイノベーション作業

私たちの分析では、引数βが重要な役割を果たす。それは企業が選択できる2つの選択肢を表している。それぞれの選択肢は、イノベーションのための特徴的な課題と資源の分配を表す。第1の選択肢では、ユーザーによる有用な取り組みの総和Tと、供給側による研究開発作業Yが、互いに代替物となる。例えば、ソフトウェアの新しいコードを書くとする。そこでユーザーと供給側の両方がそれぞれ、(1)新たな機能性、(2)ユーザーに優しいインストール・スクリプトなどの利便性を強化する特性、の2つに取り組んだとする。各課題に供給側が取り組めば取り組むほど、ユーザーが及ぼせるイノベーションへの影響は低くなり、その逆もまた然りである。1つの取り組みが他方を代替する傾向にあるということだ。私たちのモデルでは、この状況は$\beta>1$によって捉えられる。つまり、Tによるbへの限界影響はYが高まるごとに低くなり、逆にも同じことが言える。

第2の選択肢では、反対に、ユーザーと供給側のイノベーション作業が互いに補完性をもつような形で研究開発がなされる。例えば、ユーザーが新規コードを書き、供給側が利便性の高い特性を開発したとする。ユーザーがコード作成に取り組めば取り組むほど、供給側が及ぼすことのできる影響は高まり、その逆もまた然りである。私たちのモデルでは、この状況は$0<\beta<1$によって表され、bに対するTの限界影響はYが高まると同時に高まり、逆にも同じことが言える。ユーザーイノベーターは新しい機能性を提供するイノベーションの開発に集中する傾向があり、供給側は製品の信頼性とユーザーの利便性を向上させるイノベーションの開発に集中する傾向があることが先行研究から明らかになっている（Riggs and von Hippel 1994; Ogawa 1998）。ソフトウェア領域の良い事例として挙げられるのはレッドハット（RedHat）である。ここでは企業の商品がリナックスやアパッチといったユーザーによって開発されたオープンソースのソフトウェアに基づいており、それにレッドハットが「インストールを容易にする」ソフトウェア・スクリプトなどの利便性を高める特性を加えた。

分析の効率化を図るため、企業はイノベーションの選択肢から好ましい方を選択できるが、βの厳密な程度まではは選択できないとする。βは完全に内因的なので、ここでこれ以上深く考慮しても、ことを複雑化させるだけであり新たな洞察をもたらさないだろう。実際には、その価値は対象となる業界、企業が利用可能な技術、研究開発においてイノベーションを行うユーザーを統合する際のベスト・プラクティスに依存することとなる。

4・4 イノベーションを行うユーザーおよび行わないユーザーの個別的な市場需要

次に、ユーザーの代替可能性、ユーザーが生み出す補完性、波及（言い換えれば、本稿の3節で深めたインタラクションの異なる種類）を踏まえた上で、イノベーションを行うユーザーおよび行わないユーザーからの供給側の製品の需要を理解する必要がある。

まずはイノベーションを行うユーザーから始めよう。彼らは、消費者余剰が正で独自開発の余剰を超える場合にのみ企業から製品を購入すると私たちは予想する。

$$v+b-p+h \geq \lambda b+h,\quad v\sim U[0,1],\quad 0 \leq \lambda \leq 1 \qquad (2)$$

つまり、$v+b-p$ の項が消費者余剰で、$v+b$ が供給側製品の値分解（4・2節を参照）、p がその価格というケースである。自己供給の際は、ユーザーイノベーターは企業によってのみ提供される効用 v を受けない。イノベーションを行うすべてのユーザーが企業と共同開発する効用 b のうち、彼が入手するのは共同開発プロセスから学習し独自に組み立てることができるようになった b に類似した特性であり、実現可能な「もち去り価値」λb のみである。自己供給版の b の質である $0 \leq \lambda \leq 1$ は、企業からユーザーイノベーターに渡った情報波及の程度と形式、彼自身の波及の「吸収能力」、情報を利用可能な人工物へと組み立てるスキルなどといった複数の要因に依存する。例えば、ソフトウェアのプログラミングの事例では、供給側がソースコードをユーザーとの共同開発のために公開し、機能 b を複製する際に必要な主要設計情報が完全に明かされるにつれて λ は1に近づく。この場合は、供給側がソースコードの一部のみを共有すると、それに従って λ も低下する。

最後に、企業が関心をもたない拡張や改造を含めたユーザーイノベーター独自のイノベーション作業に由来する余剰hを思い出してほしい。ユーザーが供給側の製品を購入するかどうかにかかわらず、ユーザーイノベーターにはこの余剰h、つまり創意工夫余剰が生じると考えられる。

次に、イノベーションを行わないユーザーであるが、彼らは単純に市場を通して供給側が供給した製品を購入するか、もしくは可能な範囲で、ユーザーイノベーターによって開発され身内で共有されたデザインを複製しようと試みることを思い出してほしい。前述した需要の構成要素であるv、b、pを踏まえると、イノベーションを行わないユーザーは以下の場合に市場から購入すると考えられる。

$$v+b-p+\mu' h \geq \mu b+\mu' h, \quad 0 \leq \mu, \quad \mu' \leq 1 \qquad (3)$$

そうでなければ、自己供給を行う。

式（3）における引数μおよびμ'は、イノベーションを行わないユーザーのイノベーションを行うユーザーのデザインに関する知識を得る能力（これはイノベーションを行うユーザーのデザイン情報を普及させる傾向に依存する）、複製する能力、それから便益を得る能力を表している。μ'は採用したデザインの個人ユーザーイノベーターからイノベーションを行わないユーザーが便益を得る能力を反映し、一方で、μはユーザーイノベーターが、bの共同開発プロセスにおいて供給側および他のイノベーションを行わないユーザーから学んだ事柄のトリクルダウン（雫が垂れてくる）便益を表している。言うまでもなく、イノベーションを行うユーザーは企業から購入する際に企業の製品に組み込まれたbを享受し、一方で、身内での波及を通してイノベーションを行うユーザーから製品を得た際にはμbを享受する。イノベーションを行わないユーザーは、イノベーションを行うユーザーのデザインに関する不完全な知識を有し、自己供給を行うためのスキルは低く、さらにそれの使用にあたって得られる便益は低い（$\mu \leq \lambda$ および $\mu' \leq 1$）と予想される。不完全な知識と自己供給へのより高いコストに関しては、フリー公開デザインのある事例になると、イノベーションを行うユーザーもまた想定される採用者に向けた詳細なデザイン文書を無駄骨と見なすことが考えられる（de Jong et al. 2015; von Hippel, DeMonaco, and de Jong 2016）。より低い便益に関しては、イノベーションを行う個人の嗜好に限定され開発されたデザインが考えられる。

最後に、私たちのモデルが供給側に対し示唆するトレードオフに関して記すことが不可欠である。つまり、企業はイノベーションを行うユーザーからイノベーションを行うユーザーと行わないユーザーの両方にとってより良い製品 b を作る方法を学習することで便益を得る。この目的において、企業は x を投資しユーザーの両方により深い関与を促す。それと同時に、イノベーションを行うユーザーと行わないユーザーの両方に対し自己供給を促すという対価を支払う結果になる。供給側がツールやツールキットに投資し、製品をモジュール方式にする、またはソースコードなどデザインの知識を公開しユーザーによるイノベーションを促進することで、イノベーションを行うユーザーと行わないユーザーの両方に購入よりも自己供給を容易にすることになる。私たちのモデルでは、供給側はユーザーの代替可能性を強化することによる副作用を完全に回避することはできないとしている。たとえ、企業の目的に最も適ったユーザーによるイノベーションのサポート方式を選択したとしても、である。

4・5　企業による利益の最大化

イノベーションを行わないユーザー（$1-\sigma$）およびイノベーションを行うユーザー σ の需用量の総量は以下によって表される。

$$q=(1-\sigma)(1-p+(1-\mu)b)+\sigma(1-p+(1-\lambda)b)=1-p+\eta b \quad (4)$$

そして

$$\eta\equiv(1-\mu)(1-\sigma)+(1-\lambda)\sigma$$

pの解において、反比例需要は以下の通りである。

$$p=1+\eta b-q \quad (5)$$

市場にはN個の似たような企業が存在するとして、その需要の総和は$q=\sum_{j=1}^{N}q_j$また、q/Nが単一の企業における需要（平均）である。企業利益Π_iは、企業iが販売した個数であるq_iと利益マージン（価格pから、限界生産コストϕと、y個のイノベーション計画のコスト和を差し引くことによって導かれる）の積によって求められる。

$$\Pi_i=(p-\phi)q_i-\kappa y_i^2,\quad \kappa>0 \quad (6)$$

ここでは、y計画を行ったリターンは省略される。

利益の最大化を図るため、企業は次のシーケンスのように相関的な複数の決断を下す。まず初めに、研究開発の編成を決定する。具体的には、利用可能な2つの選択肢から1つを選択する。つまり、ユーザーと供給側のインプットであるTとYが代替の関係（$\beta>1$）となる研究開発の編成か、もしくは補完的な関係となる（$0<\beta$

∧1）の編成か、である。プロジェクトの数よりも研究開発の編成の構造および機能の変更の方が企業にとって時間がかかるため、これをモデルの第1の選択肢にもってきた。次に、企業は研究開発関連のプロジェクトの総数（y）を選択する。その後、従来の供給側の研究開発に割り当てるプロジェクトの比率（$1-s$）を決定する。残りのプロジェクトであるsはユーザーイノベーションのサポートに当てられ、それを通して間接的に企業にとって利用可能な製品アイデアの量を増加させる。最後に、企業は生産し市場において販売する数量（q_i）を決定する。

私たちは、供給側の最適な判断を導き出すにあたって帰納法を用いる。この節では、q_i、s、yのそれぞれ最適な選択肢をこの順でみていくこととする。4・7節では、イノベーション・モード（β）における最適な選択肢を検討する。

q_iの選択：数量（q_i）を導き出すにあたって式（6）の導関数を用い、$foc{:}1+\eta b-\phi-\sum_{j=1}^{N} q_j - q_i = 0$を得る。対称ナッシュ均衡の考え方を用いることで、利益を最大化するときの数量、価格、そしてそのときの利益が求められる。

$$q_i = (1+\eta b-\phi)/(N+1) \qquad (7a)$$

$$p = (1+\eta b-\phi)/(N+1)+\phi \qquad (7b)$$

$$\Pi_i = (p-\phi)^2 - \kappa y^2 = [(1+\eta b-\phi)/(N+1)]^2 - \kappa y^2 \qquad \text{(7c)}$$

sの選択：ユーザーイノベーションのサポートを目的とする企業のプロジェクトの占める比率 s を決定するため、$\tilde{b}^U = (\xi^\theta + \tau^\theta)^{1/\theta}$ を最大化し $foc\, \tau^\beta \beta s^{\beta-1} - \beta \xi^\beta (1-s)^{\beta-1} = 0$ を得る。最適な s を決定するためには、各ケースの区別が必要とされる。ユーザーの取り組みと供給側の研究開発が補完的な関係にあるケース（つまり $0<\beta<1$ で soc は負）の場合、イノベーション・アウトプット $\bar{b}$（正確には $s = \tau^\theta/(\xi^\theta + \tau^\theta)$）を最大化するユーザー向けサポートである中間的プロジェクト配分 $0<s<1$ が $\theta \equiv \beta/(1-\beta)$ と共にあることを示唆している。τ の式にみられるように、ユーザーイノベーションのサポートに割り当てられる最適なプロジェクトの比率は市場にいるユーザーの比率と商業的価値のあるアイデアの生産性（$s_\sigma, s_\gamma>0$、以後、添字をもって導関数を示す）によって増加し、供給側の研究開発（$s_\xi<0$）と共に減少する。いっぽう、ユーザーの取り組みと供給側の研究開発が代替の関係にあるケース（つまり $\beta>1$ で soc は正）の場合、ユーザー向けサポートの最適な配分 s は0もしくは1であることが示唆されている。そしてそれは、τ、つまり $\bar{b}$ におけるユーザー貢献の生産性が企業貢献の生産性であるとより大きいか小さいかに依存している［訳注：soc は second order condition（二階の条件）の意］。

yの選択：yに関する式（7c）の foc は $2(1+\eta b-\phi)\eta\bar{b}/(N+1)^2 - 2\kappa y = 0$ であり、$y = (1-\phi)z/[\kappa(N+1)^2 - z^2]$ が $z \equiv \eta\bar{b}$ の場合に得られる。soc が $\kappa(N+1)^2 - z^2 > 0$ を示唆し、よって利益最大化を図る投資 y は常に正数であることに留意されたい。また、y が z と共に増加するということも明白である［訳注：foc は first order condition（一階の条件）の意］。

4・6 供給側vs.ユーザー包含のイノベーション・モード

前節の企業（S）によるイノベーション計画の配分に関する研究結果から、イノベーションに2つのモードがあること、企業がそこで選択を行うことが明らかとなった。1つ目のモードは$\beta>1$と$s=0$によって性格づけられる。これはつまり、このモードでは、ユーザーと供給側の取り組みが代替のインプットとなる研究開発を行い、全予算を自社の商業的な研究開発の取り組みに割り当て、ユーザーによるイノベーション作業を一切サポートしない企業の選択を表す。私たちは、これを供給側（P）イノベーション・モードと名付ける。このモードでは、企業はイノベーションを行うユーザーを考慮せず、bの製造を非公開の商業的な研究開発のみを通して行う。

非公開にすることの結果として、企業はイノベーションを行うユーザー（$\lambda=0$）や行わないユーザー（$\mu=0$）への情報波及を恐れる必要がない。供給側モードでは、そのため、イノベーションを行うユーザーと行わないユーザーの需要はそれぞれ以下のように簡潔になる。

$$v-p+b+\mu' h \geq \mu' h \qquad (8)$$

$$v-p+b+h \geq h \qquad (8')$$

同時に、増補された需要は(4)であり、$(1-\mu)(1-\sigma)+(1-\lambda)\sigma$ではなく$\eta=1$が当てはまる。

2つ目のイノベーション・モードは、企業がユーザーイノベーター（$0<\beta<1$）と補完的な関係となる研究開発を編成し、ユーザーのサポートに正の投資を行う（最適 $s=\tau^{\theta}/(\xi^{\theta}+\tau^{\theta})>0$）場合である。私たちは、これをユーザー包含（U）モードと名付ける。このモードでは、企業が積極的にユーザーの生み出したイノベーションの波及を利用し、イノベーションの2つのソース間の補完性を有効活用するような研究開発を編成する。ユーザーが製品の価値bを向上させるような貢献を行い、それによってイノベーションを行うユーザーと行わないユーザーの両方からの需要を強化する。同時に、イノベーションを行うユーザーに対する企業のサポートが、性能$b(\lambda, \mu \geq 0)$に関するユーザーの代替能力を生む。

まとめとしては、U対Pモードのトレードオフはユーザーのイノベーションと波及の恩恵を受けるための企業の投資に依存している。しかし、この動きは同時に、そして不可避的にユーザーの自己供給を大なり小なり促すことになる。

4・7 イノベーション・モード（β）の選択

前述のイノベーションを行うユーザーのいる市場の結果を理解するための帰納法のプロセスに引き続き焦点を当て、最も先に来る供給側の選択の場面であるイノベーション・モードの選択について検討したい。私たちの目的は、どのような状況において供給側はPモード（供給側モード）の方を、Uモード（ユーザー包含モード）よりも好むことになるか、またはその逆を理解することである。さらに重要なこととして、どのような状況において様々な市場でみられるイノベーションを行うユーザーの増加（Baldwin and von Hippel 2011）がユーザーの統合、供給側利益最大化イノベーション戦略を示すかを検討する。

私たちによる以下の第1の定理が、供給側企業によるイノベーション・モードの選択を説明する。それによると、2つの条件において、イノベーションを行うユーザーの比率が増加している市場にいる企業はユーザー包含モードへの転換を得策だと心得ることが示されている。転換に際して、企業はユーザーの代替能力を強化していることに気づいているが、それでも全体を見渡せば非公開イノベーションのアプローチよりも利益を生むことを理解している。

利益を最大化するイノベーション・モードを求めるにあたって、（7c）の式を企業の利益の立場から以下のように書き直すと都合がいいだろう。

$$\Pi = [(1 + zy - \phi)/(N+1)]^2 - \kappa y^2 \qquad (9)$$

この式はPモードとUモードの両方の利益を把握するものであり、それぞれzの箇所のみが異なる（特に、Pモードでは$z^P = \eta^P \tilde{b}^P$を$\eta^P = 1$と、そして$\tilde{b}^P = \xi$のUモードでは$z^U = \eta^U \tilde{b}^U$を$\eta^U = (1-\mu)(1-\sigma) + (1-\lambda)\sigma$と$\tilde{b}^U = (\xi^\theta + \tau^\theta)^{1/\theta}$とする）。4・5節から導かれた最適な$s$と$y$と共に、これは$z^P \geq z^U$である場合においてのみ$\Pi^P \geq \Pi^U$であることを示唆する。言い換えると、PモードとUモードのどちらの利益が高くなるかは、単純にどちらのzが高いかをみることで明らかとなる。

イノベーションを行うユーザーが極端に少ない（0に近いσ）場合、必ずPモードでの利益のほうがUモードよりも高い（$\Pi^P > \Pi^U$）ことが判明した。よって、イノベーションを行うユーザーが極端に少ない場合、企業はPモードを選択する。直感的には、企業の立場からすると、ユーザーのイノベーションをサポートするプロジェクトxを実行することのメリットである、ユーザーによるイノベーションの波及効果の収穫率は低いだろう。それと同時に、企業が少数のイノベーションを行うユーザーに提供する情報とツールによってイノベーションを行うユーザーが代替競合するデザインを開発し身内で共有し、供給側の需要の大部分を奪ってしまう可能性がある

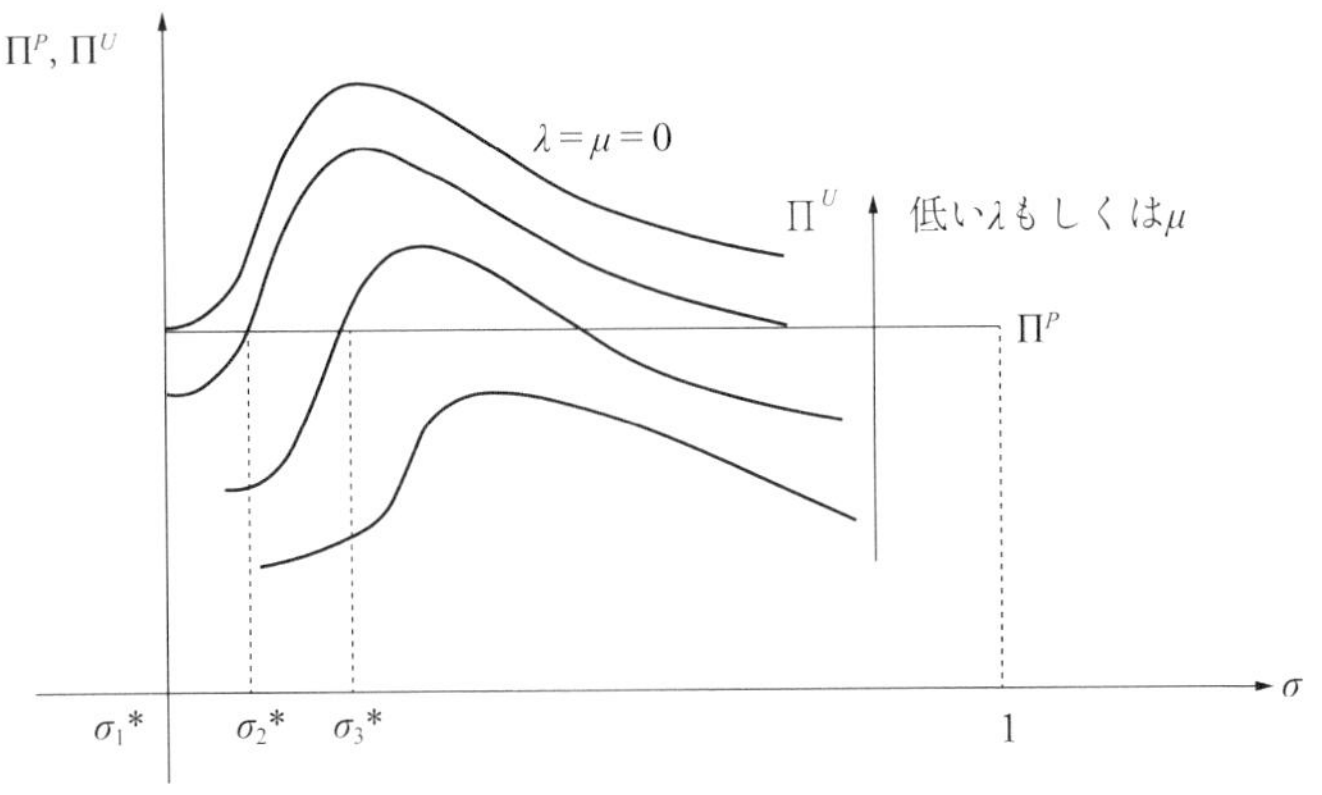

図　Uモードと P モードの企業利益

というデメリットも無視できない。この損失の規模、つまりUモードへ転換することのデメリットは、λとμ、つまりbを自己供給するユーザーの能力に依存する。

イノベーションを行うユーザーの比率が増加するに従って、Pモードでの利益に変化はないが、Uモードでは上がる（これは、後述する2つの条件下において真である）。イノベーションを行うユーザーの比率がσ^*のしきい値よりも大である場合、（$\Pi^U > \Pi^P$）を超え、企業はPモードからUモードへ転換する。これは「図」において示されている。

1つ目の条件は、λとμに関連する。ユーザーの代替能力が非常に弱い場合（$\lambda = \mu = 0$である最上の曲線に示されるように）、供給側はリスクなしにユーザー包含モードに転換することができる。この曲線では、イノベーションを行うユーザーの比率が$\sigma = 0$の場合、どちらのイノベーション・モードによる利益も同等となる。そして、σが増加するごとに、企業の利益の面でUモードがPモードを追い越す。直感的には、このケースでの企業は自己供給力の向上や付随する企業の製品に対する需要の低下というリスクなしで、イノベーションを行うユーザーの貢献から利益を得る。ユーザーの代替能力がより顕著な場合（第2、第3の曲線に表されるように）、Uモードへの転換が起こりうる点のしきい値

σ^*が右へとシフトする。これはつまり、供給側がUモードを選択するには、市場のイノベーションを行うユーザーのより高い比率が必要だということを示す。最下の曲線が表すように、波及λもしくはμが非常に大きい際は、企業にとってUモードに転換するメリットは皆無だろう。

転換に必要な2つ目の条件は、ユーザーと供給側の取り組みT、Yの補完性が十分に強固でなければならないという点である。具体的には、$\theta<1$（つまり$0<\beta<1/2$）がもちこたえなければならない[1]。言い換えるなら、イノベーションを行うユーザーの貢献が、強化されたユーザーの代替能力による利益へのマイナスの影響を上回るほどの有意義なbの増加を引き起こさなければならない。そうでなければ、企業はPモード（供給側モード）に留まる方が好ましいだろう。

定理（モードの選択）：もしイノベーションを行うユーザーのイノベーションへの貢献が大きく（$0<\beta<1/2$）、ユーザーの代替能力（λとμ）が高すぎない場合、イノベーションを行うユーザーの最小必要数（$\sigma>\sigma^*$）が、利益最大化を図る企業にとって供給側モードよりもユーザー包含のイノベーション・モードを選択させる。

証明：［本稿の］付録Aを参照。

しきい値σ^*の点でUモードに転換することが企業にとって利益を生む場合においても、企業は高いσの点でPモードに再転換する可能性があることに留意されたい。（「図」に示されるように、Π^Uが最高値に達して減少した際、Π^Pの線を下回る可能性を保持している）。これは特に、λとμの値が高い場合に考えられやすい（「図」を参照）。理由は次のものである。私たちの$\lambda\geq\mu$という想定では、自己供給の面でイノベーションを行うユーザーは行わないユーザーよりも能力がある。つまり、彼らはより優れた外部オプションを提示することができ、それによって企業の製品に対する需要を低める。イノベーションを行うユーザーの比率σが比較的大きくなると、ユーザーによるイノベーションの企業への波及が拡大するだけでなく、同時にイノベーションを行わないユーザー、つまりより優れた製品を購入できるようになるという点でこの波及の恩恵を最も受ける人々の比率が小さいということも意味する。イノベーションを行うユーザーを多く抱えるということは、特にλが大きい場合、需要の低さを表す。これはUモードの魅力を損なわせるものであり、より需要を捉えることのできるPモードに企業の再転換を促す。私たちの主たる目的は、イノベーションを行うユーザーの増加の際に起こる供給側モードからユーザー包含モードへの最初の転換について理解することであるため、これについては今後の研究においてより詳細に調査することとしたい。

4・8　福祉と政策

この最後の節では、供給側のみのイノベーション・モードで「独擅場となる」企業の選択、あるいはユーザーのインプットを統合するユーザー包含モードという選択が、福祉の面でもつ意味合いについて検討する。私たちは、企業の行ったモードの選択が社会的な視点から効率的であるか、もしそうでない場合には経済的な帰結を改善する政策であるのかを理解する必要がある。

ユーザーによるイノベーションを含む社会福祉の計算は、通常の福祉の計算方法とは異なる。従来の社会福祉は、利益（PS）に消費者余剰（CS）を加算して算出された。イノベーションを行うユーザーが個人利用のために新たな製品を開発・組み立てした場合、福祉の計算は彼らのコスト全額と利益の全てを含むよう改変されなければならない。特に、必要に応じて、全てのユーザーが自身の意思によって自己供給から得る総便益、つまり創意工夫余剰を考慮に入れなければならない。例を挙げると、あるユーザーが新設計の製品を10ドルで自己供給し収益化された利用価値として30ドルを受け取った場合、ユーザーの創意工夫余剰は20ドルに相当する。また、作業による便益がプロセス価値の形を取る場合もあることを思い出してほしい（Franke and Schreier, 2010; Raasch and von Hippel 2013）。例えば、イノベーションのプロセス自体における楽しみや学習、ユーザーのコミュニティにおける社会的地位などである。私たちのモデルでは、こうした便益の構成については考慮していない。ただ、ユーザーイノベーターの定義に即して、利益ベースのものではないと推測する。この要素の一般化に関しては考察の節で検討したい。

こうした検討事項を取り入れ、ユーザーと供給側イノベーターの両方が存在する市場での福祉は、以下の通りとなる。

$$W = PS + CS + TS \quad (10)$$

ここでは、PSとCSが供給側および消費者余剰で、TSが創意工夫余剰である。従来の分析では創意工夫余剰は省略されてきたわけであるが、その弊害はどの程度の影響を生むのか。答えは、市場でのユーザーによる自己供給の程度に依存する。もし多くのユーザーが自己供給を行うのならば（特にデジタル製品の市場など、多くの市場で拡大し一般化している。Baldwin and von Hippel 2011を参照）、省略の影響は相当なものになる。いくつかのケースでは、従来の福祉の要素を非常に小さくしてしまうかもしれない。

私たちのモデルでは、ユーザーイノベーターの創意工夫余剰はhに相当し、イノベーションを行わないユーザーのイノベーションを行うユーザーからの波及を生かす能力に由来するものは$\mu' h$とする。供給側（利益の集合体、PS）、イノベーションを行わないユーザー（消費者余剰：CS^{nui}、加えて創意工夫余剰：TS^{nui}）イノベーションを行うユーザー（CS^{ui}、加えて創意工夫余剰、TS^{ui}）、といった福祉の要素をそれらが生じるごとに算入すると、以下のようになる。

$$PS = N\Pi$$

$$CS^{nui} + TS^{nui} = (1-\sigma)\left[(1-p+(1-\mu)b)^2/2+\mu b+\mu' h\right]$$

$$CS^{ui} + TS^{ui} = \sigma\left[(1-p+(1-\lambda)b)^2/2+\lambda b+h\right]$$

最初の項は、全ての供給側の利益の集合体である。2つ目の項は、以下によって導かれる全てのイノベーションを行わないユーザーの余剰の総和である。

$$(1-\sigma)\left[\int_{p-(1-\mu)b}^{1}(v-p+b+\mu' h)\,dv+\int_{0}^{p-(1-\mu)b}\mu b+\mu' h dv\right]$$

3番目の項は、以下の式から計算される。

$$\sigma\left[\int_{p-(1-\lambda)b}^{1}[v-p+b+h]\,dv+\int_{0}^{p-(1-\lambda)b}(\lambda b+h)\,dv\right]$$

これらの式は、企業によってUモードとPモードのどちらが選択されるかによって変化する。

私たちの福祉の分析は主に2つの結果を生み、それらは2つの定理に要約される。1つ目の定理が述べるのは、$0<\beta<1/2$という条件が与えられた場合、Uモードにおけるより高い利益は、そのままUモードにおける

より高い福祉を意味するが、逆はそうではない。つまり、Uモードにおいて企業の利益がより高い場合は福祉もそれに従うが、一方で、企業の利益がPモードにおいてより高い場合は福祉もそうだとは限らない。具体的には、市場におけるイノベーションを行うユーザーの比率であるσのレベルが、Pモードでは利益を高め、Uモードでは福祉の方を高めることになる場合がある。結果として、私たちがモデル化を行ったように、転換の判断が供給側にある状況では、イノベーションを行うユーザーの比率が大きく、社会福祉の面ではUモードのほうが優位であっても、供給側はPモードに留まる。理由は、企業が私たちのモデルの主要な外部要因を内在化しないからである。それらはつまり、企業の投資を通したユーザー・サポート（x）によってユーザーに生じる創意工夫余剰（h）の増加、また、製品の購入を控えることになっても企業がイノベーションを行うユーザー（λb）、そして二次的にイノベーションを行わないユーザー（μb）に与える自己供給の促進のことである。

定理（福祉）：モード選択の定理の条件下で、ユーザー包含モードにおける企業の利益の方が高い場合、福祉も同様となる。しかし、逆はそうではない。

証明：（本論の）付録Bを参照。

2つ目の定理の結果は政策に関するものである。私たちは、政策のコストが利益を上回らない限り、イノベーションを行うユーザーの生産性を向上させる政策は、決して福祉を低下させることがないことを示す。一方で、企業内の研究開発の生産性を向上させる政策は、福祉を低下させる可能性がある。

イノベーションを行うユーザーの生産性（γ）を高める政策の例として、デザインツールやメーカースペースへの助成金などがある。イノベーションを行うユーザーがより生産的になると、Uモードでは利益と福祉の両方が向上するが、ユーザーの生産性を一切活用しないPモードではそうならない。Uモードでの企業の利益が増加していくと、Pモードでの利益を超える場合がある。前述の定理から、Uモードでは利益が高いと福祉も高いことがわかる。

供給側の研究開発の生産性（ξ）を向上させる政策には、研究開発の助成金や税金免除、公的資金による応用研究開発などが挙げられる。企業の研究の生産性（ξ）が高まると、PモードとUモードの両方での利益が高まる。ユーザーと供給側の取り組みの間の補完性が高くない限り、ξの向上はUモードよりもPモードにおける利益をより高めることを私たちは示す[2]。これは、従来の供給側の研究開発をサポートする政策がPモードへの再転換を誘発する可能性があることを意味する。企業がPモードをより好んでいる場合でもUモードより福祉が低いケースがあるため、たとえUモードの福祉の方が高いという事実があったとしても、ξの向上はより企業にとってPモードの方を魅力的にみせる可能性がある。言い換えるならば、ξの向上は、Uモードの福祉が高い状態においてのPモードへの再転換、もしくは福祉を向上させる目的でのUモードへの転換を抑制する可能性がある。

要するに、供給側のイノベーションの生産性ξをサポートする政策は、福祉を低下させる可能性がある。そのメカニズム、つまりそうした政策は、公開型のユーザー包含モードの方の福祉が高い場合でも、非公開の供給側イノベーション・モードを採用するよう企業に促す。それに対し、イノベーションを行うユーザーの生産性をサポートする政策が福祉を低下させることは決してない。なぜなら、それはUモードへの転換のみを促すものであり、企業がUモードを選択する場合は必ずこちらの福祉が高いため、これが福祉を低下させることはない。

定理（政策）：モード選択の定理の条件下で、イノベーションを行うユーザーの生産性を向上させる政策（γ）は、企業にユーザー包含モードを採用するよう促し、福祉を低下させることは決してない。一方で、ユーザーおよび供給側のイノベーション活動、TとYの補完性が弱い場合、（$\beta > \beta^*$そして$\beta^* < 1/2$）は、企業の研究の生産性を向上させる政策（ξ）が企業に供給側イノベーション・モードを採用するよう促し、福祉を低下させる可能性がある。

証明：［本稿の］付録Cを参照。

5. ディスカッション

本付録2では、消費者によるユーザーのイノベーションがイノベーションを行った市場の標準的な結果に与える影響について分析した。私たちの主な着眼点は、様々な市場でみることのできるイノベーションを行うユーザーの増加（σが低いレベルから増加していること）の傾向が意味するところを理解することにある。

私たちの主要な研究結果は3つある。1つ目は、市場のイノベーションを行うユーザーの比率が定められたしきい値を超えると、企業の利益最大化の戦略は、従来の供給側のみのイノベーション・アプローチからユーザーイノベーターを取り込むイノベーション・モードへの転換となるということである。ユーザー活動のイノベーション面、競争面での影響に関連する2つの直感的な条件の対象である福祉は、従来の供給側のみのイノベーション・モードよりもこのユーザー包含モードにおいてより高くなる。供給側、イノベーションを行うユーザー、行わないユーザーという全ての関係者が利益を得る。

2つ目は、イノベーションを行うユーザーを取り込む転換を選択するすべての企業は必ず社会福祉を増補するが、一般的に企業の転換はタイミングが遅すぎるということである。よって、ユーザーと供給側の両方のイノベーターが存在する市場は、社会福祉の立場からみるとユーザーイノベーターを取り込もうとする供給側の動きが遅いため、価値の創造という側面で理論上の最適条件に達しない傾向がある。よって、供給側の最適な研究開発戦略は、ユーザーと供給側の間のイノベーションを行う労働の次善的な（つまり最適ではない）分業を社会にもたらす。この非効率の根本には供給側が捉えられない、ユーザーに生じる「創意工夫余剰」という社会福祉の新たな要素などの外部的要因がある。

3つ目は、イノベーションを行うユーザーの生産性を向上させる政策は、ユーザー包含モードに転換するよう企業を後押しし、かつ福祉を低下させることは決してない。その一方で、企業の研究開発の生産性を向上させる政策は、従来の供給側イノベーション・モードに再転換するよう企業を後押しし、それによって福祉を低下させる可能性がある。

5・1　研究結果の前提、頑健性、一般化可能性について

私たちのモデルは複数の前提の上に成り立っており、有用性の検証のためには、さらなる研究が必要である。第1に、本付録2の冒頭で述べた通り、イノベーションを行うユーザーは販売ではなく利用を目的にイノベーションを開発する個人または企業として定義されている。本付録2では、消費者個人のイノベーターのみに焦点を当てた。これは、彼らの需要代替能力を強調するため、また、消費者商品市場において代替能力が生じうるということを明確にするために行われた。しかし、後続の研究では、企業のユーザーが例えば販売ではなく自らの利用を目的とした製造のイノベーションを行うことに注目する、もしくは同時に取り込むような類似モデルを開発することも可能であろう。

第2に、分野や市場によっては、ある種のイノベーションがイノベーションを行うユーザーからのみ生まれることに留意した。すなわち、私たちのモデルに従えば、$s=1$の状況である。これは珍しいケースではなく、例えば専門技術の開発などが当てはまる。供給側はしばしば、保護できない技術を利益が生じる形で開発しマーケティングを行うことが不可能だと判断し、その不可欠な領域を完全に、もしくはほとんどユーザーに任せる傾向がある（Hienerth 2016）。本付録2では、供給側によるイノベーションも含む市場でのユーザーによるイノベーションの重要性を探求した。しかし、さらなる研究によってユーザーによるイノベーションのみから市場の特性を把握することも可能であろう。

第3に、簡潔にするため、私たちのモデルは、イノベーションを行うユーザー全てが企業のユーザーによるイノベーションの投資から利益を得ることができ、そして企業はイノベーションを行う全てのユーザーの取り組みを見通すことができ、価値のある波及は全て回収することができるという前提を用いた。これは、明らかに実際とは異なる――ユーザーの受ける影響には差異が生じ、供給側はユーザーの生み出した全ての波及を見通し回収することはできない――。しかし、社会のある部分に私たちの仮定が当てはまるとすれば、このモデル化理論と研究結果は意味があるだろう。

第4に、利益を最大化するためにイノベーションを行うユーザーに対する投資の程度を供給側が選択できることを前提としている。実際の世界では、ユーザーは独立した当事者であり、しばしば供給側の計画や行動に反対する力をもっている。また、ユーザーは供給側が予期しないやり方でのユーザーによるイノベーション活動を開始することも可能である。ユーザーによるイノベーションのサポートを意図した投資が、供給側の利益最大化を図る計画に従わなかったケースとしては、プロプライエタリ・ソフトウェア会社のXaraの例がある。2006

年、Xaraは、ユーザーによるイノベーションを喚起するため、ベクトル画像ソフトであるXara Xtremeのソースコードの大部分の開示に対して投資した。しかし、Xaraはソースコードのなかでもコマーシャル面で重要度の高い小さな箇所を開示しなかった。この除外によってユーザー・プログラマーのボイコットが引き起こされ、最終的にはXaraが譲歩し、非公開予定だったソースコードを含む、計画していたよりも多くの情報を、イノベーションを行うユーザーの圧力によって開示することとなった（Willis 2007）。

後続の研究がこのような状態に取り組むとすれば、有意義で興味深いものとなるだろう。本付録2では、サポートやユーザーによるイノベーション活動の補完の程度を供給側が一方的に決定できると仮定したものの、イノベーションを行うユーザーがユーザーに対するサポート（s）の程度を決定する力をもち、補完性βの度合いすらも決定できる可能性を有する状況を想定することも可能である。そのような状況では、2つの判断の決定権を両方ともイノベーションを行うユーザーが有している場合、供給側主導の世界に比べ、より高いレベルのユーザーに対するサポートと補完性を選択することが予想される。ユーザーが非常に高いレベルのsを選択しなければ、これにより供給側の利益は低下するが全体的な福祉は向上する。今後の研究において、これに関してより詳しく検討し、sとβに関する決定権がイノベーションを行うユーザーと供給側の間で配分されている状況についても考察できるだろう。

第5に、私たちのモデルではユーザーイノベーターが供給側の企業から報酬を受け取っていないことにも留意しなければならない。実際の世界では、時として成功したユーザーイノベーターが価値ある貢献に対し賃金を受け取る（レゴや多くのアプリ・ストアのように）。それでも、フィンランドの国家によるアンケート調査が示すのは、イノベーションを行うユーザーは基本的に無償で彼らのイノベーションを公開するという結果であり、私たちの報酬なしという想定もそれに基づくものである（de Jong, et al. 2015）。他の研究者たちのモデルでは、変数xをユーザー・ロイヤルティに対する企業のコストとみなすこともでき、市場結果の予想は今後の研究対象である。

第6に、私たちは、供給側によるユーザーイノベーションへのサポートの内容を、ユーザーが供給側に利益をもたらすイノベーション活動に費やしたいとする時間（もしくはより一般的には資源）の増大としてモデル化した。この例としては、貢献のゲーミフィケーションやユーザー・コミュニティの設立などが挙げられる。しかし、供給側によるサポート（例：より良いツールという形式）がユーザーイノベーションにおける時間短縮につながるということもまた考えられる。そうした種類の供給側によるサポートは、さらなるユーザーを引き寄せることができる、つまり、それ以前はイノベーションを行わないユーザーだった者たちの参与である。これは市場におけるユーザーイノベーターの比率（σ）を強固にする可能性があり、それは私たちのモデルでは外的要因として扱われていた要素である。特に供給側の最適な戦略の選択βの面で、この拡張されたモデルをさらに研究することは興味深い結果をもたらすだろう。

最後に、私たちのモデルは全ての供給側を、皆、似たような企業として扱い、全てがユーザー代替的もしくはユーザー補完的なイノベーション戦略のどちらかを選択するとした。今後の研究では、この限定的な前提を脱して、より有用なモデル化を行うことができるだろう。実際の世界では、両方のタイプの供給側の共存を観察できる。おそらく、主な理由は、ユーザーが作り出したイノベーションの波及を利用するために研究開発を再編成し再構成するにはある程度の大きなコストがかかるからである。そのため、供給側主体のイノベーションの歴史がある大企業では転換に躊躇しやすく、一方で、従来のモデルへのコミットメントがない新規参入企業はユーザー包含のイノベーション・モードの採用がより経済的に実行可能であると判断する可能性が高い。そのような制限や転換コストを戦略の不均一性、企業や市場の結果への影響の側面から有用なやり方で分析することが可能である。例えば、ユーザーイノベーターの比率が増加している市場では、より柔軟な研究開発の編成を行うことのできる新規参入企業や関係者がより利益を得られる、などの仮定である。

付録A：モード選択の定理の証明

記されているように、$z^U \leq z^P \rightarrow \Pi^P \geq \Pi^U$、そして逆の場合も同様。加えて、$\sigma$は$z$を通してのみ$\Pi$に影響を与える。従って、$\sigma$が$\Pi$に与える影響は、$\sigma$が$z$に与える影響から検討することができる。最初に、$\sigma=0$, $z^U \leq z^P$において、$\sigma=0$の場合には企業がPモードを選択することを示した。次に、加えて$0<\beta<1/2$, $z^U_\sigma \geq z^P_\sigma$, $\forall \sigma < \sigma_0$が$\sigma_0<1$とともにある場合を示した。第1段階で、$\eta^U \tilde{b}^U$と$\eta^P \tilde{b}^P = \varsigma^{\xi}$を比較する。$\sigma=0$, $\eta^U \leq \eta^P$, $\tilde{b}^U = \tilde{b}^P = \varsigma^{\xi}$の時点である。結果として、$\sigma=0$が$z^U \leq z^P$を示唆する。第2段階では、$z^P_\sigma=0$および$z^U_\sigma = \tilde{b}^U(\eta^U_\sigma + \eta^U \tilde{b}^U_\sigma/\tilde{b}^U)$であることが明らかである。$\eta^U_\sigma \leq 0$を思い出してほしい。そうすると、$\tilde{b}^U_\sigma/\tilde{b}^U = \tau^\theta/[\sigma(\xi^\theta+\tau^\theta)]$であることが明らかとなる。これは正数の式であり、もし$\theta<1$または$0<\beta<1/2$ならば、$\sigma \rightarrow 0$の場合に非常に高くなる。さらに、それはσが増加するごとに低下し、また、定められた$\lambda \leq \mu$, η^Uも低下する。これら全てから、σがゼロに近い場合、$\eta^U \tilde{b}^U_\sigma/\tilde{b}^U$の正の値が$\eta^U_\sigma$の負の値を上回り、$z^U_\sigma>0$であることがわかる。$\sigma$が増加するごとに$z^U_\sigma$は低下し、$z^U_{\sigma\sigma}<0$となる。なぜなら、$z^U_{\sigma\sigma} = \tilde{b}^U_\sigma(\eta^U_\sigma + \eta^U \tilde{b}^U_\sigma/\tilde{b}^U) + \tilde{b}^U \partial(\eta^U + \eta^U \tilde{b}^U_\sigma/\tilde{b}^U)/\partial\sigma$であり、上記を踏まえると最後に導かれるものは負だからである。そして$\eta^U_\sigma + \eta^U \tilde{b}^U_\sigma/\tilde{b}^U = 0$の場合、つまり$z^U_\sigma=0$, $z^U_{\sigma\sigma}<0$だが、それと同様にして、$z^U_\sigma=0$の

場合にz^Uが最高値に達すると、それは降下を始める。これによって、「図」の曲線の形状が説明される。本文で述べた箇所だが、$\sigma=\lambda=\mu=0$ の場合に $\Pi^U=\Pi^P$ となることは理解に難しくない。そして、σ の増加においてΠ^UがΠ^Pよりも速く増加していくと、より高い σ と $\lambda=\mu=0$ は $\Pi^U>\Pi^P$ を示唆する。これは、λもしくは μが十分に小さい場合に転換が起こることを証明している。最後に、$\sigma=\sigma^*$におけるλもしくは μに対し、z^U-z^Pを差別化する。$z_\sigma^U-z_\sigma^P>0$であることは判明しており、従って記号の σ_λ^*もしくは σ_μ^* が記号の$z_\lambda^U-z_\lambda^P$もしくは$z_\mu^U-z_\mu^P$の反対であり、λと μはη^Uを通してのみ式に影響を与えるため、それらは両方とも負である。結果として、σ^*はλもしくは μとともに増加し、λもしくは μが高すぎる場合には転換は起こらない。証明終わり。

付録B：福祉の定理の証明

この定理を証明する方法として、最初に、σ^*において $W^U-W^P\geq 0$ であること、そして次に$W_\sigma^U-W_\sigma^P\geq 0$ であることを示す。モード選択の定理の条件下では、$\Pi_\sigma^U-\Pi_\sigma^P$である。これは、企業がＰモードからＵモードに転換するσ^*において、福祉はＵモードにおいてより高く、より大きい σでは、福祉はＰモードへと再転換しないことを意味する。

$W^U-W^P\geq 0$ であることを示すには、$W^U-W^P=N(\Pi^U-\Pi^P)+(1-\sigma)[1/2(1-p^U+(1-\mu)b^U)^2+\mu b^U+\mu' h^U-1/2(1-p^P+b^P)^2-\mu' h^P]+\sigma[1/2(1-p^U+(1-\lambda)b^U)^2+\lambda b^U+h^U-1/2(1-p^P+b^P)^2-h^P]$を $\Pi^U-\Pi^P=0$ および $z^U y^U=z^P y^P$，つまり $p^U=p^P$ と $z^U=z^P$ であることを示唆するσ^*の時点で評価する。後者の等式は $y^U=y^P$ を示すものであり、従って$\eta^U b^U=b^P$ である。上記の情報を用いて、σ^*の時点における W^U-W^P を書き直すことができる。簡潔化のためＵの

繰り返しと周辺の式を省くと、$W^U - W^P = (1-\sigma)1/2[(1-p+(1-\mu)b)(1-p+b)+\mu b(p-(1-\mu)b)]+\sigma 1/2[(1-p+(1-\lambda)b)(1-p+b)+\lambda b(p-(1-\lambda)b)]+1/2\ (1-\eta)b-1/2(1-p+\eta b)^2+[(1-\sigma)\mu'+\sigma](h^U-h^P)$ となる。最初の2つの二乗カッコが示すのは、購入するユーザーの数とその余剰、そしてさらに購入しないユーザーとその余剰の積である。また、これは $0<p-(1-\mu)b\leq 1$ と $0<p-(1-\lambda)b\leq 1$ である理由も説明する。これらの境界を超えて、イノベーションを行わないユーザーの余剰は $1/2+\mu' b$ もしくは $(\mu+\mu')b$ であり、イノベーションを行うユーザーの場合は $1/2+h$ もしくは $\lambda b+h$ となる。結果として、$\mu b(p-(1-\mu)b), \lambda b(p-(1-\lambda)b)\geq 0$ が導かれ、$h^U-h^P\geq 0$ であることが明らかとなる。それぞれ $(1-\sigma)$ と σ によって検討される2つの二乗カッコを足し、そこから $1/2(1-p+\eta b)^2$ を引く。これによって $1/2[(1-p+b)(1-p+\eta b)-(1-p+\eta b)(1-p+\eta b)]\geq 0$ が導かれる。なぜなら、$\eta\leq 1$ および $1-p+\eta b\geq 0$ であり、η が $(1-\mu)$ と $(1-\lambda)$ において均等に加重され、$(p-(1-\mu)b)\geq 0$ だからである。その他の W^U-W^P における式が負ではないため、σ^* の時点では $W^U\geq W^P$ である。

次のステップでは $W^U_\sigma\geq W^P_\sigma$ を証明する。$\lambda=\mu=0$ とともに所定のPS、CS^{nui}、CS^{ui} の式を使用し、Pモードのために p、b、h を算出した W^P の式は（10）である。つまり、$x=0$ であり、η、b、y はPモードにおける企業の問題から得られる。この場合の σ は η、b、y に影響を与えることがなく、よって $W^P_\sigma=(1-\mu')h^P$ である。Uモードでは、$W^U_\sigma=N\Pi^U_\sigma+(1-\sigma)\ [(1-p+(1-\mu)\ b)(-p_\sigma+(1-\mu)\ b_\sigma)+\mu b_\sigma+\mu' h^U_\sigma]+\sigma[1-p+(1-\lambda)b)(-p_\sigma+(1-\lambda)b_\sigma)+\lambda b_\sigma+h^U_\sigma]+[(1-p+(1-\lambda)b)^2-(1-p+(1-\mu)b)^2]/2+(\lambda-\mu)b+(1-\mu')h^U$ であり、ここでは Π^U_σ と h^U 以外のUの繰り返しを省略する。$0<\beta<1/2$ と σ がゼロに近い場合は、$\Pi^U_\sigma\geq 0$ である。さらに、$h^U-h^P\geq 0$ である。よって、$W^U_\sigma-W^P_\sigma$ の記号を定めるには、その他の W^U_σ に関わる式が負ではないことを示す必要がある。最後の式から始めよう。総計の結果と2つの式の差異として二乗の差異を書き直し、$(\lambda-\mu)b$ を得る。そして、$(\lambda-\mu)b(p-(1-(\lambda$

$+\mu)/2)b)\geq 0$ が得られる。なぜなら、$\lambda\geq\mu$ および $(p-(1-(\lambda+\mu)/2)b)=1/2(p-(1-\lambda)b+p-(1-\mu)b)$ であり、既に $(p-(1-\mu)b)$, $\lambda b(p-(1-\lambda)b)\geq 0$ であることが定められている。最後に、$(1-p+(1-\mu)b)(-p_\sigma+(1-\mu)b_\sigma)+\mu b_\sigma=(1-p+(1-\mu)b)(-p_\sigma+b_\sigma)+\mu b_\sigma(p-(1-\mu)b)$ であることがわかる。$(1-p+(1-\mu)b)\geq 0$, $(p-(1-\mu)b)\geq 0$ と $-p_\sigma+b_\sigma=-(\eta_\sigma b+\eta b_\sigma)/(N+1)+b_\sigma=-\eta_\sigma b/(N+1)+b_\sigma[1-\eta/(N+1)]\geq 0$ であることは、既に判明している。これは、$\eta_\sigma\leq 0$, $b_\sigma=\bar{b}_\sigma y+\bar{b}y_\sigma\geq 0$ であるためであり、また $1-\eta/(N+1)>0$ は $\eta\leq 1$ であるためである。λ の類似式においても、同様の結果が得られる。これによって、$W^U_\sigma\geq W^P_\sigma$ が定められる。証明終わり。

付録C：政策の定理の証明

前述の定理と同様に、この定理を証明するにあたっての方法は、前述の定理において記されたように、σ^* では $W^U-W^P\geq 0$ であるという事実に依存しており、さらに γ または ξ を変えるごとに $\Pi^U-\Pi^P$ と W^U-W^P がどのように変化していくかを考察する。この理論は、モード選択の定理の条件下で $\Pi^U-\Pi^P$ と W^U-W^P に生じる変化が同じ方向へ進むかどうかを確認するためのものである。

W^U-W^P では、γ の変化はPモードにおける変数に一切影響しない。それらは Π^U と h^U を増加させる。前述の定理の証明によって、W^U_γ の式は、最後の2つの項がないことと σ ではなく γ の繰り返しであることを除き、W^U_σ と同等であることが判明した。よって、$W^U_\gamma-W^P_\gamma\geq 0$ であることを示すには、2つ目と3つ目の項が負ではないことを示す必要がある。前述の定理の証明との類似によって、第2項は $(1-p+(1-\mu)b)(-p_\gamma+b_\gamma)+\mu b_\gamma(p-(1-\mu)b)$ と書くことができる。また、$(1-p+(1-\mu)b)\geq 0$, $(p-(1-\mu)b)\geq 0$, $-p^U_\gamma+b^U_\gamma=b^U_\gamma(1-\eta^U/(N+1))\geq 0$ であることは判明している。第3項にも同様の事柄が当てはまり、それによってσ^*の時点では$\Pi^U-\Pi^P=0$および$W^U-W^P\geq 0$, $W_\gamma^U+W_\gamma^P\geq 0$であることが定められる。これが意味するのは$\sigma^*$の時点で$\gamma$の増加は$\Pi^U$を$\Pi^P$以上に押し上げ、企業にUモードへの転換を促すということである。同時に、Uモードにおいてσ^*の時点ではより高い福祉は、Pモードより小さくなるということはない。

次は、ξの増加について検討する。最初に、$\beta>\beta^*$が$\beta^*<1/2$とともにある場合は$\Pi_\xi^U-\Pi_\xi^P\leq 0$であることを示す。これを求めるには、$\Psi\equiv[1+(\tau/\xi)^\theta]^{(1-\theta)/\theta}$である際に$z_\xi^U-z_\xi^P=\eta^U\Psi-1$であることを確認する。$0<\theta<1$もしくは、$0<\beta<1/2$, $\eta^U\leq 1$であるが、$\Psi\geq 1$であること。しかし、$\theta\rightarrow 0$はΨが非常に大きくなることを示唆し、$\theta=1$は$\Psi=1$を意味する。さらに、Ψはθとともに単調に減少する。$\Psi'\equiv[1+(\tau/\xi)^\theta]$である場合に、$\partial\log\Psi/\partial\theta=-\theta^{-2}\log\Psi'+[(1-\theta)/\theta][(\tau/\xi)^\theta/\Psi']\log(\tau/\xi)$を考慮する。私たちは$\tau/\xi<1$であるケースを検討しているため、この式は負となる。結果として、しきい値は$\theta^*<1$もしくは$\beta^*<1/2$であり、よって$\beta>\beta^*\rightarrow z_\xi^U-z_\xi^P<0$, そして逆も同様となる。上記により、$\sigma=\sigma^*$の時点で$\xi$の増加はPモードへの転換を促す。

$W_\xi^U+W_\xi^P$を確認するには、前述の定理の証明を用いて$W_\xi^U=N\Pi_\xi+(1-\sigma)[1-p+(1-\mu)b)(-p_\xi+b_\xi)+\mu b_\xi(p+(1-\mu)b)+\mu' h_\xi]+\sigma[(1-p+(1-\lambda)b)(-p_\xi+b_\xi+\lambda b_\xi(p+(1-\lambda)b)+h_\xi]$と書くことができる。ここでは簡潔にするためにUの繰り返しは省略している。$W^{P\xi}$の式は$\lambda=\mu=h_\xi=0$と同じであり、変数はPモードにおいて評価される。前述の定理の証明で記したことを思い出してほしい。$\sigma=\sigma^*$の時点では、$p^U=p^P$および$\eta^U b^U=b^P$である。$W_\xi^U-W_\xi^P$では、$(1-p+(1-\mu)b)(-p_\xi+b_\xi)+\mu b_\xi(p-(1-\mu)b)$と$W_\xi^P$の同等の項の間の差異を$(1-\sigma)$で加重したもの、そして$(1-p+(1-\lambda)b)(-p_\xi+b_\xi+\lambda b_\xi(p-(1-\lambda)b))$と$W_\xi^P$の同等の項の間の差異を$\sigma$で加重したものから、いくつかの代数処理を経て、$[(1-\eta)+\sigma(1-\sigma)(\lambda-\mu)^2 b]\,b_\xi\geq 0$が導かれる。さらに、$h^P$は$\xi$によって変化し

ないが、h^Uはξにおいて増加する。結論として、$W^U \geq W^P$である$\sigma=\sigma^*$の時点では、$W_\xi^U - W_\xi^P$の符号は未確定であり、正である可能性も非常に高い。$\beta>\beta^*$が$\Pi_\xi^U - \Pi_\xi^P \leq 0$を示すことから、より高い$\xi$が、福祉はUモードの方が高い場合においても企業にPモードへの転換を促す可能性がある。証明終わり。

注釈

1. TとYに関しての限界収益の製品の比率は$b=(T^\beta+Y^\beta)^{1/\beta}$であり、$(Y/T)^{1-\beta}$と同等である。$\sigma$が小さい場合は$T$も小さく、よって$Y/T$は1より大である可能性が高い。結果として、より低いβはβに対するTの影響をβに対するYよりも高める。最適なsを増加させることによってより高いσはTを高めYを低くするため、$0<\beta<1/2$という条件は、bに対するTのより高い関与が、より低いYによるbへの大きな負の影響を上回る程度に強くなければならないことを示す。
2. 直感的に、ξの増加はYに対する直接的な正の影響をUモードとPモードの両方において与えることがわかる。加えて、Uモードではξの増加がsを減少させ、それによってYが向上しTが低減される。しかし、より高いβは$(1-s)$に対しより明らかなsの低下を招く。なぜなら、補完性が強い場合、補完から生じるフィードバックによって、Yの増加はそれほど大幅なTの低下を引き起こさない。結果として、補完性が弱い場合、UモードよりもPモードにおいてξの増加はより大きくbの増加を導く。

訳者あとがき

　ユーザーイノベーションという理論の提唱者であるエリック・フォン・ヒッペル教授は今回、本書において、さらにその概念を進化させて、社会全体のなかでイノベーションが生み出される構造そのものに対する深い考察と大胆な提案を試みています。しかしその提案は、既存のイノベーション研究の視点からみて「大胆」なだけであり、生活者の視点から見れば、むしろ自然な考え方として理解できる内容です。つまり、既存のイノベーション研究（フォン・ヒッペル教授は「シュンペーター的」と表現しています）のほうが、現代の日常生活から乖離したものになってしまっていることが、図らずも浮き彫りになった形です。イノベーションとは、もっと人間生活に身近に存在しているものであり、それを権利や儲けにしようとする社会制度のことは否定しないものの、それら権利や儲けの仕組みにばかり焦点が当たってきてしまったがために、イノベーションの本質が見失われてきたのではないのか。本書を通じての、フォン・ヒッペル教授のメッセージは、そこにあると思われます。

　様々な提案のなかでも、もっとも際立っているのは、第6章で登場する「Tinkering Surplus（創意工夫余剰）」という新概念でしょう。「Tinkering」という単語は非常に和訳しにくい単語です。英和辞書を引くと、「あまり腕の良くない鋳物職人が、日曜大工的に鋳物を修理する行為」というような訳が紹介されています。本書での使い方には全く当てはまらない内容で、翻訳チームとして最も苦心した点でした。様々な英語文献検索や詳細なウェブ検索などを実施して、この「Tinkering」という単語がもっている本当のニュアンスを深く探ってみると、素人や子どもなど、工作や手芸に不慣れな人が、あれこれ自分で工夫をしたり試行錯誤したりしつつ、何かを創り出す行為のことを、少し微笑ましく表現するときに使われる単語であることがわかってきました。そして原文を読むと、たしかに本書においてフォン・ヒッペル教授がこの単語で描こうとした行為も、まさにそのようなものであることが再確認できました。また第10章では、「米国民はそのような行為をする自由が憲法で基本的人権として認められている」という言及も登場します。これらのことから、翻訳チームは今回、この「Tinkering Surplus」という新概念を「創意工夫余剰」と訳すことにしました。元の単語の直訳からはかなり離れた意訳になるので、翻訳チームとしてもかなり慎重に議論を重ね、またフォン・ヒッペル先生と長年の共同研究実績をおもちである神戸大学の小川進教授のご意見も伺いました。同時に、既刊である中国語訳書での解釈も確認しました（ちなみに、そちらでは「下手な職人の修理による経済的余剰」という直訳的表現が用いられています）。その上で最終的に、あえて意訳を採用することにしました。抽象度が高まってしまうという問題があるものの、この訳によって、フォン・ヒッペル教授がこの新概念で読者に伝えたかった内容が正確に伝わることを願っております。

フォン・ヒッペル教授は、この「創意工夫余剰」という新概念の提案を通じて、既存の経済理論の根幹をなす「生産と消費」の分類自体の再考という大きな問題提起をしています。つまり、これまで「消費」と分類されていた経済活動のなかに、非常に重要なイノベーションを「生産」する活動が潜んでいる、という指摘です。もしこの新概念が今後、さらに多くの後続研究によって検証され、経済学全体のなかで強い説得力を得るようになっていけば、私たちの社会に非常に大きなインパクトを与える可能性があると思われます。

産業進化の過程における需要側の役割を論じた研究には、実は非常に長い歴史があります。代表的な例は、新古典派経済学の父と呼ばれるアルフレッド・マーシャル（Alfred Marshall）ではないでしょうか。マーシャルは、経済均衡理論を説明するなかで、実は需要側にも、技術や財の価値を決定したり転換したりすることで経済的均衡の体系自体を遷移させる潜在的な力がある、と言及しています。大きな目で見れば、本書において紹介されている需要側のフリーイノベーターによる多様な開発活動も、マーシャルが述べた「技術や材の、価値の決定や転換」活動の一環といえるのかもしれません。しかし、フォン・ヒッペル教授は、そのような需要側の力は、「潜在的」なものではなく、「創意工夫余剰」の形で常に一定レベルで市場（便宜的に「需要側」に置かれている が、本来は「供給」側に置かれてしかるべき）に顕在しており、むしろ市場はその「余剰」を利用することで次の「供給」を生み出しているのではないか、と解釈しているわけです。明らかに既存の一般的（新古典派的）な経済理論から一歩踏み出した解釈です。フォン・ヒッペル教授自身、この提案は、既存概念への挑戦だと述べており、経済学の中心議論に発展していくためにはまだかなり壁がありそうです。しかし、少なくとも、フリーイノベーション現象の存在自体はどうやら間違いがないものとして検証されており、それを経済理論体系にうまく組み込むためには、「創意工夫余剰」の概念は非常にうまい手のように思われます。今後、この新概念がどのように学術的発展をしていくのか、大きな期待をしたいところです。

本書で述べられている内容は、実は日本人にとっては、本質的に馴染みやすいものだと思います。江戸時代以来、日常生活のなかに深く「ものづくり」の精神や習慣が根付いているので、「創意工夫余剰」の存在は、多くの日本人にとって、直感的に納得できるもののように思われます。しかし、産業革命以降、欧米諸国と同様に、日本でも「ものづくり」の主役は企業など「供給側」である、ということが常識として刷り込まれてきてしまったため、本書のエッセンスを、経営学や経済学の理解のなかで、どのように位置付ければよいのか、ちょっと迷ってしまうという感想をもつ読者も多いことでしょう。しかし、その迷いこそが、フォン・ヒッペル教授が蒔いた、新しい思考的挑戦への萌芽です。少しわくわくしながら、この新芽が今後どんなふうに育っていくのかを、読者の皆さんと一緒に見守っていきたいと思います。

この日本語版の出版にあたっては、株式会社白桃書房の平千枝子氏の多大なるご尽力を賜りました。また、フォン・ヒッペル先生とのお話合いや内容の吟味にあたっては、神戸大学の小川進教授の温かいご指導を何度も賜りました。さらに、株式会社コミュニケーターズの皆様に翻訳作業のお手伝いを賜りました。この場をお借りして改めて感謝の言葉を述べさせていただきます。私とともに翻訳作業をしてくださった3人の翻訳者、古江奈々美氏、北浦さおり氏、グェン・フォン・バオ・チャウ氏とは、日常の忙しい研究生活のなか、貴重な経験を共有することができました。本書が末永く、多くの研究者や実務家に親しまれ、イノベーション研究の体系（パラダイム）・シフトの端緒になることを、願っております。

2019年3月　訳者代表　鷲田祐一

事項索引

【欧字・数字】

【あ】

【か】

【さ】

【た】

【な】

【は】

【ま】

【ら】

人名索引

【D】

【E】

【F】

【G】

【H】

【I】

【J】

【K】

【L】

【R】

【S】

【T】

参考文献

Acemoglu, D., and J. Linn. 2004. Market size in innovation: Theory and evidence from the pharmaceutical industry. *Quarterly Journal of Economics* 119 (3): 1049–1090.

Adner, R., and R. Kapoor. 2010. Value creation in innovation ecosystems: How the structure of technological interdependence affects firm performance in new technology generations. *Strategic Management Journal* 31 (3): 306–333.

Afuah, A., and C. L. Tucci. 2012. Crowdsourcing as a solution to distant search. *Academy of Management Review* 37 (3): 355–375.

Agerfalk, P. J., and B. Fitzgerald. 2008. Outsourcing to an unknown workforce: exploring opensourcing as a global sourcing strategy. *Management Information Systems Quarterly* 32 (2): 385–410.

Akgün, A. E., H. Keskin, and J. C. Byrne. 2010. Procedural justice climate in new product development teams: Antecedents and consequences. *Journal of Product Innovation Management* 27 (7): 1096–1111.

Alchian, A. A., and H. Demsetz. 1972. Production, information costs, and economic organization. *American Economic Review* 62 (5): 777–795.

Allen, R. C. 1983. Collective invention. *Journal of Economic Behavior & Organization* 4 (1): 1–24.

Amabile, T. M., R. Conti, H. Coon, J. Lazenby, and M. Herron. 1996. Assessing the work environment for creativity. *Academy of Management Journal* 39 (5): 1154–1184.

Antorini, Y. M., A. M. J. Muñiz, and T. Askildsen. 2012. Collaborating with customer communities: Lessons from the Lego Group. *Sloan Management Review* 53 (3): 73–79.

Aoki, M. 2001. *Toward a Comparative Institutional Analysis*. MIT Press.

Arai, Y., and S. Kinukawa. 2014. Copyright infringement as user innovation. *Journal of Cultural Economics* 38 (2): 131–144.

Arora, A., W. M. Cohen, and J. P. Walsh. 2015. The Acquisition and Commercialization of Invention in American Manufacturing: Incidence and Impact. Working paper 20264, National Bureau of Economic Research (NBER), June 2014 (revised September 2015), Cambridge MA. Accessed January 27, 2016. http://www.nber.org/papers/w20264

Arora, A., A. Fosfuri, and A. Gambardella. 2001. Markets for technology and their implications for corporate strategy. *Industrial and Corporate Change* 10 (2): 419–451.

Arrow, K. J. 1962. Economic welfare and the allocation of resources for invention. In *The Rate and Direction of Inventive Activity: Economic and Social Factors*, ed. R. R. Nelson. Princeton University Press.

Arrow, K. J. 1974. *The Limits of Organization*. Norton. [アロー, K.J. (2017)『組織の限界』村上泰亮訳, 筑摩書房]

Baker, W. E., and N. Bulkley. 2014. Paying it forward or rewarding reputation: Mechanisms of generalized reciprocity. *Organization Science* 25 (5): 1493–1510.

Baldwin, C. Y. 2008. Where do transactions come from? Modularity, transactions and the boundaries of firms. *Industrial and Corporate Change* 17 (1): 155–195.

Baldwin, C. Y. 2010. When Open Architecture Beats Closed: The Entrepreneurial Use of Architectural Knowledge. Working paper 10-063, Harvard Business School.

Baldwin, C. Y. 2015. Bottlenecks, Modules and Dynamic Architectural Capabilities. Finance working paper 15-028, Harvard Business School.

Baldwin, C. Y., and K. B. Clark. 2000. *Design Rules*, volume 1: *The Power of Modularity*. MIT Press.

［ボールドウィン，C.Y.・クラーク，K.B.（2004）『デザイン・ルール ― モジュール化パワー』安藤晴彦訳，東洋経済新報社］
Baldwin, C. Y., and K. B. Clark. 2006a. Between "knowledge" and the "economy": Notes on the scientific study of designs. In *Advancing Knowledge and the Knowledge Economy*, ed. Brian Kahin and Dominique Foray. MIT Press.
Baldwin, C. Y., and K. B. Clark. 2006b. The architecture of participation: Does code architecture mitigate free riding in the open source development model? *Management Science* 52 (7): 1116-1127.
Baldwin, C. Y., and J. Henkel. 2015. Modularity and intellectual property protection. *Strategic Management Journal* 36 (11): 1637-1655.
Baldwin, C. Y., and E. von Hippel. 2011. Modeling a paradigm shift: From producer innovation to user and open collaborative innovation. *Organization Science* 22 (6): 1399-1417.
Baldwin, C. Y., C. Hienerth, and E. von Hippel. 2006. How user innovations become commercial products: A theoretical investigation and case study. *Research Policy* 35 (9): 1291-1313.
Barnes, B., and D. R. Ulin. 1984. Liability for new products. *Journal of the American Water Works Association* 76 (2): 44-47.
Barnouw, E. 1966. *A Tower in Babel: A History of Broadcasting in the United States to 1933*. Oxford University Press.
Barrick, M. R., and K. M. Mount. 1991. The big five personality dimensions and job performance: A meta-analysis. *Personnel Psychology* 44 (1): 1-26.
Barrick, M. R., M. K. Mount, and T. A. Judge. 2001. Personality and performance at the beginning of the new millennium: What do we know and where do we go next? *International Journal of Selection and Assessment* 9 (1-2): 9-30.
Bator, F. M. 1958. The anatomy of market failure. *Quarterly Journal of Economics* 72 (3): 351-379.
Bauer, J., N. Franke, and P. Tuertscher. 2015. IP Norms in Online Communities: How User-Organized Intellectual Property Regulation Supports Innovation. Available at SSRN: http://ssrn.com/abstract=2718077.
Baumol, W. J. 2002. *The Free-Market Innovation Machine: Analyzing the Growth Miracle of Capitalism*. Princeton University Press.［ボーモル，W.J.（2010）『自由市場とイノベーション ― 資本主義の成長の奇跡』足立英之訳，勁草書房］
Bayus, B. L. 2013. Crowdsourcing new product ideas over time: An analysis of the Dell IdeaStorm community. *Management Science* 59 (1): 226-244.
BEA (Bureau of Economic Analysis, U.S. Department of Commerce). 2016. Survey of Current Business Online 96, no. 1. Accessed January 31, 2016. http:// www.bea.gov/scb/pdf/2015/12%20December/1215_gdp_and_the_economy .pdf
Benkler, Y. 2002. Coase's penguin, or, Linux and "the nature of the firm." *Yale Law Journal* 112 (3): 369-447.
Benkler, Y. 2004. Sharing nicely: On shareable goods and the emergence of sharing as a modality of economic production. *Yale Law Journal* 114 (2): 273-358.
Benkler, Y. 2006. *The Wealth of Networks: How Social Production Transforms Markets and Freedom*. Yale University Press.
Benkler, Y. 2016. When von Hippel innovation met the networked environment: Recognizing decentralized innovation. In *Revolutionizing Innovation: Users, Communities, and Open Innovation*, ed. Dietmar Harhoff and Karim R. Lakhani. MIT Press.
Bessen, J., and E. Maskin. 2009. Sequential innovation, patents, and imitation. *RAND Journal of Economics* 40 (4): 611-635.
Bin, G. 2013. A reasoned action perspective of user innovation: Model and empirical test. *Industrial*

Marketing Management 42 (4): 608–619.

Blaxill, M., and R. Eckhardt. 2009. *The Invisible Edge: Taking Your Strategy to the Next Level Using Intellectual Property*. Portfolio. [ブラキシル，M.・エッカート，R.（2010）『インビジブル・エッジ』村井章子訳，文藝春秋]

Boudreau, K. J., and L. B. Jeppesen. 2015. Unpaid crowd complementors: The platform network effect mirage. *Strategic Management Journal* 36 (12): 1761–1777.

Boudreau, K. J., N. Lacetera, and K. R. Lakhani. 2011. Incentives and problem uncertainty in innovation contests: An empirical analysis. *Management Science* 57 (5): 843–863.

Boyle, J. 1997. A politics of intellectual property: Environmentalism for the Net? *Duke Law Journal* 47 (1): 87–116.

Braun, V., and C. Herstatt. 2008. The freedom fighters: How incumbent corporations are attempting to control user-innovation. *International Journal of Innovation Management* 12 (3): 543–572.

Braun, V., and C. Herstatt. 2009. *User-Innovation: Barriers to Democratization and IP Licensing*. Routledge.

Brynjolfsson, E., and J. H. Oh. 2012. The attention economy: Measuring the value of free goods on the Internet. Paper presented at the 33rd International Conference on Information Systems, 2012 Proceedings, Orlando. Accessed January 29, 2016. http://aisel.aisnet.org/icis2012/proceedings/EconomicsValue/9/

Buenstorf, G. 2003. Designing clunkers: Demand-side innovation and the early history of the mountain bike. In *Change, Transformation and Development*, ed. J. S. Metcalfe and U. Cantner. Springer.

Burda, M. C., D. S. Hamermesh, and P. Weil. 2007. Total Work, Gender and Social Norms. Discussion paper 2705, Institute for the Study of Labor, Bonn, Germany.

Bush, V. 1945. *Science: The Endless Frontier. A Report to the President by Vannevar Bush, Director of the Office of Scientific Research and Development, July 1945*. United States Government Printing Office. Accessed May 16, 2015. http://www .nsf.gov/about/history/vbush1945.htm

Casadesus-Masanell, R., and P. Ghemawat. 2006. Dynamic mixed duopoly: A model motivated by Linux vs. Windows. *Management Science* 52 (7): 1072– 1084.

Castle Smurfenstein. 2016. "Official" Castle Smurfenstein Home Page. Accessed January 25, 2015. https://www.evl.uic.edu/aej/smurf.html

Chafee, Z., Jr. 1919. Freedom of speech in war time. *Harvard Law Review* 32 (8): 932–973.

Chamberlain, E. H. 1962. *The Theory of Monopolistic Competition: A Reorientation of the Theory of Value*, eighth edition. Harvard University Press.

Chandler, A. D., Jr. 1977. *The Visible Hand: The Managerial Revolution in American Business*. Harvard University Press. [チャンドラー，A.D, Jr.（1979）『経営者の時代 — アメリカ産業における近代企業の成立〈上〉〈下〉』鳥羽欽一郎・小林袈裟治訳，東洋経済新報社]

Chesbrough, H. W. 2003. *Open Innovation: The New Imperative for Creating and Profiting from Technology*. Harvard Business School Press. [チェスブロウ，H.（2004）『OPEN INNOVATION — ハーバード流イノベーション戦略のすべて（Harvard business school press）』大前恵一朗訳，産業能率大学出版部]

Clean Water Act. 1972. Federal Water Pollution Control Act Amendments of 1972, Public Law 92–500, *U.S. Statutes at Large* 86 (1972): 1251–1387, codified as amended at 33 U.S.C. § 1251 et seq., 1972.

Colombo, M. G., E. Piva, and C. Rossi-Lamastra. 2013. Authorising employees to collaborate with communities during working hours: When is it valuable for firms? *Long Range Planning* 46 (3): 236–257.

Committee for Orphan Medicinal Products and European Medicines Agency Scientific Secretariat. 2011. European regulation on orphan medicinal products: 10 years of experience and future perspectives. *Nature Reviews Drug Discovery* 10 (5): 341–349.

Constitution of the United States of America, As Amended. 2007. United States Government Printing Office.

Cooley, T. M. 1879. *A Treatise on the Law of Torts, or the Wrongs Which Arise Independently of Contract.* Callaghan.

Cooper, S., F. Khatib, A. Treuille, J. Barbero, J. Lee, M. Beenen, A. Leaver-Fay, D. Baker, Z. Popovic, and [57,000] Foldit players. 2010. Predicting protein structures with a multiplayer online game. *Nature* 466 (5): 756–760.

Costa, P. T., and R. R. McCrae. 1988. Personality in adulthood: A six-year longitudinal study of self-reports and spouse ratings on the NEO Personality Inventory. *Journal of Personality and Social Psychology* 54 (5): 853–863.

Costa, P. T., and R. R. McCrae. 1992. *Revised Neo Personality Inventory (NEO-PI-R) and NEO Five-Factor Inventory (NEO-FFI)*. Orlando: Psychological Assessment Resources.

Costa, P. T., and R. R. McCrae. 1995. Solid ground in the wetlands of personality: A reply to Block. *Psychological Bulletin* 117 (2): 216–220.

Cova, B., and T. White. 2010. Counter-brand and alter-brand communities: The impact of Web 2.0 on trial marketing approaches. *Journal of Marketing Management* 26 (3–4): 256–270.

Cowen, T., ed. 1988. *Public Goods and Market Failures: A Critical Examination.* George Mason University Press.

Crespi, G., C. Criscuolo, J. Haskel, and D. Hawkes. 2006. Measuring and understanding productivity in UK market services. *Oxford Review of Economic Policy* 22 (4): 560–572.

Dahl, T. E., and G. J. Allord. 1997. History of Wetlands in the Coterminous United States. Paper 2425, U.S. Geological Survey Water Supply. Accessed January 31, 2016. http://water.usgs.gov/nwsum/WSP2425/history.html

Dahl, D. W., C. Fuchs, and M. Schreier. 2015. Why and when consumers prefer products of user-driven firms: A social identification account. *Management Science* 61 (8): 1978–1988.

Dahlander, L. 2007. Penguin in a new suit: A tale of how *de novo* entrants emerged to harness free and open source software communities. *Industrial and Corporate Change* 16 (5): 913–943.

Dahlander, L., and M. W. Wallin. 2006. A man on the inside: Unlocking communities as complementary assets. *Research Policy* 35 (8): 1243–1259.

de Bruijn, E. 2010. On the viability of the Open Source Development model for the design of physical objects: Lessons learned from the RepRap project. Master of Science thesis, Tilburg University, Netherlands.

de Jong, J. P. J. 2013. User innovation by Canadian consumers: Analysis of a sample of 2,021 respondents. Unpublished paper commissioned by Industry Canada.

de Jong, J. P. J. 2015. Private communication with author.

de Jong, J. P. J. 2016, forthcoming. Surveying innovation in samples of individual end consumers. *European Journal of Innovation Management*. Available at SSRN: http://ssrn.com/abstract=2089422

de Jong, J. P. J., and E. de Bruijn. 2013. Innovation lessons from 3-D printing. *Sloan Management Review* 54 (2): 42–52.

de Jong, J. P. J., E. von Hippel, F. Gault, J. Kuusisto, and C. Raasch. 2015. Market failure in the diffusion of consumer-developed innovations: Patterns in Finland. *Research Policy* 44 (10): 1856–1865.

Delfanti, A. 2012. Tweaking genes in your garage: Biohacking between activism and

entrepreneurship. In *Activist Media and Biopolitics: Critical Media Interventions in the Age of Biopower*, ed. Wolfgang Sützl and Theo Hug. Innsbruck University Press.

DeMonaco, H., A. Ali, and E. von Hippel. 2006. The major role of clinicians in the discovery of off-label drug therapies. *Pharmacotherapy* 26 (3): 323–332. Demsetz, H. 1988. The theory of the firm revisited. *Journal of Law, Economics, & Organization* 4 (1): 141–161.

Di Gangi, P. M., and M. Wasko. 2009. Steal my idea! Organizational adoption of free innovations from a free innovation community: A case study of Dell IdeaStorm. *Decision Support Systems* 48 (1): 303–312.

DMCA. 1998. *Digital Millennium Copyright Act of 1998*, Public Law 105-304. *United States Statutes at Large* 112: 2860.

Dosi, G., and R. R. Nelson. 2010. Technical change and industrial dynamics as evolutionary processes. In *Handbook of the Economics of Innovation*, volume 1, ed. Bronwyn H. Hall and Nathan Rosenberg. North-Holland.

Dosi, G., L. Marengo, and C. Pasquali. 2006. How much should society fuel the greed of innovators? On the relations between appropriability, opportunities and rates of innovation. *Research Policy* 35 (8): 1110–1121.

DoubleBlinded. 2016. DoubleBlinded: Placebo-controlled experiment kits for your supplements. Accessed March 30, 2016. http://doubleblinded.com/

Economides, N., and E. Katsamakas. 2006. Two-sided competition of proprietary vs. open source technology platforms and the implications for the software industry. *Management Science* 52 (7): 1057–1071.

Edwards, K. 1990. The interplay of affect and cognition in attitude formation and change. *Journal of Personality and Social Psychology* 59 (2): 202–216.

Electronic Frontier Foundation. 2013. Unintended consequences: Fifteen years under the DMCA. Accessed March 15, 2016. https://www.eff.org/pages/ unintended-consequences-fifteen-years-under-dmca

Ensley, M. D., and K. M. Hmieleski. 2005. A comparative study of new venture top management team composition, dynamics and performance between university-based and independent start-ups. *Research Policy* 34 (7): 1091–1105.

Executive Order 12,291 of February 17, 1981. Federal Regulation. *Federal Register* 46 (33): 13193–13198. Accessed January 29, 2016. http://www.archives.gov/federal-register/codification/executive-order/12291.html

Executive Order 13563 of January 18, 2011. Improving Regulation and Regulatory Review. *Federal Register* 76 (14): 3821–3823. https://www.gpo.gov/fdsys/pkg/FR-2011-01-21/pdf/2011-1385.pdf. Accessed January 31, 2016.

Fama, E. F., and M. C. Jensen. 1983a. Separation of ownership and control. *Journal of Law & Economics* 26 (2): 301–325.

Fama, E. F., and M. C. Jensen. 1983b. Agency problems and residual claims. *Journal of Law & Economics* 26 (2): 327–349.

Fauchart, E., and M. Gruber. 2011. Darwinians, communitarians, and missionaries: The role of founder identity in entrepreneurship. *Academy of Management Journal* 54 (5): 935–957.

Fauchart, E., and E. von Hippel. 2008. Norms-based intellectual property systems: The case of French chefs. *Organization Science* 19 (2): 187–201.

Faullant, R., J. Füller, and K. Hutter. 2013. Fair play: Perceived fairness in crowdsourcing communities and its behavioral consequences. *Academy of Management Proceedings* 2013, no.1, Meeting Abstract Supplement 15433.

FCC. 2015. White Space Data Administration. Accessed December 14, 2015. http://www.fcc.gov/

topic/white-space
Feist, G. J. 1998. A meta-analysis of personality in scientific and artistic creativity. *Personality and Social Psychology Review* 2 (4): 290-309.
Fisher, W. W., III. 2010. The implications for law of user innovation. *Minnesota Law Review* 94 (May): 1417-1477.
Fitzsimmons, J. A., and M. J. Fitzsimmons. 2001. *Service Management: Operations, Strategy, and Information Technology*. McGraw-Hill.
Franke, N., and F. Piller. 2004. Value creation by toolkits for user innovation and design: The case of the watch market. *Journal of Product Innovation Management* 21 (6): 401-415.
Franke, N., and M. Schreier. 2010. Why customers value self-designed products: The importance of process effort and enjoyment. *Journal of Product Innovation Management* 27 (7): 1020-1031.
Franke, N., and S. Shah. 2003. How communities support innovative activities: An exploration of assistance and sharing among end-users. *Research Policy* 32 (1): 157-178.
Franke, N., and E. von Hippel. 2003. Satisfying heterogeneous user needs via innovation toolkits: The case of Apache security software. *Research Policy* 32 (7): 1199-1215.
Franke, N., P. Keinz, and K. Klausberger. 2013. "Does this sound like a fair deal?" Antecedents and consequences of fairness expectations in the individual's decision to participate in firm innovation. *Organization Science* 24 (5): 1495-1516.
Franke, N., H. Reisinger, and D. Hoppe. 2009. Remaining within-cluster variance: A meta-analysis of the "dark side of clustering methods." *Journal of Marketing Management* 25 (3-4): 273-293.
Franke, N., E. von Hippel, and M. Schreier. 2006. Finding commercially attractive user innovations: A test of lead-user theory. *Journal of Product Innovation Management* 23 (4): 301-315.
Franklin, B. 1793; 2008. *The Autobiography of Benjamin Franklin 1706-1757*. Applewood Books. Originally published 1793. ［フランクリン，B（1957）『フランクリン自伝』松本慎一・西川正身訳，岩波書店］
Frey, K., C. Lüthje, and S. Haag. 2011. Whom should firms attract to open innovation platforms? The role of knowledge diversity and motivation. *Long Range Planning* 44 (5-6): 397-420.
Fuchs, C., and M. Schreier. 2011. Customer empowerment in new product development. *Journal of Product Innovation Management* 28 (1): 7-32.
Fuchs, C., E. Prandelli, and M. Schreier. 2010. The psychological effects of empowerment on consumer product demand. *Journal of Marketing* 74 (1): 65-79.
Füller, J. 2010. Refining virtual co-creation from a consumer perspective. *California Management Review* 52 (2): 98-122.
Füller, J., K. Hutter, and R. Faullant. 2011. Why co-creation experience matters? Creative experience and its impact on the quantity and quality of creative contributions. *R & D Management* 41 (3): 259-273.
Füller, J., R. Schroll, and E. von Hippel. 2013. User generated brands and their contribution to the diffusion of user innovations. *Research Policy* 42 (6-7): 1197-1209.
Fullerton, T. 2008. *Game Design Workshop: A Playcentric Approach to Creating Innovative Games*. Morgan Kaufmann. ［フラートン，T.（2015）『中ヒットに導くゲームデザイン』加藤諒編，ボーンデジタル］
Gallini, N., and S. Scotchmer. 2002. Intellectual property: When is it the best incentive system? In *Innovation Policy and the Economy*, volume 2, ed. Adam B. Jaffe, Josh Lerner, and Scott Stern. MIT Press.
Gambardella, A., C. Raasch, and E. von Hippel. 2016. (Published Online) The user innovation paradigm: impacts on markets and welfare. *Management Science* 63(5): 1271-1656.
Gault, F. 2012. User innovation and the market. *Science & Public Policy* 39 (1): 118-128.

Gault, F. 2015. Measuring Innovation in All Sectors of the Economy. Working paper 2015-038, United Nations University and MERIT, Maastricht.

Gee, J. P. 2003. *What Video Games Have to Teach Us About Learning and Literacy*. Palgrave MacMillan.

George, J. M., and J. Zhou. 2001. When openness to experience and conscientiousness are related to creative behavior: An interactional approach. *Journal of Applied Psychology* 86 (3): 513–524.

Ghosh, R. A. 1998. Cooking pot markets: An economic model for the free trade of goods and services on the internet. *First Monday* 3 (3). Accessed January 15, 2016. http://firstmonday.org/ojs/index.php/fm/article/viewArticle/1516

Gobet, F., and H. A. Simon. 1998. Expert chess memory: Revisiting the chunking hypothesis. *Memory* 6 (3): 225–255.

Godin, B. 2006. The linear model of innovation: The historical construction of an analytical framework. *Science, Technology & Human Values* 31 (6): 639–667.

Goldberg, L. R. 1993. The structure of phenotypic personality traits. *American Psychologist* 48 (1): 26–34.

Goodman, L. A. 1961. Snowball sampling. *Annals of Mathematical Statistics* 32 (1): 117–151.

Goodman, P. S., R. Devadas, and T. L. Griffith Hughson. 1988. Analyzing the effectiveness of self-managing teams. In *Productivity in Organizations: New Perspectives from Industrial and Organizational Psychology*, ed. John P. Campbell and Richard J. Campbell. Jossey-Bass.

Green, P. E. 1977. A new approach to market segmentation. *Business Horizons* 20 (1): 61–73.

Greenberg, A. 2013. Evasion is the most popular jailbreak ever: Nearly seven million iOS devices hacked in four days. *Fortune*, February 8. Accessed January 11, 2016. http://www.forbes.com/sites/andygreenberg/2013/02/08/evasi0n-is-the-most-popular-jailbreak-ever-nearly-seven-million-ios-devices-hacked-in-four-days/

Greif, A. 2006. *Institutions and the Path to the Modern Economy: Lessons from Medieval Trade*. Cambridge University Press.［グライフ，A.（2009）『比較歴史制度分析』岡崎哲二・神取道宏訳，NTT 出版］

Griggs, R. C., M. Batshaw, M. Dunkle, R. Gopal-Srivastava, E. Kaye, J. Krischer, T. Nguyen, K. Paulus, and P. A. Merkel. 2009. Clinical research for rare disease: Opportunities, challenges, and solutions. *Molecular Genetics and Metabolism* 96 (1): 20–26.

Guba, E. G., and Y. S. Lincoln. 1994. Competing paradigms in qualitative research. In *Handbook of qualitative research*, ed. Norman K. Denzin and Yvonne S. Lincoln. SAGE.

Habicht, H., P. Oliveira, and V. Shcherbatiuk. 2012. User innovators: When patients set out to help themselves and end up helping many. *Die Unternehmung: Swiss Journal of Business Research and Practice* 66 (3): 277–295.

Halbinger, M. 2016. The role of intrinsic and extrinsic motivation in entrepreneurial activity. Unpublished paper, Zicklin School of Business, Baruch College, CUNY.

Hall, B., and D. Harhoff. 2004. Post-grant reviews in the U.S. patent system – Design choices and expected impact. *Berkeley Technology Law Journal* 19 (3): 989–1015.

Harhoff, D. 1996. Strategic spillovers and incentives for research and development. *Management Science* 42 (6): 907–925.

Harhoff, D., and K. R. Lakhani, eds. 2016. *Revolutionizing Innovation: Users, Communities, and Open Innovation*. MIT Press.

Harhoff, D., and P. Mayrhofer. 2010. Managing user communities and hybrid innovation processes: Concepts and design implications. *Organizational Dynamics* 39 (2): 137–144.

Harhoff, D., J. Henkel, and E. von Hippel. 2003. Profiting from voluntary information spillovers: How users benefit by freely revealing their innovations. *Research Policy* 32 (10): 1753–1769.

Harris, R. 2012. A building code with room for innovation. *New York Times*, October 5, 2012. Accessed January 28, 2016. http://green.blogs.nytimes.com/2012/10/05/a-building-code-with-room-for-innovation/

Hars, A., and S. Ou. 2002. Working for free? Motivations for participating in open-source projects. *International Journal of Electronic Commerce* 6 (3): 25–39.

Hart, O. 1995. *Firms, Contracts, and Financial Structure*. Oxford University Press.

Hemenway, K., and T. Calishain. 2004. *Spidering Hacks: 100 Industrial-Strength Tips and Tools*. O'Reilly.［ヘメンウェイ，K.・カリシャン，T.（2004）『Spidering hacks ― ウェブ情報ラクラク取得テクニック101選』村上雅章訳，オライリー・ジャパン］

Henkel, J. 2009. Champions of revealing: The role of open source developers in commercial firms. *Industrial and Corporate Change* 18 (3): 435–471.

Henkel, J., and E. von Hippel. 2004. Welfare implications of user innovation. *Journal of Technology Transfer* 30 (1): 73–87.

Henkel, J., C. Y. Baldwin, and W. C. Shih. 2013. IP modularity: Profiting from innovation by aligning product architecture with intellectual property. *California Management Review* 55 (4): 65–82.

Hertel, G., S. Niedner, and S. Herrmann. 2003. Motivation of software developers in Open Source projects: an Internet-based survey of contributors to the Linux kernel. *Research Policy* 32 (7): 1159–1177.

Hienerth, C. 2006. The commercialization of user innovations: The development of the rodeo kayaking industry. *R & D Management* 36 (3): 273–294.

Hienerth, C. 2016. Technique innovation. In *Revolutionizing Innovation: Users, Communities, and Open Innovation*, ed. Dietmar Harhoff and Karim R. Lakhani. MIT Press.

Hienerth, C., C. Lettl, and P. Keinz. 2014. Synergies among producer firms, lead users, and user communities: The case of the Lego producer–user ecosystem. *Journal of Product Innovation Management* 31 (4): 848–866.

Hienerth, C., E. von Hippel, and M. B. Jensen. 2014. User community vs. producer innovation development efficiency: A first empirical study. *Research Policy* 43 (1): 190–201.

Hill, B. M., and A. Shaw. 2014. Consider the redirect: A missing dimension of Wikipedia research. In *OpenSym'14: Proceedings of The International Symposium on Open Collaboration*, August 27–29, Berlin. Accessed January 28, 2016. https:// mako.cc/academic/hill_shaw-consider_the_redirect.pdf

Hounshell, D. A. 1984. *From the American System to Mass Production, 1800–1932: The Development of Manufacturing Technology in the United States*. Johns Hopkins University Press.

Howe, J. 2006. The rise of crowdsourcing. *Wired*, June 1, 2006. Accessed January 29, 2016. http://www.wired.com/2006/06/crowds/

Hyysalo, S. 2009. User innovation and everyday practices: Micro-innovation in sports industry development. *R & D Management* 39 (3): 247–258.

Hyysalo, S., and S. Usenyuk. 2015. The user dominated technology era: Dynamics of dispersed peer-innovation. *Research Policy* 44 (3): 560–576.

IBC. 2009. 2009 International Building Code, International Code Council, Section [A] 104.11: Alternate Materials, Design and Methods of Construction. As referenced in Utah Administrative Code R156-56. Building Inspector and Factory Built Housing Act Rule. Accessed January 31, 2016. https://law.resource.org/pub/us/code/ibr/icc.ibc.2009.pdf and http://www.rules.utah.gov/publicat/code/r156/r156-56.htm

Ironmonger, D. 2000. Household production and the household economy. Research paper, University of Melbourne, Department of Economics. Accessed January 29, 2016. http://fbe.

unimelb.edu.au/__data/assets/pdf_file/ 0009/805995/759.pdf

Jacobides, M. G. 2005. Industry change through vertical disintegration: How and why markets emerged in mortgage banking. *Academy of Management Journal* 48 (3): 465–498.

Jefferson, T. 1819. III.28 To Isaac H. Tiffany, Monticello, April 4, 1819 [Letter from Thomas Jefferson to Isaac H. Tiffany] . In *Jefferson: Political Writings*, ed. Joyce Appleby and Terence Ball. Cambridge University Press, 1999.

Jenkins, H. 2008. *Convergence Culture: Where Old and New Media Collide*. New York University Press.

Jenkins, H., S. Ford, and J. Green. 2013. *Spreadable Media: Creating Value and Meaning in a Networked Culture*. New York University Press.

Jensen, M. C., and W. H. Meckling. 1994. The nature of man. *Journal of Applied Corporate Finance* 7 (2): 4–19.

Jeppesen, L. B. 2004. Profiting from innovative user communities: How firms organize the production of user modifications in the computer games industry. Working paper WP-04, Department of Industrial Economics and Strategy, Copenhagen Business School.

Jeppesen, L. B., and L. Frederiksen. 2006. Why do users contribute to firmhosted user communities? The case of computer-controlled music instruments. *Organization Science* 17 (1): 45–63.

Jeppesen, L. B., and K. R. Lakhani. 2010. Marginality and problem solving effectiveness in broadcast search. *Organization Science* 21 (5): 1016–1033.

Joshi, A., L. E. Davis, and P. W. Palmberg. 1975. Electron spectroscopy. In *Methods of Surface Analysis*, ed. A. W. Czanderna. Elsevier.

Judge, T. A., J. E. Bono, R. Ilies, and M. W. Gerhardt. 2002. Personality and leadership: A qualitative and quantitative review. *Journal of Applied Psychology* 87 (4): 765–781.

Keller, K. L. 1993. Conceptualizing, measuring, and managing customer-based brand equity. *Journal of Marketing* 57 (1): 1–22.

Kharpal, A. 2014. Ikea “crushes” blogger in trademark spat. Accessed January 29, 2016. http://www.cnbc.com/2014/06/19/ikea-crushes-blogger-in-trademark-spat.html

Kim, Y. 2015. Consumer user innovation in Korea: An international comparison and policy implications. *Asian Journal of Technology Innovation* 23 (1): 69–86.

King, A., and G. Verona. 2014. Kitchen confidential? Norms for the use of transferred knowledge in gourmet cuisine. *Strategic Management Journal* 35 (11): 1645–1670.

Kline, S. J., and N. Rosenberg. 1986. An overview of innovation. In *The Positive Sum Strategy: Harnessing Technology for Economic Growth*, ed. Ralph Landau and Nathan Rosenberg. National Academies Press.

Kogut, B., and A. Metiu. 2001. Open-source software development and distributed innovation. *Oxford Review of Economic Policy* 17 (2): 248–264.

Kohler, T., J. Füller, K. Matzler, and D. Stieger. 2011. Co-creation in virtual worlds: The design of the user experience. *Management Information Systems Quarterly* 35 (3): 773–788.

Kotler, P. T. 1997. *Marketing Management: Analysis, Planning, Implementation, Control*, ninth edition. Prentice-Hall. [コトラー，P.（1996）『マーケティングマネジメント ― 持続的成長の開発と戦略展開』村田昭治監修，小坂恕・三村優美子・疋田聰訳，プレジデント社（翻訳は第7版）]

Kristof, A. L. 1996. Person-organization fit: An integrative review of its conceptualizations, measurement, and implications. *Personnel Psychology* 49 (1): 1–49.

Krugman, P., and R. Wells. 2006. *Economics*. Worth.

Kuan, J. W. 2001. Open source software as consumer integration into production. Unpublished paper, Haas School of Business, University of California Berkeley. Accessed January 30, 2016.

http://papers.com/sol3/papers.cfm? abstract_id=259648

Kuhn, T. S. 1962;1970. *The Structure of Scientific Revolutions*, second edition, enlarged. University of Chicago Press.［クーン，T.（1971）『科学革命の構造』中山茂訳，みすず書房］

Kuusisto, J., M. Niemi, and F. Gault. 2014. User innovators and their influence on innovation activities of firms in Finland. Working paper 2014-003, United Nations University-MERIT, Maastricht.

Ladd, J. 1957. *The Structure of a Moral Code: A Philosophical Analysis of Ethical Discourse Applied to the Ethics of the Navaho Indians*. Harvard University Press.

Lader, D., S. Short, and J. Gershuny. 2006. *The Time Use Survey, 2005: How We Spend Our Time*. Office for National Statistics, London.

Lafontaine, F., and M. Slade. 2007. Vertical integration and firm boundaries: The evidence. *Journal of Economic Literature* 45（3）: 629–685.

Lakhani, K., and E. von Hippel. 2003. How open source software works: "free" user-to-user assistance. *Research Policy* 32（6）: 923–943.

Lakhani, K. R., and R. G. Wolf. 2005. Why hackers do what they do: Understanding motivation and effort in free/open source software projects. In *Perspectives on Free and Open Source Software*, ed. Joseph Feller, Brian Fitzgerald, Scott A. Hissam, and Karim R. Lakhani. MIT Press.

Lakhani, K., L. B. Jeppesen, P. A. Lohse, and J. A. Panetta. 2007. The Value of Openness in Scientific Problem Solving. Working paper 07-050, Harvard Business School.

Langlois, R. N. 1986. Rationality, institutions and explanation. In *Economics as a Process: Essays in the New Institutional Economics*, ed. Richard N. Langlois. Cambridge University Press.

Larkin, J., J. McDermott, D. P. Simon, and H. A. Simon. 1980. Expert and novice performance in solving physics problems. *Science* 208（4450）: 1335–1342.

Lehner, O. M. 2013. Crowdfunding social ventures: A model and research agenda. *Venture Capital: An International Journal of Entrepreneurial Finance* 15（4）: 289–311.

LePine, J. A., and L. Van Dyne. 2001. Voice and cooperative behavior as contrasting forms of contextual performance: Evidence of differential relationships with big five personality characteristics and cognitive ability. *Journal of Applied Psychology* 86（2）: 326–336.

Lerner, J., and J. Tirole. 2002. Some simple economics of open source. *Journal of Industrial Economics* 50（2）: 197–234.

Lettl, C., C. Herstatt, and H. G. Gemuenden. 2006. Users' contributions to radical innovation: Evidence from four cases in the field of medical equipment technology. *R & D Management* 36（3）: 251–272.

Levy, S. 2010. *Hackers: Heroes of the Computer Revolution*. O'Reilly. Lewis, D., and S. Liebrand. 2014. What is #DIYPS（Do-It-Yourself Pancreas System）? Accessed December 30, 2015. http://diyps.org/［レビー，S.（1987）『ハッカーズ』松田信子・古橋芳恵訳，工学社］

Lilien, G. L., P. D. Morrison, K. Searls, M. Sonnack, and E. von Hippel. 2002. Performance assessment of the lead user idea-generation process for new product development. *Management Science* 48（8）: 1042–1059.

Lin, L. 2008. Impact of user skills and network effects on the competition between open source and proprietary software. *Electronic Commerce Research and Applications* 7（1）: 68–81.

Linebaugh, K. 2014. Citizen hackers tinker with medical devices. *Wall Street Journal*, September 26, 2014. Accessed December 15, 2015. http://www.wsj.com/articles/citizen-hackers-concoct-upgrades-for-medical-devices-1411762843.

Lounsbury, J. W., N. Foster, H. Patel, P. Carmody, L. W. Gibson, and D. R. Stairs. 2012. An investigation of the personality traits of scientists versus nonscientists and their relationship with career satisfaction. *R & D Management* 42（1）: 47–59.

Lucas, R. E., E. Diener, A. Grob, E. M. Suh, and L. Shao. 2000. Cross-cultural evidence for the fundamental features of extraversion. *Journal of Personality and Social Psychology* 79 (3): 452–468.

Lüthje, C., C. Herstatt, and E. von Hippel. 2005. User innovators and "local" information: The case of mountain biking. *Research Policy* 34 (6): 951–965.

MacCormack, A., J. Rusnak, and C. Y. Baldwin. 2006. Exploring the structure of complex software designs: An empirical study of open source and proprietary code. *Management Science* 52 (7): 1015–1030.

Machlup, F., and E. Penrose. 1950. The patent controversy in the nineteenth century. *Journal of Economic History* 10 (1): 1–29.

Manz, C. C., and H. P. Sims, Jr. 1987. Leading workers to lead themselves: The external leadership of self-managing work teams. *Administrative Science Quarterly* 32 (1): 106–129.

Marx, M., D. Strumsky, and L. Fleming. 2009. Mobility, skills, and the Michigan non-compete experiment. *Management Science* 55 (6): 875–889.

Mauss, M. 1966. *The Gift: Forms and Functions of Exchange in Archaic Societies.* Trans. Ian Cunnison. Cohen & West. Originally published in 1925 as Essai sur le don. Forme et raison de l'échange dans les sociétés archaïques in *L'Année Sociologique.*

McCrae, R. R., and P. T. Costa. 1987. Validation of the five-factor model of personality across instruments and observers. *Journal of Personality and Social Psychology* 52 (1): 81–90.

McCrae, R. R., and P. T. Costa. 1997. Personality trait structure as a human universal. *American Psychologist* 52 (5): 509–516.

McCrae, R. R., and O. O. John. 1992. An introduction to the five-factor model and its applications. *Journal of Personality* 60 (2): 175–215.

Merges, R. P., and R. R. Nelson. 1994. On limiting or encouraging rivalry in technical progress: The effect of patent scope decisions. *Journal of Economic Behavior & Organization* 25 (1): 1–24.

Meyer, P. B. 2012. Open technology and the early airplane industry. Paper presented at annual meeting of Economic History Association, Vancouver, BC. Accessed January 30, 2016. http://www.law.nyu.edu/sites/default/files/ECM_PRO_069779.pdf

Mollick, E. 2014. The dynamics of crowdfunding: An exploratory study. *Journal of Business Venturing* 29 (1): 1–16.

Morrison, P. D., J. H. Roberts, and D. F. Midgley. 2004. The nature of lead users and measurement of leading edge status. *Research Policy* 33 (2): 351–362.

Morrison, P. D., J. H. Roberts, and E. von Hippel. 2000. Determinants of user innovation and innovation sharing in a local market. *Management Science* 46 (12): 1513–1527.

Muchinsky, P. M., and C. J. Monahan. 1987. What is person-environment congruence? Supplementary versus complementary models of fit. *Journal of Vocational Behavior* 31 (3): 268–277.

Murray, F., and S. Stern. 2007. Do formal intellectual property rights hinder the free flow of scientific knowledge? An empirical test of the anti-commons hypothesis. *Journal of Economic Behavior & Organization* 63 (4): 648–687.

Murray, F., P. Aghion, M. Dewatripont, J. Kolev, and S. Stern. 2009. Of Mice and Academics: Examining the Effect of Openness on Innovation. Working paper 14819, National Bureau of Economic Research (NBER), Cambridge MA.

Nagelkerke, N. J. D. 1991. A note on a general definition of the coefficient of determination. *Biometrika* 78 (3): 691–692.

Nambisan, S., and R. A. Baron. 2009. Virtual customer environments: Testing a model of voluntary participation in value co-creation activities. *Journal of Product Innovation Management* 26 (4):

388–406.

National Federation of Independent Business v. Sebelius. 2012. 132 S. Ct 2566, 2577 (2012). Opinion of Roberts, C.J., 18. Accessed January 29, 2016. http://www.supremecourt.gov/opinions/11pdf/11-393c3a2.pdf

Nelson, R. R. 1959. The economics of invention: A survey of the literature. *Journal of Business* 32 (2): 101–127.

Netcraft.com. 2015. March 2015 Web server survey. Accessed March 29, 2016. http://news.netcraft.com/archives/2015/03/19/march-2015-web-server-survey .html

Nightscout project. 2016. *Nightscout*. Accessed January 14, 2016. http://www.nightscout.info

Nishikawa, H., M. Schreier, and S. Ogawa. 2013. User-generated versus designergenerated products: A performance assessment at Muji. *International Journal of Research in Marketing* 30 (2): 160–167.

OECD. 2009. Society at a Glance 2009: OECD Social Indicators. Accessed January 30, 2016. http://www.oecdbookshop.org/get-it.php?REF=5KZ99FKTLPTB& TYPE=browse

OECD. 2015. National Accounts at a Glance. Accessed January 30, 2016. http:// www.keepeek.com/Digital-Asset-Management/oecd/economics/national-accounts-at-a-glance-2015/household-final-and-actual-consumption_na _glance-2015-table8-en#page1

OECD Guidelines. 2013. Standard concepts, definitions and classifications for household wealth statistics. In *OECD Guidelines for Micro Statistics on Household Wealth*. OECD Publishing; http://www.oecd.org/statistics/OECD-Guidelines-for-Micro-Statistics-on-Household-Wealth.pdf. Accessed January 30, 2016.

Ogawa, S. 1998. Does sticky information affect the locus of innovation? Evidence from Japanese convenience-store industry. *Research Policy* 26 (7–8): 777–790.

Ogawa, S., and K. Pongtanalert. 2011. Visualizing Invisible Innovation Content: Evidence from Global Consumer Innovation Surveys. Available at SSRN: http://papers.ssrn.com/sol3/papers.cfm?abstract_id=1876186

Ogawa, S., and K. Pongtanalert. 2013. Exploring characteristics and motives of consumer innovators: Community innovators vs. independent innovators. *Research Technology Management* 56 (3): 41–48.

Oliar, D., and C. J. Sprigman. 2008. There's no free laugh (anymore): The emergence of intellectual property norms and the transformation of stand-up comedy. *Virginia Law Review* 94 (8): 1789–1867.

Oliveira, P., and E. von Hippel. 2011. Users as service innovators: The case of banking services. *Research Policy* 40 (6): 806–818.

Oliveira, P., L. Zejnilovic, H. Canhão, and E. A. von Hippel. 2015. Innovation by patients with rare diseases and chronic needs. *Orphanet Journal of Rare Diseases* 10 (April Suppl.1): 41.

O'Mahony, S. 2003. Guarding the commons: How open source contributors protect their work. *Research Policy* 32 (7): 1179–1198.

O'Mahony, S. 2007. The governance of open source initiatives: What does it mean to be community managed? *Journal of Management & Governance* 11 (2): 139–150.

O'Mahony, S., and F. Ferraro. 2007. The emergence of governance in an open source community. *Academy of Management Journal* 50 (5): 1079–1106.

Oslo Manual. 2005. *Oslo Manual: Guidelines for Collecting and Interpreting Innovation Data*, third edition. 2005. Statistical Office of the European Communities, Organisation for Economic Co-Operation and Development.

Outdoor Foundation. 2009. A Special Report on Paddlesports 2009: Kayaking, Canoeing, Rafting. Accessed January 20, 2016. http://www.outdoorfoundation.org/research.paddlesports.html

Outdoor Industry Foundation. 2006. The Active Outdoor Recreation Economy: A $730 Billion Annual Contribution to the U.S. Economy. Accessed January 20, 2015. http://www.outdoorindustry.org/images/researchfiles/RecEconomypublic.pdf?26

Owen, I. 2015. e-Nabling the Future: A Global Network of Passionate Volunteers Using 3D Printing to Give the World a "Helping Hand." Accessed October 11, 2015. http://enablingthefuture.org/

Ozinga, J. R. 1999. *Altruism*. Praeger.

Patient Innovation. 2016. Patient Innovation: Sharing solutions, improving life. Accessed January 25, 2016. https://patient-innovation.com/

Penning, C. 1998. *Bike History. Die Erfolgsstory des Mountainbikes*. Delius Klasing.

Penrose, E. T. 1951. *The Economics of the International Patent System*. Johns Hopkins University Press.

Perry-Smith, J. E. 2006. Social yet creative: The role of social relationships in facilitating individual creativity. *Academy of Management Journal* 49 (1): 85–101.

Pine, B. J., II. 1993. *Mass Customization: The New Frontier in Business Competition*. Harvard Business School Press. [パイン，J.（1994）『マス・カスタマイゼーション革命 ― リエンジニアリングが目指す革新的経営』江夏健一・坂野友昭・IBI 国際ビジネス研究センター訳，日本能率協会マネジメントセンター]

Pitt, L. F., R. T. Watson, P. Berthon, D. Wynn, and G. Zinkhan. 2006. The penguin's window: Corporate brands from an open-source perspective. *Journal of the Academy of Marketing Science* 34 (2): 115–127.

Poetz, M. K., and M. Schreier. 2012. The value of crowdsourcing: Can users really compete with professionals in generating new product ideas? *Journal of Product Innovation Management* 29 (2): 245–256.

Pongtanalert, K., and S. Ogawa. 2015. Classifying user-innovators: An approach to utilize user-innovator asset. *Journal of Engineering and Technology Management* 37 (July-September): 32–39.

Prügl, R., and M. Schreier. 2006. Learning from leading-edge customers at *The Sims*: opening up the innovation process using toolkits. *R & D Management* 36 (3): 237–251.

Raasch, C., C. Herstatt, and P. Lock. 2008. The dynamics of user innovation: Drivers and impediments of innovation activities. *International Journal of Innovation Management* 12 (3): 377–398.

Raasch, C., and E. von Hippel. 2013. Innovation process benefits: The journey as reward. *Sloan Management Review* 55 (1): 33–39.

Ram, K. 2013. Git can facilitate greater reproducibility and increased transparency in science. *Source Code for Biology and Medicine* 8 (1): 1–8.

Ramsar Convention. 1975. 1971. Convention on wetlands of international importance especially as waterfowl habitat, Concluded at Ramsar, Iran, on 2 February 1971 (No. 14583). *United Nations Treaty Series* 996: 245–267.

Raymond, E. A. 1999. *The Cathedral and the Bazaar: Musings on Linux and Open Source by an Accidental Revolutionary*. O'Reilly. [レイモンド，E.S.（2010）『伽藍とバザール』山形浩生訳，USP 研究所]

Riggs, W., and E. von Hippel. 1994. The impact of scientific and commercial values on the sources of scientific instrument innovation. *Research Policy* 23 (4): 459–469.

Riggs, W. M., and M. J. Parker. 1975. Surface analysis by x-ray photoelectron spectroscopy. In *Methods of Surface Analysis*, ed. A. W. Czanderna. Elsevier.

Rivette, K. G., and D. Kline. 1999. *Rembrandts in the Attic: Unlocking the Hidden Value of Patents*. Harvard Business School Press. [リベット，K.G.・クライン，D.（2000）『ビジネスモデル

特許戦略』荒川弘熙監修，NTT データ技術開発本部訳，NTT 出版]
Robinson, J. 1933. *The Economics of Imperfect Competition*. Macmillan. [ロビンソン，J.（1957）『不完全競争の経済学』加藤泰男訳，文雅堂書店]
Rodwell, C., and S. Aymé, eds. 2014. 2014 Report on the State of the Art of Rare Disease Activities in Europe. Accessed January 31, 2016. http://www.eucerd.eu/upload/file/Reports/2014ReportStateofArtRDActivities.pdf
Roin, B. N. 2013. Solving the Problem of New Uses. Working paper, MIT Sloan School of Management. Available at SSRN: http://ssrn.com/abstract=2337821
Romer, P.M. 1990. Endogenous technological change. *Journal of Political Economy* 98（5）: S71–S102.
Rothmann, S., and E. P. Coetzer. 2003. The big five personality dimensions and job performance. *South African Journal of Industrial Psychology* 29（1）: 68–74.
Sahlins, M. 1972. *Stone Age Economics*. Aldine de Gruyter.
Samuelson, P. 2015. Freedom to tinker. UC Berkeley Public Law Research paper 2605195, University of California, Berkeley. *Theoretical Inquiries in Law*, forthcoming. Available at SSRN: http://papers.ssrn.com/sol3/Papers.cfm?abstract_id=2605195
Sandvig, C. 2012. What are community networks an example of? A response. In *Connecting Canadians: Investigations in Community Informatics*, ed. Andrew Clement, Michael Gurstein, Graham Longford, Marita Moll, and Leslie Regan Shade. AU Press, Athabascau University.
Schaffer, C. M., and P. E. Green. 1998. Cluster-based market segmentation: Some further comparisons of alternative approaches. *Journal of the Market Research Society* 40（2）: 155–163.
Schell, J. 2008. *The Art of Game Design: A Book of Lenses*. Morgan Kaufmann.
Schilling, M. A. 2000. Toward a general modular systems theory and its application to interfirm product modularity. *Academy of Management Review* 25（2）: 312–334.
Schoen, S. D. 2003. EOF—Give TCPA an owner override. *Linux Journal*（116）: 14.
Schreier, M., C. Fuchs, and D. W. Dahl. 2012. The innovation effect of user design: Exploring consumers' innovation perceptions of firms selling products designed by users. *Journal of Marketing* 76（5）: 18–32.
Schumpeter, J. A. 1934. *The Theory of Economic Development: An Inquiry into Profits, Capital, Credit, Interest, and the Business Cycle*. Harvard University Press. Originally published in German in 1912; first English translation published in 1934. [シュムペーター，J.A.（1977）『経済発展の理論 — 企業者利潤・資本・信用・利子および景気の回転に関する一研究〈上〉〈下〉』塩野谷祐一訳，岩波書店]
Schweisfurth, T. G., and C. Raasch. 2015. Embedded lead users: The benefits of employing users for corporate innovation. *Research Policy* 44（1）: 168–180.
Scott, W. R. 2001. *Institutions and Organizations: Ideas, Interests, Identities*. SAGE.
Scott, S. G., and R. A. Bruce. 1994. Determinants of innovative behavior: A path model of individual innovation in the workplace. *Academy of Management Journal* 37（3）: 580–607.
Sen, R. 2007. A strategic analysis of competition between open source and proprietary software. *Journal of Management Information Systems* 24（1）: 233–257.
Shah, S. 2000. Sources and Patterns of Innovation in a Consumer Products Field: Innovations in Sporting Equipment. Working paper 4105, MIT Sloan School of Management.
Shah, S. K., and M. Tripsas. 2007. The accidental entrepreneur: The emergent and collective process of user entrepreneurship. *Strategic Entrepreneurship Journal* 1（1–2）: 123–140.
Shapeways. Run your business on Shapeways with 3D printing. Accessed January 14, 2016. https://www.shapeways.com/sell
Sherwin, C. W., and R. S. Isenson. 1967. Project HINDSIGHT: A Defense Department study of

the utility of research. *Science* 156 (3782): 1571–1577.

Shirky, C. 2010. *Cognitive Surplus: How Technology Makes Consumers into Collaborators.* Penguin.

Simon, H. A. 1981. *The Sciences of the Artificial*, second edition. MIT Press.［サイモン，H.A.（1999）『システムの科学』稲葉元吉・吉原英樹訳，パーソナルメディア］

Singer, S., J. E. Amorós, and D. Moska. 2015. *Global Entrepreneurship Monitor: 2014 Global Report.* Global Entrepreneurship Research Association, London Business School.

Smith, A. 1776; 1976. *An Inquiry into the Nature and Causes of the Wealth of Nations.* University of Chicago Press. Originally published 1776; Edwin Cannan's edition originally published in 1904 by Methuen & Co.［スミス，A.（2007）『国富論 — 国の豊かさの本質と原因についての研究（上）（下）』山岡洋一訳，日本経済新聞社出版局］

Song, P., J. Gao, Y. Inagaki, N. Kukudo, and W. Tang. 2012. Rare diseases, orphan drugs, and their regulation in Asia: Current status and future perspectives. *Intractable & Rare Diseases Research* 1 (1): 3–9.

Stallman, R. M. 2002. *Free Software Free Society: Selected Essays of Richard Stallman.* GNU Press, Free Software Foundation.［ストールマン，R.M.（2003）『フリーソフトウェアと自由な社会 — Richard M. Stallman エッセイ集』長尾高弘訳，アスキー］

Statistics Finland. 2016. Innovation 2014. Science, Technology and Information Society, Helsinki, March 24, 2016. Accessed April 18, 2016. http://www.stat.fi/til/inn/2014/inn_2014_2016-03-24_tie_001_en.html

Steam Workshop. 2016. *Steam Community: Steam Workshop.* Accessed January 15, 2016. http://steamcommunity.com/workshop/

Stern, S. 2004. Do scientists pay to be scientists? *Management Science* 50 (6): 835–853.

Stock, R. M., P. Oliveira, and E. von Hippel. 2015. Impacts of hedonic and utilitarian motives on the innovativeness of user-developed innovations. *Journal of Product Innovation Management* 32 (3): 389–403.

Stock, R. M., E. von Hippel, and N. L. Gillert. 2016. Impact of personality traits on consumer innovation success. *Research Policy* 45 (4): 757–769.

Stoltz, M. 2015. New "Breaking Down Barriers to Innovation Act" targets many of DMCA Section 1201's problems. Accessed April 18, 2016. https://www.eff.org/deeplinks/2015/04/new-breaking-down-barriers-innovation-act-targets-many-dmca-section-1201s-problems

Strandburg, K. J. 2008. Users as innovators: Implications for patent doctrine. *University of Colorado Law Review* 79 (2): 467–544.

Suh, N. P. 1990. *The Principles of Design.* Oxford University Press.

Sung, S. Y., and J. N. Choi. 2009. Do big five personality factors affect individual creativity? the moderating role of extrinsic motivation. *Social Behavior and Personality* 37 (7): 941–956.

Svensson, P. O., and R. K. Hartmann. 2016. Policies to Promote User Innovation: Evidence from Swedish Hospitals on the Effects of Access to Makerspaces on Innovation by Clinicians. Working paper, MIT Sloan School of Management. Available at SSRN: http://papers.ssrn.com/sol3/papers.cfm?abstract_id=2701983

Syam, N. B., and A. Pazgal. 2013. Co-creation with production externalities. *Marketing Science* 32 (5): 805–820.

Tadelis, S., and O. E. Williamson. 2013. Transaction cost economics. In *Handbook of Organizational Economics*, ed. Robert Gibbons and John Roberts. Princeton University Press.

Taft, S. L. 2001. *The River Chasers: A History of American Whitewater Paddling.* Flowing Water Press and Alpen Books.

Teece, D. J. 1986. Profiting from technological innovation: Implications for integration, collaboration, licensing and public policy. *Research Policy* 15 (6): 285–305.

Teece, D. J. 1996. Firm organization, industrial structure, and technological innovation. *Journal of Economic Behavior & Organization* 31 (2): 193–224.

Teece, D. J. 2000. *Managing Intellectual Capital: Organizational, Strategic, and Policy Dimensions.* Oxford University Press.

Teixeira, Joaquina. 2014. Balloons at different heights to encourage a child [with Angelman's syndrome] to get up and walk. Accessed on Patient- Innovation.com on January 29, 2016. https://patient-innovation.com/condition/angelmans-syndrome?post=466

Torrance, A. W. 2010. Synthesizing law for synthetic biology. *Minnesota Journal of Law, Science & Technology* 11 (2): 629–665.

Torrance, A. W. 2015. Private communication with author.

Torrance, A. W., and L. J. Kahl. 2014. Bringing standards to life: Synthetic biology standards and intellectual property. *Santa Clara High Technology Law Journal* 30 (2): 199–230.

Torrance, A. W., and E. von Hippel. 2015. The right to innovate. *Detroit College of Law at Michigan State University Law Review* (2): 793–829.

Tseng, M. M., and F. Piller, eds. 2003. *The Customer Centric Enterprise: Advances in Mass Customization and Personalization.* Springer.

Ulrich, K. T., and S. D. Eppinger. 2016. *Product Design and Development*, sixth edition. McGraw-Hill.

UN. 2002. United Nations, European Commission, International Monetary Fund, Organisation for Economic Cooperation and Development, United Nations Conference on Trade and Development, and World Trade Organization. *Manual on Statistics of International Trade in Services.*

Urban, G. L., and J. R. Hauser. 1993. *Design and Marketing of New Products*, second edition. Prentice-Hall.

Urban, G. L., and E. von Hippel. 1988. Lead user analyses for the development of new industrial products. *Management Science* 34 (5): 569–582.

van der Boor, P., P. Oliveira, and F. Veloso. 2014. Users as innovators in developing countries: The sources of innovation and diffusion in mobile banking services. *Research Policy* 43 (9): 1594–1607.

Vargo, S. L., and R. F. Lusch. 2004. The four service marketing myths: Remnants of a goods-based, manufacturing model. *Journal of Service Research* 6 (4): 324–335.

Vissers, G., and B. Dankbaar. 2002. Creativity in multidisciplinary new product development teams. *Creativity and Innovation Management* 11 (1): 31–42.

von Ahn, L., and L. Dabbish. 2008. Designing games with a purpose. *Communications of the ACM* 51 (8): 58–67.

von Hippel, E. 1982. Appropriability of innovation benefit as predictor of the source of innovation. *Research Policy* 11 (2): 95–115.

von Hippel, E. 1986. Lead users: A source of novel product concepts. *Management Science* 32 (7): 791–805.

von Hippel, E. 1988. *The Sources of Innovation.* Oxford University Press. [フォン ヒッペル, E. (1991)『イノベーションの源泉 — 真のイノベーターはだれか』榊原清則訳, ダイヤモンド社]

von Hippel, E. 1994. "Sticky information" and the locus of problem-solving: Implications for innovation. *Management Science* 40 (4): 429–439.

von Hippel, E. 2005. *Democratizing Innovation.* MIT Press. [フォン ヒッペル, E. (2005)『民主化するイノベーションの時代』サイコム・インターナショナル訳, ファーストプレス]

von Hippel, E., and S. N. Finkelstein. 1979. Analysis of innovation in automated clinical chemistry

analyzers. *Science and Public Policy* 6 (1): 24–37.

von Hippel, E., and R. Katz. 2002. Shifting innovation to users via toolkits. *Management Science* 48 (7): 821–833.

von Hippel, E., and G. von Krogh. 2003. Open source software and the "private-collective" innovation model: Issues for organization science. *Organization Science* 14 (2): 209–223.

von Hippel, E. A., J. P. J. de Jong, and S. Flowers. 2012. Comparing business and household sector innovation in consumer products: Findings from a representative survey in the United Kingdom. *Management Science* 58 (9): 1669– 1681.

von Hippel, E. A., H. J. DeMonaco, and J. P. J. de Jong. 2016, forthcoming. Market failure in the diffusion of clinician-developed innovations: The case of off-label drug discoveries. *Science and Public Policy*. Available at SSRN: http://papers.ssrn.com/sol3/papers.cfm?abstract_id=2275562

von Hippel, E., S. Ogawa, and J. P. J. de Jong. 2011. The age of the consumer-innovator. *Sloan Management Review* 53 (1): 27–35.

von Hippel, W., L. E. Hayward, E. Baker, S. L. Dubbs, and E. von Hippel. 2016. Boredom as a spur to innovation. Working paper, University of Queensland, Brisbane.

von Krogh, G., S. Spaeth, and K. R. Lakhani. 2003. Community, joining, and specialization in open source software innovation: A case study. *Research Policy* 32 (7): 1217–1241.

Walsh, J. P., C. Cho, and W. M. Cohen. 2005. View from the bench: Patents and materials transfers. *Science* 309 (5743): 2002–2003.

Warncke-Wang, M., V. Ranjan, L. Terveen, and B. Hecht. 2015. Misalignment between supply and demand of quality content in peer production communities. In Proceedings of the Ninth International AAAI Conference on Web and Social Media. Accessed on January 31, 2016. http://www.aaai.org/ocs/index.php/ICWSM/ICWSM15/paper/view/10591

Warren, S. D., and L. D. Brandeis. 1890. The right to privacy. *Harvard Law Review* 4 (5): 193–220.

Watershed Protection Act. 1954. *Watershed Protection and Flood Prevention Act*, Public Law 83-566, *U.S. Statutes at Large* 68 (1954): 666.

Webb, D. J., C. L. Green, and T. G. Brashear. 2000. Development and validation of scales to measure attitudes influencing monetary donations to charitable organizations. *Journal of the Academy of Marketing Science* 28 (2): 299–309.

Welch, S. 1975. Sampling by referral in a dispersed population. *Public Opinion Quarterly* 39 (2): 237–245.

West, J., and K. R. Lakhani. 2008. Getting clear about communities in open innovation. *Industry and Innovation* 15 (2): 223–231.

Wicks, P., T. E. Vaughan, M. P. Massagli, and J. Heywood. 2011. Accelerated clinical discovery using self-reported patient data collected online and a patient-matching algorithm. *Nature Biotechnology* 29 (5): 411–414.

Williamson, J. M., J. W. Lounsbury, and L. D. Han. 2013. Key personality traits of engineers for innovation and technology development. *Journal of Engineering and Technology Management* 30 (2): 157–168.

Williamson, O. 1973. Markets and hierarchies: Some elementary considerations. *American Economic Review* 63 (2): 316–325.

Williamson, O. E. 1985. *The Economic Institutions of Capitalism*. Free Press.

Williamson, O. E. 2000. The new institutional economics: Taking stock, looking ahead. *Journal of Economic Literature* 38 (3): 595–613.

Willis, N. 2007. Lessons learned from open source Xara's failure. Linux.com: News for the Open Source Professional. Accessed June 12, 2016. https://www.linux.com/news/lessons-learned-open-source-xaras-failure

Winston Smith, S., and S. K. Shah. 2013. Do innovative users generate more useful insights? An analysis of corporate venture capital investments in the medical device industry. *Strategic Entrepreneurship Journal* 7 (2): 151–167.

Winter, S. G. 2010. The replication perspective on productive knowledge. In *Dynamics of Knowledge, Corporate Systems and Innovation*, ed. Hiroyuki Itami, Ken Kusunoki, Tsuyoshi Numagami, and Akira Takeishi. Springer.

Wolfradt, U., and J. E. Pretz. 2001. Individual differences in creativity: Personality, story writing, and hobbies. *European Journal of Personality* 15 (4): 297–310.

Wörter, M., K. Trantopoulos, E. von Hippel, and G. von Krogh. 2016. The Performance Effects of User Innovations on Firms. Working paper, ETH Zurich.

Wunsch-Vincent, S., and G. Vickery. 2007. Participative web: User-created content. Report prepared for Working Party on the Information Economy, Organisation for Economic Co-Operation and Development, and Directorate for Science Technology and Industry. Accessed January 15, 2016. http://www.oecd.org/sti/38393115.pdf

Yee, N. 2006. Motivations for play in online games. *Cyberpsychology & Behavior* 9 (6): 772–775.

Zajonc, R.B. 1968. Attitudinal effects of mere exposure. *Journal of Personality and Social Psychology* 9 (2): 1–27.

Zeithaml, V., and M. J. Bitner. 2003. *Services Marketing: Integrating Customer Focus Across the Firm*, third edition. McGraw-Hill.

Zhao, H., and S. E. Seibert. 2006. The big five personality dimensions and entrepreneurial status: A meta-analytical review. *Journal of Applied Psychology* 91 (2): 259–271.

Zicherman, G., and C. Cunningham. 2011. *Gamification by Design: Implementing Game Mechanics in Web and Mobile Apps*. O'Reilly Media.

▨著者プロフィール

エリック・フォン・ヒッペル

米国マサチューセッツ工科大学スローンマネジメントスクール、教授（技術イノベーション領域）。フリーイノベーション、オープンイノベーション、破壊的イノベーションなどの分野における、経済学・経営学の世界的第一人者。日本語版の翻訳書に『イノベーションの源泉―真のイノベーターはだれか』（榊原清則訳、ダイヤモンド社、1991年）、『民主化するイノベーションの時代―メーカー主導からの脱皮』（サイコム・インターナショナル訳、ファーストプレス、2005年）などがある。

▨監修・訳者プロフィール

鷲田祐一

一橋大学大学院経営管理研究科教授。専門は、マーケティング、イノベーション研究。1991年一橋大学商学部を卒業。株式会社博報堂に入社し、生活研究所、イノベーション・ラボで消費者研究、技術普及研究に従事。2003年にマサチューセッツ工科大学に研究留学。2008年東京大学大学院総合文化研究科博士後期課程を修了（学術博士）。2011年一橋大学大学院商学研究科准教授。2015年より現職。

▨訳者プロフィール

古江奈々美

東京理科大学経営学部経営学科マーケティング専攻助教。専門はマーケティング、イノベーション。2014年一橋大学商学部卒業。2015年同大学院商学研究科修士課程研究者養成コース（研究者養成5年一貫コース）卒業。2018年にスタンフォード大学 Center for Design Research に留学。2019年一橋大学大学院商学研究科博士後期課程修了（商学博士）。2019年より現職。

北浦さおり

一橋大学大学院経営管理研究科経営管理専攻博士後期課程。専門はマーケティング、消費者行動研究、イノベーション、服飾科学。宇都宮共和大学非常勤講師。早稲田大学第一文学部卒業。文化女子大学大学院（現：文化学園大学大学院）生活環境学研究科博士後期課程修了（生活環境学博士）。

グェン・フォン・バオ・チャウ

一橋大学大学院経営管理研究科修士課程。専門はマーケティング。2014年ハノイ貿易大学卒業。2018年一橋大学商学部卒業。同年一橋大学大学院経営管理研究科経営管理専攻研究者養成コース修士課程入学。

■フリーイノベーション

■発行日——2019年9月26日　初版発行　〈検印省略〉

■監修・訳者——鷲田祐一《わしだゆういち》
■発　行　者——大矢栄一郎
■発　行　所——株式会社白桃書房《はくとうしょぼう》
〒101-0021　東京都千代田区外神田5-1-15
Tel 03-3836-4781　Fax 03-3836-9370
振替 00100-4-20192
http://www.hakutou.co.jp/

■印刷・製本——藤原印刷株式会社

ISBN978-4-561-26715-7 C3034